THERESA AMREHN
MIT NADINE WEDEL UND HENRIETTE DYCKERHOFF
KÖNIGIN DER LANDSTRAßE

THERESA AMREHN
MIT NADINE WEDEL
UND HENRIETTE DYCKERHOFF

KÖNIGIN DER LAND- STRASSE

MEINE JAHRE AUF DER WALZ

PIPER

München Berlin Zürich

Mehr über unsere Autoren und Bücher:
www.piper.de

Einige Namen, Orte und Personen
wurden zum Schutz der Persönlichkeitsrechte verändert.

FSC
www.fsc.org
MIX
Papier aus ver-
antwortungsvollen
Quellen
FSC® C083411

ISBN 978-3-492-06026-4
© Piper Verlag GmbH, München/Berlin 2016
Fotos im Bildteil © Theresa Amrehn privat
Satz: Satz für Satz, Wangen im Allgäu
Gesetzt aus der Calluna Regular
Druck und Bindung: CPI books GmbH, Leck
Printed in Germany

INHALT

PROLOG – KLEINRINDERFELD UND DIE MÖGLICHKEIT ZU REISEN

Auf der Landkarte ist Kleinrinderfeld ein winziger Fleck an der Grenze zwischen Bayern und Baden-Württemberg. Wir Bewohner sind aber stolze Unterfranken, nie und nimmer kämen wir auf die Idee, uns Bayern zu nennen. Der kleine Ort schmiegt sich in eine Landschaft, die von oben aussieht wie eine Patchworkdecke. Viele Felder in unterschiedlichen Grün- und Brauntönen umgeben das Dorf bis zu einem Wald, der alles wie ein Rahmen umfasst. Ich weiß nicht, woher Kleinrinderfeld seinen Namen hat, aber ich kann sagen, dass es inzwischen kaum noch Rinder gibt. Klein und Feld stimmt immer noch. An der Hauptstraße wechseln sich pastellfarbene Bauten mit Häuschen aus grau-beigem Muschelkalk ab, dazwischen immer wieder Fachwerk. Die modernen Einfamilienhäuser, wie zum Beispiel mein Elternhaus, versteckt der Ort in seinen Seitenstraßen, dort, wo früher die Bauern ihre Höfe hatten. Die Höfe gibt es auch noch, aber sie sind inzwischen zu Schlossereien umfunktioniert oder zu Kleinspeditionen oder Gasthäusern.

Kleinrinderfeld ist meine Heimat, hier bin ich aufgewachsen inmitten von Muschelkalk, Patchworkfeldern und wenigen Rindern. Hier habe ich laufen, sprechen und Widerworte geben gelernt.

Und hier ist auch mein Entschluss gefallen, Kirchenmalerin zu werden. Da war ich 18. Ich hatte die Hauptschule hinter mir, dann noch zwei Jahre Wirtschaftsschule und wusste noch immer nicht, was ich werden wollte. Das Arbeitsamt ließ mich Praktika machen, damit ich nicht in die Arbeitslosenstatistik fiel: Ich war in einer Bank, in verschiedenen Floristikbetrieben, beim Steuerberater und bei einem Kirchenmalerbetrieb. Danach war die Entscheidung für eine Ausbildungsstelle leicht. Kirchenmalerei ist ein altes Handwerk. Früher gab es den Maler und Tüncher, aber mit den modernen Materialien wurden andere Arbeitstechniken nötig. So entstand Anfang des 20. Jahrhunderts der Beruf des Malers und Lackierers, der zum Beispiel mit der Malerwalze auf Raufasertapete arbeitet. Kirchenmaler kennen sich dagegen mit historischen Materialien und Techniken aus, Wände werden von uns nach wie vor mit der Bürste angestrichen. Dass es nun ausgerechnet Kirchenmalerei heißt, ist etwas irreführend. Denn Kirchenmaler arbeiten grundsätzlich an allen historischen Gebäuden. In der Praxis sind diese Gebäude dann aber tatsächlich sehr oft Kirchen, weil die nun einmal als besonders erhaltenswert angesehen werden.

Vom ersten Tag an habe ich mich in der Werkstatt zu Hause gefühlt. Ich mochte den kalkigen Geruch. Der glatte Holzstiel des Pinsels war mir gleich vertraut. Vielleicht liegt es mir im Blut: Mein Uropa war Maler und Tüncher. Und auch im Gesellenbrief meines Vaters, der leider nicht mehr lebt, steht »Tüncher und Stuckateur«.

Ich gebe zu, dass ich nach wie vor stolz bin, wenn ich meinen Beruf erwähne. »Ich bin Kirchenmalerin.« Das klingt so viel besser als: »Ich bin Steuerfachangestellte.« Oder: »Ich bin Bankkauffrau.« Wie gesagt, die Entscheidung fiel mir leicht.

Die meiste Zeit meines Lebens hatte ich keinen Zweifel daran, dass ich hier nach Kleinrinderfeld gehöre. Aber jetzt will ich meine Heimat verlassen und als Kirchenmalerin auf Wanderschaft gehen. In dieser Zeit darf ich Kleinrinderfeld nicht betreten. Nicht einmal im Umkreis von 50 Kilometern darf ich mich aufhalten, das heißt weder in Schweinfurt noch in Tauberbischofsheim oder Wertheim und erst recht nicht in Würzburg, allerhöchstens vielleicht in Aschaffenburg.

Es fällt mir schwer zu erklären, warum ich das mache. Ich weiß noch, wie ich zum ersten Mal einen dieser schwarz gekleideten Gesellen gesehen habe. Da muss ich noch ein Kind gewesen sein. Für mich war das einfach ein komisch angezogener Mensch, der mich nicht weiter interessiert hätte, wenn nicht meine Mutter in ungewohnt feierlichem Tonfall gesagt hätte: »Guck, Reserl, der ist auf der Walz.« Als ich wissen wollte, was das heißt, erklärte sie mir, dass das einer ist, der durch die Gegend reist, für umsonst arbeitet und drei Jahre lang seine Familie nicht sehen darf. Heute weiß ich, dass meine Mutter zu dem Zeitpunkt über ein solides Halbwissen verfügte, was das Wandergesellendasein betrifft. Aber als Kind denkt man ja, dass die Eltern alles wissen. Ich erinnere mich noch genau, was ich über den Wandergesellen, der sich nach Kleinrinderfeld verirrt hatte, dachte: »Der ist doch nicht ganz dicht.«

Später in der Berufsschule wurde über eine Kirchenmalergesellin getuschelt, die auf der Walz war. Eine aus meiner Klasse sagte: »Die spinnt ja!« Im ersten Moment dachte ich dasselbe, aber die Tatsache, dass Frauen auf die Walz gehen, auch Kirchenmalerinnen, brachte mich zum Nachdenken. Denn das bedeutete ja, dass ich das auch machen könnte. Und die Vorstellung von mir als Wandergesellin war dann doch ein hübsches Gedankenspiel, das ich jederzeit spielen konnte, wenn mal etwas in meinem Leben nicht so lief, wie ich es gerne gehabt hätte.

Abends vor dem Einschlafen lag ich manchmal im Bett, betrachtete das Fenstergerippe, das der Mond auf den Boden meines Zimmers malte, und lauschte auf das vertraute Klopfen der Heizung. Immer öfter bekam ich dann so eine Sehnsucht nach irgendwas, was ich nicht beschreiben konnte.

Meine Ausbildung endete im Juli 2007. Ich hatte mir vorgenommen, danach gleich von zu Hause auszuziehen und mir eine eigene Wohnung zu suchen. Die meisten aus meiner Kirchenmalerklasse hatten das auch vor. Ich überlegte, ob ich nach Würzburg ziehen sollte oder nach München, irgendwohin, wo es historische, denkmalgeschützte Gebäude gibt, die ich hätte dokumentieren und konservieren können. Aber wenn ich versuchte, mir so ein Leben auszumalen, wollte mir das nicht so recht gelingen. Ich konnte mir einfach nicht vorstellen, wie ich nach der Arbeit in eine Wohnung kommen, Essen kochen, waschen und aufräumen würde, und das den Rest meines Lebens. Hier in Kleinrinderfeld bei meiner Familie wollte ich auch nicht bleiben. Ich hatte das Gefühl, dass sich dort alles wiederholt, wie in einer nicht enden wollenden Spirale: Auf den Sommer mit blühenden Vorgärten würde ein Herbst folgen, in dem sich Blätterhaufen an den Straßenecken türmten. Im Winter würde wieder alles unter einer Schneeschicht verschwinden, und es würde ewig dauern, bis die Felder nicht mehr grau und matschig wären. Und wenn dann endlich wieder alles grünte und blühte, würde wieder alles von vorne anfangen. Die Dorfbewohner würden wieder die gleichen Feste feiern: erst Fasching und dann die üblichen Trinkgelage an Christi Himmelfahrt und zum Feuerwehrfest. Und alle würden das Dorffest herbeisehnen, das nur alle fünf Jahre stattfindet und das ganze Dorf sieben Tage lang in einen Ausnahmezustand versetzt. Und danach würde wieder wochenlang davon gesprochen, wer mal wieder mit wem. Ich konnte das nicht bis an mein Lebensende mitmachen. Ich war noch zu jung, knapp 22 Jahre alt. Ich musste was sehen von der Welt. Der Gedanke an die Wanderschaft hatte sich bei mir eingebrannt als beste Alternative zu diesem Leben hier. Aber ich hatte keine Ahnung, wie ich es anstellen sollte, eine Wandergesellin zu werden.

LOSKOMMEN – SEHNSUCHT NACH DER FERNE

DIE BEGEGNUNG MEINES LEBENS

Gelbe und pinkfarbene Lichter zucken über tanzende Menschen. Ich proste Anne und Beate zu. Das Bier in meiner Hand ist noch kühl. Das Labyrinth in Würzburg ist meine Lieblingsdisco. Ich weiß nicht genau, woran es liegt, vielleicht an der Musik oder an den bunten Leuten. Wenn ich hier bin, habe ich das Gefühl, als könnte jeden Moment etwas vollkommen Wildes, Unglaubliches passieren.

»Guck mal, der da hinten. War der nicht auch beim letzten Mal da, als wir hier waren?«, fragt Anne. Meine Schwester schreit fast, um das Schlagzeug zu übertönen, das aus den Boxen wummert.

»Ist bestimmt ein Student«, sagt Beate.

Ich suche mit den Augen nach dem Jungen, den die beiden meinen könnten. Und dann passiert tatsächlich etwas Unglaubliches: Sie spielen »Zu Spät« von den Ärzten – dieses großartige Lied, in dem einer seiner Ex prophezeit, dass sie eines Tages zu ihm zurückwill, spätestens wenn er ein Rockstar ist. Und genau in dem Moment kommen sie durch die Tür: schwarze Hüte, schwarze Schlaghosen, schwarze Jacketts.

Wandergesellen! Hier in Würzburg, nur ein paar Schritte von mir entfernt.

»Entschuldigt, Mädels«, sage ich. »Dahinten sind welche, die ... Ich muss mal dahin.«

Wie ferngesteuert bahne ich mir einen Weg durch die tanzende Menge, direkt auf die Jungs zu.

»Hallo!«, sage ich. Und als die Jungs mich etwas ratlos ansehen, ergänze ich: »Ich bin Resi.« Und ein bisschen wundere ich mich, dass sie nicht gleich erkennen, dass ich eine von ihnen werden will.

»Hallo, Resi, zeig uns doch mal, wo man hier ein Bier kriegt«, sagt der eine. Er ist groß und kräftig, hinten hängt ein brauner Zopf aus seinem Hut. Der andere ist kleiner, drahtiger, mit beeindruckenden Koteletten. Ich bedeute den beiden, mir zu folgen. Und als ich vor ihnen her zur Theke gehe, fühlt es sich an, als wären alle gelben und pinkfarbenen Lichter für einen Augenblick auf mich gerichtet. Und ein Gedanke wummert im Takt der Musik durch meinen Kopf: Endlich! Endlich komme ich mit der Welt der Wandergesellen in Kontakt!

Am Tresen stellen sich die beiden vor. Der Große nennt sich »Sascha Mair, fremder Tischler im Rolandsschacht«, der mit den Koteletten »Ben Jensche, fremder Tischler im Rolandsschacht«. Erst als ich das Bier besorgt habe, fällt mir auf, dass noch ein Dritter dabei ist, ein Unrasierter mit wilden Locken, in Jeans und einem Hemd, das ein bisschen nach Pyjamaoberteil aussieht.

»Das ist Nick, der ist einheimisch«, erklärt Ben.

»Wie gut, dass ich euch hier treffe, ich will nämlich auch auf Wanderschaft gehen.« Ich kann meine Begeisterung kaum verbergen.

»Dann brauchst du jemanden, der dich losbringt«, sagt Sascha.

Ich sehe ihn fragend an.

»Du brauchst einen Exportgesellen oder Altreisenden. Einen, der schon eine Weile unterwegs ist, der mit dir losgeht und der dir alles zeigt und so.«

»Könnt ihr mich denn nicht losbringen?« Die Frage ist mir einfach so rausgerutscht, bevor ich darüber nachdenken konnte.

Sascha schüttelt den Kopf, in seinem Blick ist etwas Nachsichtiges. »Nee, wir sind Rolandsbrüder. Da werden keine Frauen erwandert. Aber Nick war frei unterwegs. Der kann dir vielleicht helfen.«

Verwirrt blicke ich von einem zum anderen. Ich dachte, Frauen können auch Wandergesellinnen sein, warum denn jetzt doch wieder nicht?

»Die Rolandsbruderschaft ist eine Vereinigung von Wandergesellen, da willst du sowieso nicht hin.« Nick grinst die beiden anderen an. Dann mustert er mich. »Was bist du denn von Beruf?«

»Kirchenmalerin.«

»Dann kannst du auf jeden Fall wandern. Was willste denn wissen?«

Ich will alles wissen! Wo man am besten eine Kluft besorgt, welche Schuhe man braucht und was man am besten mitnimmt. Vor allem aber: Wie man so einen Exportgesellen oder Altreisenden findet, der einen losbringt.

Irgendwann zieht mich Anne am Ärmel. Wir müssen los. Beates Mama war in Würzburg bei einer Veranstaltung. Sie fährt jetzt zurück nach Kleinrinderfeld und nimmt uns mit. Es fällt mir schwer, mich von Nick, Sascha und Ben zu trennen. Ich habe die drei doch gerade erst entdeckt. Aus irgendeinem Grund habe ich Angst, dass sie einfach wieder aus meinem Leben verschwinden, wenn ich jetzt gehe.

»Ruf mich an, wenn du noch was wissen willst«, sagt Nick. Das klingt beiläufig, aber gleichzeitig so nett, dass meine

Sorgen verfliegen. Wir tauschen Nummern aus und Nick verspricht, dass er sich meldet, falls in der Umgebung mal eine Wandergesellenparty steigt.

Die Fahrt von Würzburg nach Kleinrinderfeld ist die schönste meines Lebens. Hinter den Hügeln am Horizont dämmert es schon. Alles ist in so ein zartes, hellblaues Licht getaucht. Der Sommer wird heute noch mal alles geben, das spürt man jetzt schon. Auf einer Wiese am Waldrand steht ein junges Reh, wie auf diesen kitschigen Bildern, die manche sich ins Wohnzimmer hängen. Und aus irgendeinem Grund habe ich das Gefühl, als würde es extra für mich da stehen.

»Wie war's denn gestern?«, fragt meine Mutter. Sie hat den Autoschlüssel in der Hand und sieht aus, als wäre sie auf dem Sprung. Ich sitze beim Frühstück und rühre in meinem Kaffee.

»Es war total gut. Richtig super.«

»Aha.« Meine Mutter sieht mich an und stutzt, als könnte sie mir vom Gesicht ablesen, dass gestern etwas ganz und gar Besonderes passiert ist. »Willst du noch mehr erzählen?«, fragt sie und setzt sich zu mir.

»Das war gestern ...« Ich suche nach Worten. »Ich hatte gestern die Begegnung meines Lebens«, sage ich schließlich und habe nicht das Gefühl, zu übertreiben.

»Bist du verliebt?«, fragt meine Mutter und lächelt auf so eine Art, die mich unruhig macht. Sie hofft immer, dass ich endlich einen netten Jungen kennenlerne, mich verliebe und so weiter.

»Besser«, sage ich. Denn Verlieben ist kompliziert und bringt meistens Ärger mit sich. »Ich habe einen Wandergesellen kennengelernt.«

Meine Mutter legt die Stirn in Falten. Ihr wäre eindeutig lieber gewesen, ich hätte mich verliebt. »Und das ist so ... toll?«

»Ja, das ist es«, bestätige ich.

DER ALTREISENDE

»Nächste Woche kommt ein Kamerad von mir nach Hause, wenn du willst, nehme ich dich zur Party mit.«

Es ist Nick. Ein paar Wochen sind seit unserem Treffen im Labyrinth vergangen. Der Sommer neigt sich dem Ende zu, Äpfel, Birnen und Pflaumen hängen reif an den Bäumen, die ersten Blätter färben sich gelb. Ich hatte schon Angst, dass Nick mich vergessen hat, seine Stimme hätte ich fast nicht erkannt. Und jetzt will er mit mir sogar zu einer Wandergesellenparty fahren. Ich muss dringend laut singen, als ich auflege.

»War das dein Wandergeselle?«, spottet Anne.

Ich habe meiner Familie bisher nur gesagt, dass ich überlege, auf Wanderschaft zu gehen. Sie ahnen nicht, wie konkret meine Pläne sind. Sie können ja nicht wissen, dass Nick mich mit einem Wandergesellen in Kontakt bringen kann, der mich dann vielleicht losbringt.

Die Zeit bis zur Party vertreibe ich mir mit Recherchen. Ich bestelle ein Buch über die Wanderschaft und durchsuche das Internet nach Erfahrungsberichten und Tipps von Wandergesellen. Dabei erfahre ich, dass die Tradition der Wanderschaft schon seit dem Mittelalter besteht. Damals musste jeder Geselle (Gesellinnen gab es natürlich auch, dazu komme ich später noch) nach der Ausbildung auf Wanderschaft gehen, um den Meistertitel erwerben zu können. Das war durch die Zunft vorgeschrieben und hatte verschiedene Vorteile. Für den Meister wurde der Geselle (oder die Gesellin) nicht gleich zur Konkurrenz. Der Geselle (oder die Gesellin) konnte nach der Ausbildung sein Leben frei gestalten und dazulernen. Der Ausdruck »bewandert sein« bezeichnet bis heute Menschen, die in einem bestimmten Bereich Erfahrungen und Wissen gesammelt haben. Das Ende der Zünfte und die Industrialisierung veränderten das Handwerk, die Wanderschaft war nicht mehr Pflicht, und immer weniger Gesellen gingen auf die

Walz. Um die Wende vom 19. zum 20. Jahrhundert besann man sich neu auf die Tradition des Gesellenwanderns. Gesellen auf Wanderschaft begannen, Kluft zu tragen, um sich als reisende Handwerker von Landstreichern und anderem fahrenden Volk abzugrenzen. Vorher waren sie im Sonntagsanzug gereist. Unter den Nationalsozialisten war das Gesellenwandern untersagt. Und danach konnten sich nur noch wenige für die Tippelei begeistern. Erst ab den 1980er-Jahren interessierten sich wieder mehr junge Menschen für die Tradition des Gesellenwanderns. Etwa 450 Wandergesellen sollen heutzutage unterwegs sein, davon zehn Prozent Frauen. Eine davon werde bald ich sein!

Trotz meiner Recherchen ziehen sich die Tage bis zur Gesellenparty wie Kaugummi. Ich habe längst entschieden, was ich anziehe, und mir auf der Karte genau angesehen, wo ich hinmuss. Und dann, einen Tag bevor die Party stattfindet, wache ich mit Bauchkrämpfen auf. Ich habe das Gefühl, mich übergeben zu müssen, gleichzeitig ist es, als würde eine riesige Hand an meinen Eingeweiden reißen. Elend und kraftlos liege ich auf dem Bett. Meine Mutter macht mir Tee und eine Wärmflasche. Den Zwieback, den sie mir bringt, kriege ich nicht runter.

»Wenn es morgen nicht besser wird, gehst du zum Arzt«, sagt sie, und es klingt wie eine Drohung.

»Ich bin nicht krank, Mama!«

Meine Mutter hebt nur die Augenbrauen und geht aus dem Zimmer.

Ganz egal, wie ich mich fühle, ich werde auf jeden Fall zur Party gehen, so viel steht fest.

Am nächsten Morgen ist die Übelkeit noch da. Ich stehe trotzdem auf, dusche, setze mich an den Frühstückstisch und beiße in ein Brötchen. Es fühlt sich an, als würde ich Gummi kauen, der Bissen wird zu einem ekelhaft trockenen Brei in meinem Mund. Mit Mühe gelingt es mir zu schlucken. Das

Brötchen bleibt angebissen auf dem Teller liegen, stattdessen trinke ich Tee in kleinen Schlucken.

»Du bist blass, Theresa«, sagt meine Mutter. Sie hat wieder diesen Blick. Als würde sie mir direkt in den Kopf gucken. Ich schlinge meine Hände um die Tasse Tee. »Mir geht's aber gut«, behaupte ich.

»Du solltest was essen.« Ihr Blick schweift von dem angebissenen Brötchen über meinen Körper, der wahrscheinlich gerade so zerbrechlich aussieht, wie er sich anfühlt. An mir ist nichts dran. Ich bin ein Fliegengewicht. Seit ich klein bin, sagt meine Mutter mir, ich soll essen, auch wenn ich schon Berge verschlungen habe.

Das flaue Gefühl im Magen bleibt bis zum Abend. Ich beschließe, es zu ignorieren, denn schließlich habe ich etwas Wichtiges vor.

»Ich fahr los«, rufe ich meiner Mutter zu und tue so, als sei ich in Eile, damit sie gar nicht erst auf die Idee kommt, mich besorgt anzusehen oder so was. Meine Knie sind weich, ich habe das Gefühl, als könnte ich mich nur ganz langsam bewegen. Autofahren geht einigermaßen, aber ich wäre auch auf dem Zahnfleisch hingekrochen. Nick und ich haben vereinbart, dass ich erst mal zu ihm komme. Und als ich im Flur von Nicks WG stehe, geht es mir tatsächlich ein bisschen besser. Meine Beine sind noch immer wackelig, aber die Übelkeit ist weg.

»Komm rein«, sagt Nick, »dann kann ich dir mein Wanderbuch zeigen und die Kluft, wenn dich das interessiert.«

Das Wanderbuch, Nick sagt auch Fleppe dazu, ist ein Buch mit Stempeln aus allen Städten, durch die Nick auf seiner Wanderschaft gekommen ist. Die Stempel holt man sich auf den Rathäusern. Außerdem kleben Fotos in dem Buch, Arbeitgeber haben ihre Zeugnisse reingeschrieben und andere Wandergesellen sich darin verewigt. Ich sitze auf einem Sofa in Nicks Zimmer und blättere ganz behutsam darin, um nichts kaputtzumachen. Jede Seite, jeder Satz, jeder Stempel, jedes Bild scheint eine ganz eigene Geschichte zu erzählen.

»Da war ich an der Nordsee«, erklärt Nick ein Foto, auf dem er mit zwei anderen Gesellen in Kluft am Strand steht. »Und das war da, wo wir heute hinfahren. Da ist der Ritschi losgegangen«, sagt er bei einem anderen. Eine Gruppe Wandergesellen blickt in die Kamera, vorne im Bild liegt das Gepäck auf einem Stapel, es sieht aus wie ein Haufen bunter Stoffbündel, darüber liegen gewundene Wanderstäbe. Nick hat auch einen in seinem Zimmer, er nennt ihn Stenz. Ich betrachte die Wandergesellen und -gesellinnen auf den Fotos und spüre immer deutlicher, dass ich genau das will: mit solchen Leuten zusammen sein, an unterschiedlichen Orten, unterwegs sein, frei und trotzdem verbunden.

Wir müssen zur Party eine halbe Stunde mit dem Auto fahren. »Einheimischparty«, sagt Nick. »Einheimisch werden« nennen die Wandergesellinnen und Wandergesellen das Ankommen nach der Wanderschaft. Während der Walz ist man nicht einheimisch, sondern fremdgeschrieben. Nick ist seit etwa einem Jahr einheimisch.

Wir fahren mit meinem Wagen, weil Nick bei Ritschi übernachten wird. Ich will bei meiner körperlichen Verfassung lieber irgendwann nach Hause fahren können.

»Das wird ganz entspannt, wirst sehen. Die sind alle saunett.« Je näher wir dem Ort kommen, in dem die Party steigt, desto mehr redet Nick von Leuten, die er getroffen hat, und Städten, die er besucht hat. Ich werde immer ruhiger. Mein Magen rumort. Vielleicht hätte ich mich doch zwingen sollen, etwas zu essen. Den ersten Wandergesellen sehen wir schon ein paar Meter vor dem Ziel. Nick kurbelt die Scheibe runter.

»Hey, Mucke!«, brüllt er über die Straße.

»Ach du Scheiße! Nick!«

Wir halten vor einer Scheune. Nick springt gleich aus dem Wagen, um eine Wandergesellin zu umarmen.

»Komm!«, ruft er mir zu. »Das hier ist Meike.«

Meike winkt und verschwindet im Inneren der Scheune. Wir gehen ihr nach. Am Eingang fällt Nick einem Typen in Kluft in die Arme. »Hier, das ist Resi, eine Interessentin«, stellt er mich vor.

»Nick? Das gibt's doch nicht!«, ruft da eine Frauenstimme durch den Raum. Und dann ist Nick weg, verschwunden im Getümmel. Und ich stehe noch am Eingang, auf meinen wackeligen Beinen, und kenne keine Sau hier. Es wimmelt nur so von schwarzen Hüten, Westen und Schlaghosen. Es sind auch normale Menschen da wie ich, also ohne Kluft, aber die sind entweder einheimisch oder es sind Freunde vom Ritschi oder sie gehören zu seiner Familie. Jedenfalls haben alle hier irgendeinen Bezug zu diesem Ritschi, die kennen einander. Und ich kenne nur Nick, und der ist gerade mal einfach so verschwunden. Klar, dass er hier alte Freunde wieder trifft, und klar, dass ich ihm da nicht ständig hinterherlaufe. Ich atme tief durch und beschließe, mir einen Tee zu organisieren, was anderes kriege ich eh nicht runter.

Mit einer dampfenden Tasse in der Hand suche ich mir einen Platz auf einer Bierbank am Rand der Scheune. Da sitze ich, nippe am Tee und sehe mir die Feiernden an, vor allem die Gesellinnen und Gesellen. Dabei fällt mir auf, dass gar nicht alle eine schwarze Kluft tragen, manche sind auch beige oder grau, zwei Frauen tragen sogar rot, was ich extrem cool finde. Ich spüre meinen Magen und atme tief, hoffentlich wird mir nicht wieder übel. Denn ich habe ja eine Mission: Ich muss eine Altreisende oder einen Altreisenden finden, die oder der mich losbringt. Gleichzeitig habe ich das Gefühl, dass mir alle ansehen, was ich vorhabe. Im Labyrinth war es so einfach, Nick, Sascha und Ben anzusprechen. Da habe ich es einfach gemacht, ohne mir was dabei zu denken. Hier kommt es mir tausend Mal schwerer vor. Am liebsten würde ich mit einer dieser rot gekleideten Gesellinnen ins Gespräch kommen und überlege noch, wie ich das anstellen soll, da lässt sich jemand neben mir auf die Bierbank fallen. Ich hüpfe gleich ein Stückchen in die Luft. Wie gesagt, ich bin ein Fliegengewicht. Die eine oder andere wäre vielleicht froh darüber, aber es gibt Situationen, in denen ich mir wünsche, etwas kräftiger zu sein. Als Handwerkerin kann das von Vorteil sein, und etwas mehr Gewicht hilft auch auf Bierbänken, wenn sich ein schwerer Kerl neben einen darauffallen lässt.

»Pepe Zimmerer«, stellt der schwere Junge sich vor. Um sein Kinn kräuselt sich ein beeindruckender Bart. Ich blicke in Augen, die die Farbe von braunem Glas haben.

»Resi«, erwidere ich. Und als er mich weiter erwartungsvoll ansieht, ergänze ich: »Kirchenmalerin.«

Pepe drückt mir einen Humpen Bier in die Hand und nimmt selbst einen kräftigen Schluck aus einem anderen Glas.

»Da kannst du bestimmt gut malen.«

Ich habe keine Lust, ihm zu erklären, dass Kirchenmalerinnen eigentlich nicht nur malen, deshalb sage ich: »Und du kannst sicher gut zimmern.«

»Jupp!«

Pepe hat sein Gesicht zu einem Grinsen verzogen. Dann mustert er mich von oben bis unten. Jetzt merke ich, dass sein Kopf ein wenig kreist. Es ist sicher nicht sein erstes Bier, das er da in der Hand hält.

»Und du willst auf Tippelei gehen?«, fragt er.

»Ja.«

Nachdenklich betrachtet er den vollen Bierhumpen in meiner Hand.

»Warum trinkst du nichts, Kirchenmalerin?«

»Allergie«, antworte ich knapp und hoffe, dass ich nicht ausführlicher werden muss. Ich vertrage jetzt einfach keinen Alkohol, auch sonst bin ich eher zurückhaltend, weil ich davon gerne mal Ausschlag kriege. Für manche ist es ein echtes Problem, wenn jemand auf Partys nüchtern bleibt. Aber Pepe scheint das nicht weiter zu stören, er nickt nur und lässt es sich gerne gefallen, dass ich ihm den Humpen wieder in die Hand drücke.

»Bist du ledig?«, fragt er, nachdem er einen kräftigen Schluck genommen hat.

Ich nicke und wittere schon eine billige Anmache.

»Kinder?«

»Nö.«

»Schulden?«

Ich schüttele den Kopf.

»Vorstrafen?«

»Bisher nicht.«

Ich ahne jetzt, auf was er hinauswill: Auf Wanderschaft darf nur gehen, wer kinderlos, schuldenfrei und ohne Vorstrafen ist.

Es wirkt, als hätte Pepe jetzt Mühe, mich scharf zu sehen, so angestrengt guckt er mich an. Sein Kopf kreist immer noch, als er sagt: »Gut, ich bring dich los.«

Für einen Moment bleibt mein Herz stehen, dann beginnt es zu hüpfen. Damit habe ich nicht gerechnet, dass ich so schnell und so einfach jemanden finden würde, der mich losbringt. Das bedeutet, mein Vorhaben wird tatsächlich Wirklichkeit: Ich werde auf die Walz gehen. Während ich innerlich einen Freudentanz aufführe, bemühe ich mich äußerlich um Fassung.

»Cool«, sage ich, aber als ich mir Pepes kreisenden Kopf so ansehe, hört es in mir schon wieder auf zu tanzen. Ganz so sicher bin ich nicht, ob Pepe sich morgen noch an sein Versprechen erinnern wird.

Es ist der Abend nach der Party, als mein Telefon klingelt.

»Hey, Kirchenmalerin, hab ich gesagt, ich bring dich los?«

Ich erkenne Pepes Stimme. Sie klingt etwas fester als auf der Party.

»Ja, das hast du gesagt.«

»Okay, dann machen wir das. Schnack ist Schnack.«

Die Ehre ist für Wandergesellinnen und -gesellen so ungefähr das Wichtigste. Auf Wanderschaft sind sie darauf angewiesen, dass die Menschen ihnen vertrauen und sich auf sie verlassen. Nur Meisterinnen (Meister natürlich genauso), die eine Gesellin oder einen Gesellen für vertrauenswürdig halten, werden diese bei sich aufnehmen, ihnen zu essen und eine Unterkunft geben. Wer nicht Wort hält, seinen Meister (seine Meisterin) beklaut oder belügt, schädigt nicht nur den eigenen Ruf, sondern auch den der anderen Gesellinnen und Gesellen. Die werden dann von den einmal Betrogenen keine Arbeit mehr bekommen. Deshalb nehmen Wandergesellinnen und -gesellen es mit der Ehre genau, sie stehen zu ihrem Wort und erwarten das auch von den anderen: Schnack ist Schnack.

Pepe hat mir in stockbesoffenem Zustand zugesagt, dass er mich losbringt, jetzt kommt er aus der Nummer nicht mehr raus. Ein bisschen lieber wäre es mir, wenn Pepe dabei nüchtern gewesen wäre, aber ich ignoriere das leichte Unbehagen, das dieser Gedanke bei mir auslöst

»Wann kannst du los?«, fragt er.

»Bevor der Winter losgeht.«

Es ist Mitte September, als wir uns für Mitte November verabreden. Meiner Mutter will ich das so schonend wie möglich beibringen. Ich warte, bis ich sie alleine erwische, kurz bevor sie zur Arbeit muss.

»Mama? Ich hab dir doch erzählt, dass ich auf Wanderschaft gehen möchte. Am 12. November geht's los.« Eigentlich wollte ich das ganz beiläufig sagen, so wie: »Mama, ich lauf eben zum Bäcker. Bin gleich wieder da.« Aber das geht mit dieser Nachricht nicht. Meine Mutter starrt mich mit einem Blick an, den sie sich für spezielle Situationen aufgehoben hat. Unter diesem Blick werde ich klein und schuldig, dabei sollte ich mich doch wild und frei fühlen. Und gleich fange ich an, sie zu beschwichtigen, obwohl sie kein Wort gesagt hat: »Mach dir keine Sorgen. Ich melde mich auch regelmäßig. Ich pass auch ganz gut auf mich auf. Und wir können uns ja trotzdem sehen, nur eben nicht hier.«

Meine Mutter seufzt, ich seufze.

»Bist du dann überhaupt versichert?«

»Ja klar, das zahlt die Innung.« Das ist glatt gelogen. Die Wahrheit ist, dass ich mich noch gar nicht darum gekümmert habe. Meiner Mutter scheint meine Antwort aber zum Glück zu genügen. Sie seufzt wieder und nimmt mich in den Arm.

»Ach Reserl.«

Sie drückt mich fest an sich, so, wie sie es früher getan hat, als ich noch klein war und vor irgendwas Angst hatte. Dabei glaube ich eher, dass sie es ist, die jetzt Angst hat. Aber die Umarmung meiner Mutter ist warm und fest, und ich weiß plötzlich ganz genau, dass ich immer wieder nach Kleinrinderfeld zurückkommen kann, egal, wo es mich noch hinverschlägt.

Die Blätter an den Bäumen sind schon gelb und rot, als ich nach Dresden aufbreche. Ich bin da mit Pepe verabredet. Nein, es geht noch nicht los. Wir treffen uns bei einem Schneider, der sich auf das Kluftschneidern versteht. Das kann nicht jeder, der Herr Erler in Dresden hat aber schon mit der einen oder anderen Kluft bewiesen, dass er das kann.

Pepe und ich sind vor der Schneiderei verabredet. Er schiebt seinen Schlapphut zurück und reicht mir die Hand zur Begrüßung. Seine flaschenbraunen Augen sind jetzt klar, sein Bart ist kürzer. Wir haben ein paar Mal hin und her gemailt, denn ein Telefon hat er wie die meisten Wandergesellen nicht. Das hier ist unser erstes richtiges Treffen nach Ritschis Einheimischparty.

In der Schneiderwerkstatt ist es eng, es riecht nach Zigarettenrauch und Waschmittel. Herr Erler ist ein kleiner, ernster Mann mit Lesebrille auf der Nase. Er breitet weißen Genuacord auf einem Tisch aus und streicht ihn mit der Hand glatt.

Pepe wiegt den Kopf und nickt dann. »Der Stoff geht. Das passt zu dir, Kirchenmalerin.«

Meine Kluft wird nicht schwarz sein. Schwarz ist die Farbe der Holzberufe. Die Farbe der Malerinnen, Vergolderinnen und Kirchenmalerinnen ist traditionell weiß und rot. Ich werde eine weiße Hose tragen, dazu eine weiße Weste und ein rotes Jackett. Der feste, dicke Genuacord ist für die Hose. Für die Weste empfiehlt Herr Erler den gleichen, dann zeigt er einen Cordstoff in sattem Rot für das Jackett, in den ich mich gleich verliebe. Herr Erler deutet auf einen Hocker, auf dem ich meine Kleidung ablegen kann. Ich muss mich ausziehen, damit er mich vermessen kann. Ein bisschen komisch ist das schon, zwischen Stoffballen und Schneiderpuppe in Unterwäsche zu stehen. Pepe lehnt am Fenster und sieht zu, wie Herr Erler mich vermisst. Wahrscheinlich muss man sich auf Wanderschaft daran gewöhnen, anders mit Privatsphäre umzugehen. Wenn ich den Kopf wende, kann ich meinen schmalen Körper in einem Spiegel erkennen. Ich sehe lieber nicht hin. Herr Erler läuft mit einem Maßband um mich herum, misst die Länge der Beine innen und außen, Länge der Arme, Brustumfang. Er notiert die Maße auf einen Zettel, kneift die Augen zusammen und notiert wieder. Er macht das schnell und konzentriert, als wollte er, dass ich nicht länger als nötig in Unterwäsche stehen muss. Irgendwann nickt er. Ich kann mich wieder anziehen.

»Die Weste muss so geschnitten sein, dass eine Bierflasche drinstehen kann. Das ist wichtig«, erklärt Pepe. Herr Erler nickt und notiert.

»Und dann müssen da an den Seiten noch hier und hier Taschen für Werkzeug sein«, zeigt Pepe.

Ich höre das Kritzeln von Herrn Erlers Stift.

»Geht das Revers so? Oder soll ich es noch schmaler machen?«, fragt Herr Erler und zeigt mir die Zeichnung eines Jacketts.

»Genau richtig«, sage ich.

»Hinten im Rückenfutter ist auch eine Tasche, so etwa DIN-A4-Größe. Ist doch richtig, oder?«

»Ja, genau. Da kann sie dann Dokumente verstauen, ohne dass sie knicken«, sagt Pepe.

Herr Erler wird mir die Kluft zuschicken, wenn sie fertig ist.

»Für Änderungen können se dann noch ma vorbeikommen«, sagte er. »Dann sind se wahrscheinlich ja schon auf Tippelei.«

Ich nicke. Ja, lange dauert's nicht mehr.

RESI KIRCHENMALERIN

Die Blätter fallen von den Bäumen, die Leute im Dorf fegen sie täglich zu kleinen Hügeln am Straßenrand zusammen. Es ist Herbst. Die Tage bis zum Losgehen lassen sich an einer Hand abzählen, und ich werde unruhig. Ich habe das mit der Versicherung geklärt: Während der Wanderschaft muss ich nur den Studententarif zahlen. Herr Erler hat die Kluft geschickt, sie sitzt wie angegossen und wartet nur darauf, endlich zum Einsatz zu kommen. Alle wissen schon Bescheid, dass ich gehe.

»Das versteh ich nicht, warum du da jetzt auf Wanderschaft gehst. Und dann noch als Frau«, hat eine entfernte Tante zu mir gesagt.

Ich bin sicher, dass sie nur ausspricht, was andere im Dorf auch denken, sonst sagt's aber keiner. Es wird jedenfalls Zeit, dass es losgeht. Gibt es Heimweh nach der Ferne? Fernweh? Irgend so etwas in der Art habe ich. Gleichzeitig kribbelt es im Bauch, wenn ich nur daran denke, dass es bald losgeht. Und wieder kriege ich keinen Bissen runter. Pepe hat mir erklärt, dass ich mit meiner Familie eine Losgehparty organisieren soll, am 10. November, zwei Tage bevor es losgeht. Neben meiner Familie und meinen Freunden sollen auch Wandergesellen kommen. Pepe will die Termine für die Party und das Losgehen verbreiten, per Mail und durch Weitersagen.

Am 8. November steht Pepe Zimmerer zusammen mit einem anderen Gesellen vor unserer Haustür in Kleinrinderfeld. Und wieder sieht er anders aus, als ich ihn in Erinnerung habe. Der Bart ist noch ein wenig kürzer geworden, seine Augen haben etwas Forsches. Der andere ist ein Freund von ihm, Berni Tischler, er ist einen guten Kopf größer als ich, braune Locken quellen unter seinem Schlapphut hervor. Meine Mutter schüttelt beiden die Hand und zeigt ihnen, wo sie schlafen können und wo die Küche ist.

»Nehmt euch, wenn ihr was braucht«, sagt sie.

Das macht sie eigentlich immer so, wenn Freunde da sind. Die sollen sich im Haus frei bewegen und sich selbst verpflegen. Pepe und Berni guckt sie sich allerdings dann doch genauer an.

»Und du wirst die Theresa losbringen?«, fragt sie Pepe.

Er nickt und lächelt.

»Pass gut auf sie auf, ja?« Meine Mutter guckt schon wieder so. Ich halte diesen Blick nie aus, aber Pepe scheint er nichts auszumachen.

»Klar passe ich auf«, sagt er ganz selbstverständlich, und meine Mutter lächelt ihn an, als würde sie ihn am liebsten umarmen.

»Wo geht ihr eigentlich hin, wenn ihr mit der Resi losgeht?«, fragt Christine, meine ältere Schwester.

»Da hin«, sagt Pepe und streckt den Arm aus.

Christine lacht. Meine Mutter seufzt. Mein Neffe David zupft Berni am Jackett und zieht ihn mit sich in sein Zimmer. David ist der Sohn meiner jüngeren Schwester Anne, er ist zwei und er liebt große Jungs. Seit mein Bruder nicht mehr zu Hause wohnt, muss jeder männliche Besucher seine Spielzeugautos ansehen und mit ihm Rennbahn spielen. »Brumm«, höre ich Davids helle Stimme aus dem Kinderzimmer, »Brumm«, antwortet Bernis tiefer Bass.

Und als wir zusammen beim Abendbrot sitzen, habe ich so etwas wie ein Déjà-vu, nur umgekehrt. Pepe und Berni mit ihren Schlaghosen, Westen und Hüten hier sitzen zu sehen ist ein bisschen wie eine Vorschau auf ein Leben, das mich erwartet. Es wird nicht lange dauern, dann werde ich mit Schlaghose und Weste an fremden Tischen sitzen und von den Anwesenden gemustert werden.

Am nächsten Morgen kommen die reisenden Tischler Meike und Finn. Nick hat Meike, die ich schon von Ritschis Einheimischparty kenne, erzählt, wann es bei mir losgeht. Einen Tag später stehen die Zimmerer Paule und Watzel vor der Tür, und schließlich kommt noch Fenja. Die blonde Steinmetzin ist die Einzige, deren Kluft nicht schwarz, sondern beige ist. Dadurch betrachte ich sie gleich als Verbündete. Meine weiß-rote Kluft hängt noch nagelneu und sauber im Schrank. Pepe sagte, dass ich sie erst während der Party anziehen werde. Wie das vor sich gehen wird, hat er mir nicht verraten.

Das Haus ist voll mit Gesellen. Die Stimmung ist ein bisschen wie im Feriencamp. Mir fällt auf, dass niemand sich bedienen lässt, alle helfen im Haushalt: Mal kocht einer, ein anderer deckt den Tisch für alle, wieder andere räumen auf oder putzen das Bad. Ich laufe dazwischen rum wie im Traum. Ich kann kaum fassen, dass es jetzt bald losgehen soll, dass ich Kleinrinderfeld von nun an mindestens drei Jahre und einen Tag nicht mehr sehen werde. Es kommt mir vor, als würde das alles nicht wirklich passieren.

Die Party findet am Abend statt, im Gemeindehaus von Kleinrinderfeld. Dort können auch die zugereisten Gesellen schlafen. Denn neben denen, die bisher bei uns übernachtet haben, sind noch andere gekommen. Es hat sich offenbar herumgesprochen, dass es hier was zu feiern gibt. Auch Pepe und die anderen ziehen ins Gemeindezentrum. Ich schlafe in diesen letzten Nächten vor dem Losgehen in meinem eigenen Bett. Lieber wäre ich bei den Gesellen, aber Pepe sagt, das sei besser so, es würden noch genug Nächte ohne ein Bett auf mich zukommen. Und auf meinen Altreisenden muss ich von nun an schließlich hören.

Die Abschiedsparty ist das wohl Spektakulärste, was ich bisher erlebt habe. Noch nie gab es eine Party für mich im Gemeindezentrum. Schon das ist außergewöhnlich. Und dann sind so ungefähr alle Menschen da, die ich jemals gekannt habe. Meine Familie, die Oma, die Tanten und Onkel, meine ehemaligen Mitschüler aus der Hauptschule, fast meine ganze Kirchenmalerklasse von der Berufsschule, die Kolleginnen aus dem Betrieb, in dem ich die Ausbildung gemacht habe, und Nick ist aus Würzburg gekommen. Sogar die Bürgermeisterin ist anwesend. Und dann sind da noch die Gesellen, zu denen ich ab heute gehören werde. Oder vielleicht auch erst ab morgen, bald jedenfalls. Der Saal ist voll, meine Mutter hat ein Buffet organisiert und massenweise Getränke. Obwohl es ihr sichtlich schwerfällt, mich gehen zu lassen, macht sie das alles ganz selbstverständlich.

Irgendwann steigt Pepe mit Berni, Watzel, Meike, Finn, Paule, Fenja und Nick auf die Bühne, die es in dem Gemeindesaal gibt.

»Komm, Resi, du musst auch mit hier hoch«, ruft Fenja.

Ich gehe wie auf Eiern durch den Saal, vorbei an den Tischen mit all den Menschen. Ich fühle mich leicht und ein bisschen schwach. Seit drei Tagen habe ich kaum etwas essen können. Diese Veränderung ist einfach zu groß, um sie auf die leichte Schulter zu nehmen.

»Resi Kirchenmalerin, wir werden jetzt deine Kleidung versteigern, als Wandergesellin brauchst du sie nicht mehr«, sagt Pepe, als ich auf der Bühne stehe. Er hat mich zum Glück schon darauf vorbereitet, dass ich mich hier vor allen ausziehen muss. Deshalb habe ich unverfängliche gestreifte Unterwäsche gewählt und darauf geachtet, dass keine Löcher drin sind.

»Wer bietet auf Resis Hose?«

»Hey, das ist meine. Die war voll teuer!«, ruft Anne empört.

»Dann hast du ja eine gute Motivation zu bieten«, sagt Pepe.

»Ich biete zehn Euro«, ruft meine Mutter.

»20«, ruft Israel aus meiner Kirchenmalerklasse.

»30«, bietet Sina, meine ehemalige Kollegin.

Die Hose geht für 80 Euro an meine Tante, die sie sicher Anne überlassen wird. Hoffe ich jedenfalls. Ich hab nicht gewusst, dass die Klamotten versteigert werden, sonst hätte ich mir nicht ihre Hose ausgeliehen. Aber ich habe keine Zeit zum Bedauern, denn die Klamotten sind ruckzuck versteigert. Der Erlös ist für die Reisekasse bestimmt. Ich stehe in Unterwäsche auf der Bühne. Mein Gesicht ist heiß, und trotzdem zittere ich ein kleines bisschen, als wäre mir kalt. Eigentlich haben wir darauf geachtet, dass der Saal gut geheizt ist. Fenja hat meine Kluft im Arm und legt sie vor mir auf den Boden.

»Und nun wollen wir sehen, ob du der Kluft auch würdig bist«, sagt Pepe. »Zeig doch mal, wie geschickt du bist. Hier hast du drei Bierflaschen und drei Plastikmesser. Lege die Messer jetzt so auf die aufrecht stehenden Flaschen, dass eine vierte Flasche obendrauf gestellt werden kann.«

Mit fahrigen Fingern schiebe ich die zerbrechlichen Messerchen auf den Flaschen hin und her. Beim vierten Versuch steht die Flasche auf meiner Plastikkonstruktion, zwar wackelig, aber immerhin. Pepe reicht mir feierlich die Hose. Und als ich hineingeschlüpft bin, fühle ich mich gleich etwas stärker. Ich muss noch ein Bild malen, über die Tische laufen und Akkordeon spielen, bis ich vollständig eingekleidet bin.

Dann endlich fehlt nur noch der Hut. Deckel, sagen die Wandergesellen. Ich habe meinen vor ein paar Wochen in einem Hutladen gekauft. Er ist ganz rund und hat oben eine Delle, die

Krempe ist weder schmal noch breit. »Opa-Hut«, sagte Christine, aber an mir sieht er natürlich viel besser aus als an einem Opa. Pepe hält meinen Deckel hoch, lässt sich von Nick eine Flasche Bier geben und kippt den Inhalt in die Ausbeulung.

»Oje, der gute Hut.« Ich bin nicht ganz sicher, aber ich glaube, es war meine Mutter, die das gerufen hat.

Nachdem der Inhalt der zweiten und dritten Flasche auch vollständig in dem Hut gelandet ist, sagt Pepe: »Und jetzt, Kirchenmalerin, trink das aus.« Wieder höre ich einen erschrockenen Schrei aus dem Publikum, der zu meiner Mutter gehören könnte. Pepe wendet sich an alle: »Ihr könnt Resi helfen. Jeder darf einen großen Schluck nehmen. Je mehr ihr trinkt, desto weniger muss Resi schlucken.«

Er reicht den Hut nach unten. Anne nimmt ihn entgegen, setzt an und trinkt, was gar nicht so einfach ist wegen der Krempe, es schlabbert ein bisschen daneben. Christine, meine Mutter, die Kirchenmaler, Tanten und Onkel geben ihr Bestes. Der Hut ist fast leer, als er zurück auf die Bühne kommt. Aber die Gesellen kennen keine Gnade. Bevor ich richtig verstehe, was passiert, kippt Nick den Hut wieder voll bis zum Rand und hält ihn mir hin. Ich sehe die schäumende Flüssigkeit in dem Hut, spüre meinen leeren Magen und sage mir: Da muss ich jetzt durch. Ich setze an und schlürfe tapfer ein paar Schlucke, da greift Nick den Hut von unten und stülpt ihn mir zack auf den Kopf. Kalt und klebrig rinnt mir das Bier übers Gesicht, den Nacken hinunter, dringt in die Unterwäsche, Staude, Weste, Hose. Meine nagelneue Kluft ist voller Bier, und es wird vielleicht keine Zeit sein, sie bis übermorgen noch zu waschen. Der Schrei aus dem Publikum ist ganz sicher von meiner Mutter.

Den Rest des Abends erlebe ich wie im Rausch, obwohl ich bis auf das Bier aus dem Deckel keinen Tropfen Alkohol anrühre. Wenn mir jemand eine Flasche hinhält, hebe ich sie zum Mund und gebe vor zu trinken, damit ich meine Abstinenz nicht ständig erklären muss. Mein Magen ist gerade nicht stabil, ich würde von diesem herrlich merkwürdigen Abend nichts mehr mitkriegen, und auch Hautprobleme kann ich gerade gar nicht gebrauchen. Berauscht bin ich auch ohne Bier und Schnaps. Stolz wie eine Königin laufe ich in der nagelneuen, wenn auch nach Bier stinkenden Kluft von einem zum anderen. Der Abend ist wie ein wilder, exzessiver Traum, nach dem nichts mehr so ist, wie es einmal war.

Zur Abenddämmerung am folgenden Tag stehen Pepe Zimmerer, Fenja Steinmetzin und Berni Tischler noch einmal in meinem Zimmer. Berni betrachtet mit großem Interesse das Wandregal, das ich aus Skateboardbrettern zusammengebaut habe. Er prüft die Stabilität und nickt mir zu. Pepe und Fenja mustern meine Habseligkeiten, die ich mit auf die Reise nehmen möchte. Sie liegen auf dem Boden ausgebreitet: Werkzeug, Unterwäsche, Kulturtasche, Wollsocken, mein Nietenarmband, eine große Tube Wundcreme, ein Buch (Hermann Hesse, *Narziß und Goldmund*), ein Notizbuch und mein Schlafsack.

»Wo ist der Rest?«, fragt Pepe und blickt mich herausfordernd an.

»Was meinst du mit: der Rest? Das ist alles, was ich brauche!«

»Das ist nicht viel, Kirchenmalerin.«

»Mehr brauche ich nicht. Ich mag es nicht, viele Dinge mit mir herumzutragen.«

»Ist doch gut«, sagt Fenja. »Jeder soll das mitnehmen, was er braucht. Ich hab sogar eine Wärmflasche dabei, weil ich immer so friere.«

Das macht mir die blonde Steinmetzin noch sympathischer, als sie es ohnehin schon ist. Ich friere auch ständig und muss immer gut darauf achten, es warm zu haben.

»Irgendwas muss ein Altreisender aber aussortieren, das ist

Tradition«, sagt Pepe. Kritisch beäugt er wieder meine Sachen. »Wozu brauchst du das denn?«, fragt er dann streng und deutet auf das Nietenarmband.

»Das ist mein Glücksarmband«, erkläre ich.

Pepe hebt es hoch und wiegt es in der Hand.

»Zünftig ist das aber nicht.«

Zünftig ist auch so ein Ausdruck unter Wandergesellen. Zünftig ist alles, was sich für einen Wandergesellen gehört. Das Auftreten, die Kluft, die Art zu reisen, das alles muss zünftig sein, sonst ist es nicht richtig.

»Aber wenn sie es nicht anzieht, kann sie es doch mitnehmen«, sagt Fenja.

»Okay«, knurrt Pepe. Dann greift er nach der Wundcreme.

»Das hier, das brauchst du nicht. Das bleibt hier.«

Fenja hebt resigniert die Schultern. Ich sehe zu, wie Pepe die Creme zur Seite legt. Die hätte ich richtig gerne mitgenommen, denn die hilft bei Verletzungen und schützt die Haut auch gegen kalten Wind. Aber ich sage nichts, denn ich will ja nicht in den Urlaub fahren, sondern auf Tippelei gehen, und ich weiß schließlich, dass so eine Wanderschaft auch mit Entbehrung zu tun hat. Und wenn ich diese Creme entbehren muss, dann soll es eben so sein.

Nachdem mein Altreisender mein Gepäck ausreichend begutachtet hat, stecke ich alles in meinen alten ledernen Tornister, auch Affe genannt, der außen mit braunem Kuhfell bezogen ist. Nur den Schlafsack verpacke ich in einem bunten 80 mal 80 Zentimeter großen Tuch, dem sogenannten Charlottenburger, kurz: Charlie. Einer der Gesellen hat ihn mir gestern auf der Party zugesteckt. Die meisten Gesellen tragen ihr Hab und Gut in einem gut verpackten Bündel aus einem oder mehreren Charlies bei sich. Oft mit einem Gurt über der Schulter. Auch das hat Tradition. In einer Zeit, in der es in den Städten ein Problem mit Seuchen und Ungeziefer gab, hielt man die Rucksäcke der Wandergesellen für unhygienisch, deshalb ließ man sie nur in die Stadt, wenn sie ihr Gepäck in den waschbaren Tüchern verstaut hatten. Und weil diese Verordnung von Berlin ausging, nennt man diese Tücher bis heute Charlottenburger.

FREMDGESCHRIEBEN

Am 12. November 2007 wache ich früh auf. Es ist noch dunkel draußen, ich horche auf das Klopfen der Heizung und will mich schon wieder umdrehen, aber dann fällt mir ein, dass ich heute losgehen werde, und gleich spüre ich mein Herz schlagen, und meine Haut beginnt zu kribbeln, als wären kleine, aufgeregte Tierchen darunter. Ich blicke mich in meinem Zimmer um und denke, dass ich heute für eine sehr lange Zeit zum letzten Mal hier aufgewacht bin. Im Haus ist es noch still, die anderen schlafen noch. Für sie wird das Leben hier in Kleinrinderfeld ganz normal weitergehen, während ich die Welt bereise.

Leise stehe ich auf und dusche ausgiebig, denn ich weiß nicht, wann ich das nächste Mal in den Genuss einer heißen Dusche kommen werde.

Meine Kluft liegt schon bereit, aber bevor ich sie anziehe, kommt die Thermounterwäsche: lange Unterhosen, dicke Socken, zwei Unterhemden, die mich vor der Kälte schützen sollen. Es ist bereits der erste Schnee gefallen, ganz sicher wird es kalt auf der Straße sein, und weil ich eine Frostbeule bin, sorge ich vor. Schicht für Schicht ziehe ich an, bis ich in meine weiße Arbeitshose mit dem Schlag schlüpfe. Der Schlag ist dafür da, dass auf den Baustellen kein Dreck (Sägespäne und so weiter) in die Schuhe rieselt. Noch ist der weiße Genuacord – bis auf ein paar Bierflecken – sauber, aber ich ahne schon, dass er irgendwann grau und speckig sein wird. Wie alle diese zünftigen Arbeitshosen kann auch meine vorne über zwei Reißverschlüsse geöffnet werden. Warum das so ist, weiß keiner genau. Angeblich hatten ursprünglich die Bootszimmerer diese beiden Schlitze, damit sie, falls sie ins Wasser fallen, schnell aus der schweren Hose rauskommen. Ob das stimmt, weiß ich nicht, es gibt viele derartige Geschichten, die unter den Wandergesellen kursieren. Und so manche entwickelt sich durch ständiges Weitererzählen über die Jahre zu einer unumstößlichen Wahrheit.

Nach der Hose ziehe ich ein weißes, kragenloses Hemd über, Staude genannt, darüber die weiße Weste. Sie passt – dank Herrn Erler – perfekt. Und schließlich kommt mein ganzer Stolz: das rote Cordjackett. Der Cordstoff der Jacke ist so fest, dass sie vollbepackt stehen bleibt, wenn ich sie auf den Boden stelle. Und auch ich habe keine andere Wahl, als aufrecht zu stehen, wenn ich meine Kluft trage. Der steife Stoff lässt einen krummen Rücken und schlurfende Schritte nicht zu. Automatisch ist mein Gang fest und stolz, wenn ich mich in dieser Kluft bewege. Und wieder fühle ich mich ein bisschen wie eine Königin, als ich mich darin betrachte. Jetzt, wo es wirklich losgehen soll, ist es noch stärker als die Male zuvor, als ich die Kluft anprobiert habe. Im Spiegel sehe ich eine junge aufrechte Frau. Von dem etwas zerbrechlich wirkenden Mädchen, das mir sonst manchmal im Spiegel entgegenblickt, ist nichts mehr zu sehen. Mir gefällt die Resi, die ich hier sehe, gleichzeitig bin ich nicht sicher, ob ich das wirklich bin.

Eigentlich wollten die Gesellinnen und Gesellen mich abholen, aber als um neun noch keiner da ist, schultere ich meinen Tornister und mache mich auf den Weg zum Gemeindezentrum. Ich kann es nicht abwarten loszukommen. Meine Oma gibt mir noch einen Schal mit, passend zur Weste, weiß und flauschig warm. Aber richtig verabschieden werde ich mich von meiner Familie später.

Pepe und die anderen sehen noch ziemlich verschlafen aus, als ich ins Gemeindezentrum komme. Sie sind gerade dabei, ihre Sachen zu packen. Es dauert, bis wir endlich loskommen. Einige der zugereisten Gesellen schließen sich uns an, andere wollen schnell weiter und verlassen Kleinrinderfeld schon. Und auch ich würde am liebsten sofort aufbrechen.

»Moment!«, sagt Pepe. Dann zieht er ein kleines Stoffbündel in DIN-A6-Format aus der Tasche und hält es mir hin. »Hier, Kirchenmalerin! Pass gut darauf auf. Da ist dein Wanderbuch drin. Das musst du immer bei dir tragen. Aber guck noch nicht rein, lass das Tuch drum, bis ich dir Bescheid gebe.« Sein Ton ist so bestimmend, dass ich gar nicht auf den Gedanken komme, seine Anweisung zu missachten. Vorsichtig verstaue ich das in ein Stofftaschentuch, Tübinger genannt, eingeschlagene Buch in meiner Jackentasche.

Das Wanderbuch (oder auch: die Fleppe) hat Pepe für mich ausgesucht. Traditionell kümmert sich der Altreisende um Ausstattung und Übergabe des Buchs für seinen Jungreisenden. Die Fleppe ist das wichtigste Dokument der reisenden Gesellen, das hat mir Nick schon erklärt. Hineingeklebt wird eine verkleinerte Kopie des Gesellenbriefs, außerdem stehen darin die Fremdschreibung und die persönlichen Daten des Reisenden: sein Handwerk, das Losgehdatum und die Bannmeile. Das ist der Umkreis von etwa 50 Kilometern, den die Reisenden für mindestens drei Jahre und einen Tag[1] nicht mehr betreten dürfen. Und am Ende meiner Wanderschaft wird meine Fleppe voll sein mit Arbeitszeugnissen, Stempeln, Fotos und Notizen von Menschen, die ich unterwegs treffen werde, wie die von Nick. Nur meine eigene Handschrift wird darin nicht zu finden sein, denn die Eigentümerin selbst darf nicht reinschreiben. Bevor es Richtung Ortsschild geht, haben wir noch einen Termin mit Frau Linsenbreder, der Bürger-

---

1 Manche legen die Mindestreisezeit auch auf zwei Jahre und einen Tag fest.

meisterin. In Kleinrinderfeld sind Gemeindesaal und Rathaus direkt nebeneinander, deshalb sind es nur ein paar Schritte zu ihrem Büro.

Frau Linsenbreder hat einen Gesichtsausdruck aufgesetzt, den ich bei ihr bisher nur bei feierlichen Eröffnungen gesehen habe. Mit kräftigem Druck schüttelt sie meine Hand und dann die der Gesellen. Eine Journalistin von der *Main-Post* macht Fotos.

»Gib mir noch mal dein Wanderbuch, Kirchenmalerin«, sagt Pepe. Als ich ihm das Stoffbündel übergeben habe, bedeutet er mir, dass ich mich wegdrehen soll. Offenbar ist jetzt noch nicht der Zeitpunkt gekommen, von dem an ich mein Wanderbuch ansehen und selbst verwalten darf. Kurze Zeit später erhalte ich das in Stoff eingeschlagene Buch zurück. In der Zwischenzeit hat die Bürgermeisterin den Stempel von Kleinrinderfeld hineingedrückt, auch das gehört zur Tradition des Gesellenwanderns. Und wieder ein kräftiger Händedruck zum Abschied, dann verlassen wir das Rathaus und die Bürgermeisterin in Richtung Ortsausgang, wo wir auch meine Familie noch einmal treffen werden. Wir, das sind Pepe Zimmerer, die Tischler Berni, Finn und die Tischlerin Meike, Fenja Steinmetzin, die Zimmerer Paule und Watzel und ich. Mit meiner Kluft bin ich nun eine von ihnen. An diesem trüben Novembermorgen kurz vor dem Aufbruch erscheinen mir die Straßen von Kleinrinderfeld merkwürdig fremd, als hätte ich nicht mein ganzes Leben hier verbracht. Pepe stimmt ein Lied an, die anderen stimmen mit ein. Er ist seit mehr als zwei Jahren auf Tippelei und damit länger als die anderen. In der Hierarchie der Gruppe steht er deshalb oben. Das ist auch so ein Traditionsgesetz des Gesellenwanderns.

»Heute hier, morgen dort«, das Lied von Hannes Wader, klingt zwischen den Häusern von Kleinrinderfeld ein bisschen unwirklich. Die alte Frau Reiber streckt den Kopf zum Fenster raus und sieht uns zu, wie wir an ihr vorbeiziehen. Sie kennt mich seit meiner Kindheit, so, wie mich alle hier im Dorf kennen. Die Gesellen winken, und ich rufe ihr meinen Gruß viel lauter zu, als ich das wahrscheinlich ohne Kluft und meine Begleiter getan hätte. Sie winkt zurück und lächelt. Singend ziehen wir weiter. Jeder Atemzug bleibt als kleine Wolke in der Luft hängen. In diesem Jahr ist der Winter früh dran. In der Nacht hat es gefroren. Am Straßenrand zeugen schmutzig-weiße, hart gefrorene Häufchen vom ersten Schnee. Noch immer ist es trüb, die Sonne kann man hinter der dichten Wolkendecke nur erahnen.

Am Ortsschild erwarten uns meine Mutter, meine Oma, Christine, Anne und Sina. Sie haben Thermoskannen mit Kaffee und geschmierte Brote dabei. Ich bin ein bisschen hin- und hergerissen. Auf der einen Seite freue ich mich, sie alle noch mal zu sehen. Auf der anderen Seite will ich jetzt los und hier nicht lange haltmachen. Seit Wochen verabschiede ich mich schon von den Kleinrinderfeldern, von Freunden und Verwandten. Jetzt ist Zeit zu gehen. Die Journalistin von der *Main-Post* ist uns gefolgt und will noch ein letztes Bild von mir im Kreise der Gesellen schießen. Ist ja auch sonst nie was los in Kleinrinderfeld.

Fenja öffnet eine Flasche Sekt, nimmt einen tiefen Schluck und reicht sie reihum weiter. Pepe deutet auf den Boden und erklärt mir, dass ich dort ein Loch buddeln soll, 80 Zentimeter tief.

»Aber womit?«, frage ich ratlos.

»Lass dir was einfallen.«

Also nehme ich meine Stuckspachtel, die ich immer griffbreit habe, und bohre damit in der Erde herum, ohne besonderen Erfolg. Ich bekomme nur ein paar jämmerliche Krümelchen heraus. 80 Zentimeter müssen es sein, weil der Boden in dieser Tiefe nicht mehr einfriert. Das ist so eine Faustregel bei Arbeiten mit Erde. Nachteil für mich: Nach der kalten Nacht muss ich mich erst mal durch die Frostschicht kämpfen.

»Nimm doch einfach einen Spaten«, ruft Berni, der Witzbold.

»Gut machst du das«, höre ich Paule sagen.

»Na, Kleine, brauchst du Hilfe?«, fragt Watzel. Und wenn ich eins nicht mag, dann ist es, wenn man mich Kleine nennt und anzweifelt, dass ich körperlich was draufhabe.

»Nö«, sage ich. »Sehe ich so aus?« Und ich umfasse die Spachtel mit beiden Händen und buddle so kräftig ich kann.

»Immer schön ordentlich arbeiten«, meint Pepe streng und nimmt einen Schluck Sekt. Die anderen lachen.

Meike stimmt das Lied an »Laurentia, liebe Laurentia mein, wann werden wir wieder zusammen sein? Am Mo-o-ntag! ...«, bei dem man ständig in die Knie gehen muss. Ich natürlich auch.

Wenn man ungeduldig ist und keinen Spaten hat (und ständig bei bescheuerten Liedern in die Knie gehen muss), kann so eine Graberei sehr lange dauern. Ich bin so vertieft in diese Arbeit, dass ich kaum mitbekomme, wie die Zeit vergeht. Irgendwann hält mir Paule seinen Zimmererhammer hin. Offenbar ist schon Mittag. Irgendjemand, ich schätze, meine Mutter, hat Fleischküchle organisiert und bietet sie den Gesellen an. Sie muss auch neuen Kaffee gemacht haben, denn es werden immer noch dampfende Tassen herumgereicht. Ich mag wieder nichts essen und trinken erst recht nicht – alles, was mich vom Losgehen abhält, ist mir in diesem Moment zu anstrengend.

Mit dem Zimmererhammer komme ich besser voran als mit dem Spachtel. Aber der Boden scheint aus gepresstem Bauschutt zu bestehen. Inzwischen steht mir der Schweiß auf der Stirn. Meine Handschuhe habe ich neben mich gelegt, weil ich ausnahmsweise nicht friere. Noch nicht einmal die Hälfte ist geschafft. Aus den Augenwinkeln sehe ich Pepe mit meiner Oma reden, bestimmt sagt sie ihm auch noch mal, dass er gut auf mich aufpassen soll. Die anderen scharren gegen die Kälte mit den Füßen.

Meine Hände schmerzen bereits, das gibt sicher Blasen. Ich muss an die zurückgelassene Wundcreme denken. Falsches Werkzeug und richtige Arbeit, ich zweifle schon daran, ob ich tatsächlich heute noch hier wegkomme.

Berni gähnt demonstrativ. Die Kommentare der Gesellen sind weniger geworden. Ich habe keine Ahnung, wie viel Zeit vergangen ist.

»Jetzt besorg dir halt einen Spaten«, sagt Pepe schließlich.

Als ich mich aufrichte, merke ich erst, wie steif meine Muskeln sind, meine Hände sind feuerrot. Einen Spaten bekomme ich schließlich von einem Nachbarn und einen Pickel noch dazu. Fenja und Berni helfen jetzt mit. Das Graben ist schwierig, was nicht nur am Bodenfrost liegt, sondern auch an den vielen Steinen, die wir zum Teil mit vereinten Kräften aus dem Boden heben. Irgendwann ist Pepe endlich zufrieden mit meinem Loch. Die Sektflasche ist längst geleert, jetzt sind kleine Zettel darin mit guten Wünschen für die Reise. Ich habe gar nicht mitbekommen, wann sie die da hineingetan haben.

Ich spüre jede Faser in meinen Armen und Schultern und ahne schon, dass ich morgen Muskelkater haben werde. Die Fingergelenke sind steif, in der Handfläche ist die Blase schon aufgegangen. Fenja legt die Sektflasche mit den Zetteln in das Loch, Pepe eine Flasche Korn dazu. Beim Zuschaufeln helfen mir die anderen. Als die Flaschen ein bisschen mit Erde bedeckt sind, werfen Berni und Paule Kronkorken und Kleingeld in das Loch, damit ich beim Ausgraben weiß, dass bald die Flaschen kommen, und nicht zu fest grabe.

Vier Stunden hat das Buddeln gedauert. Inzwischen ist es früher Nachmittag, das Licht ist unverändert trüb. Doch als ich meinen Tornister schultern will, um endlich aufzubrechen, hält Pepe mich zurück.

»Warte, Kirchenmalerin, dir fehlt noch was.« Er hält ein Bündel hoch. Es scheint schwer zu sein, was er da in einem

Charlie verschnürt hat. Er muss es gepackt haben, während ich gegraben habe.

»Was ist das?«, frage ich. Aber als ich die Gesichter der anderen Gesellen sehe, ist mir schon klar, dass das auch wieder so ein Losgehspaß ist.

»Das hier, liebe Resi, wirst du tragen, bis wir die Bannmeile überschreiten«, sagt Pepe geheimnisvoll. »Danach darfst du dann auch gucken, was drin ist.«

Berni grinst und bindet mir den Charlie an meinen Tornister. Baumelnd und schwer hängt er daran. Ich muss mich nach vorne beugen, damit mich das Gepäck nicht nach hinten zieht.

Aber mir ist alles egal, solange es jetzt bald losgeht. Keine Sekunde möchte ich mehr warten. Ich weiß, dass ich noch über das Ortsschild klettern muss, doch als ich mich daranmache, das gelbe Schild zu erklimmen, hält Pepe mich wieder zurück. »Nimm das da«, bestimmt er und zeigt auf den Ortspfeiler, der auf der anderen Straßenseite steht. Das Ortsschild ist etwa so hoch wie ich, der Ortspfeiler ragt drei Meter in die Höhe, er ist aus Muschelkalk und zeigt oben das Wappen von Kleinrinderfeld (ein Rind auf rotem Grund über goldenem Gras). Ich stöhne, aber dann straffe ich die Schultern, so gut es mit dem höllisch schweren Gepäck eben geht. Auch das kriege ich hin, wenn es dann nur losgeht.

Jetzt heißt es endgültig Abschied nehmen. Innerlich bin ich schon fast weg. Ich spüre, wie der Schweiß, der mir beim Buddeln über den Rücken lief, langsam kalt wird, als ich meine Mutter umarme. Sie wischt ein bisschen an ihren Augen rum und verzichtet zum Glück auf diesen speziellen Mutterblick. Oma tätschelt mir die Wange. »Pass auf dich auf«, sagt Sina. Anne und Christine umarmen mich fest. David lässt sich nur widerwillig von mir drücken. Er will die Böschung, an der wir stehen, weiter hoch und runter klettern und hat eigentlich keine Zeit für etwas anderes. Er versteht den ganzen Rummel hier gar nicht. Wenn ich wiederkomme, wird er ein großer Junge sein.

Der Ortspfeiler stellt mich vor eine neue Herausforderung. Schon nach wenigen Versuchen verfluche ich Pepe. Das Ortsschild hätte ich ohne Weiteres überwunden, weil ich in der Halterung des Schilds mit Händen und Füßen Halt gefunden hätte. Aber an dem blöden Muschelkalk rutsche ich ständig wieder ab. Obwohl meine Familie von hinten schiebt und drückt. Und wieder bin ich schweißgebadet, als klar wird: In der steifen Kluft und mit dem Gepäck schaffe ich das nicht. Anne geht schließlich los, um eine Leiter zu holen. Und dann schiebe ich endlich ein Bein über und setze mich rittlings auf den Pfeiler. Ich spüre die kalte Winterluft auf der Haut, das Gepäck liegt schwer auf meinem Rücken. Von hier oben wirken drei Meter viel höher als von unten. Rückwärts soll ich mich jetzt in die Arme der Gesellen werfen, meiner neuen Familie.

»Gib schon mal das Gepäck runter«, ruft Fenja.

Ganz vorsichtig mit steifen Fingern und weil ich etwas Angst habe, in der Höhe eine unbedachte Bewegung zu machen, streife ich meinen Tornister ab und reiche ihn nach unten zu den Gesellen. Dann halte ich einen Moment inne und blicke noch einmal zur anderen Seite. Da ist Kleinrinderfeld, unter mir hat Anne David auf den Arm genommen, die beiden winken. Sina hat auch die Hand gehoben, Christine und die Oma gucken einfach. Meine Mutter hat eine Hand über den Mund gelegt.

»Los, komm schon, Resi.«

Pepe hat recht, wir sollten sehen, dass wir loskommen, bevor es dunkel wird. Die Gesellen werden mich schon auffangen, zumindest werden sie meinen Körper abbremsen, bevor ich auf den Boden falle. Es wird schon gut gehen, denke ich. Für einen Rückzieher ist es jetzt ohnehin zu spät.

»Wir fangen dich auf, Resi Kirchenmalerin!« Fenjas Stimme klingt wie eine Einladung. Je zwei Gesellen und Gesellinnen stehen einander gegenüber, jeder hat sein eigenes und das Handgelenk seines Gegenübers gefasst. Mit denen werde ich also gleich losgehen und mich als fremdgeschriebene Kirchenmalerin auf Wanderschaft begeben. Ich habe Pepe und den anderen gestern Abend hoch und heilig versprochen, dass ich Kleinrinderfeld und die Umgebung für mindestens drei Jahre und einen Tag nicht mehr betreten werde. Und ich musste schwören, dass ich mich mit den Sitten und Regeln der Wanderschaft einverstanden erkläre. Pepe hat geschworen, dass er für mich bürgt.

»Los, komm, Resi«, höre ich die Gesellen erneut rufen. Eigentlich hatte ich mir vorgestellt, dass ich mich von hier oben einfach rückwärts in die Arme der anderen fallen lassen werde, aber aus dieser Perspektive sieht das ziemlich halsbrecherisch aus. Vorsichtig schwinge ich auch mein anderes Bein auf die Seite, auf der die Wandergesellen warten. Ich drehe mich so, dass mein Bauch oben auf dem Muschelkalkpfeiler zu liegen kommt. Meine Füße suchen irgendwo unten Halt. Meine Hände greifen fest um den rauen Muschelkalk. Er ist erbarmungslos kalt. Meine Beine zappeln in der Luft. So unelegant habe ich mir meinen Abgang nicht vorgestellt. Endlich fühle ich etwas Festes unter meinem Fuß. Offenbar hat jemand seinen Stenz für mich so an den Pfeiler gelehnt, dass ich mich darauf abstützen kann.

»Jetzt spring!«

Über den Pfeiler hinweg werfe ich einen letzten Blick nach Kleinrinderfeld und auf meine Familie, dann neige ich meinen Körper weit nach hinten und lasse los.

Der Fall ist kurz.

Ein leichter Aufprall. Sie haben mich aufgefangen. Rücklings liege ich auf ihren Armen. »Heyheyhey«, rufen sie und werfen mich in die Luft, drei Mal. Ich höre sie lachen und rufen und bin angekommen bei meiner Losgehfamilie, in meinem neuen Leben. Pepe und die anderen setzen mich vorsichtig auf die Füße und helfen mir, den Tornister aufzusetzen. Dann gehen wir los, weg von Kleinrinderfeld, weg von der Mama, der Oma, den Schwestern, von David und Sina. Ich gehe, ohne mich umzugucken, auch das will die Tradition. Eine Weile meine ich noch, die Blicke der Zurückgelassenen in meinem Rücken zu spüren, ich sehe förmlich vor mir, wie sie mir hinterhergucken. Aber mit jedem Schritt verblasst das Bild. Irgendwann bin ich sicher, dass sie jetzt nach Hause gegangen sind, ins Warme, und weitermachen mit ihrem Leben, nur ohne mich. Es ist gut, dass die anderen wieder zu singen anfangen.

Wir gehen auf der Landstraße 2296 Richtung Kist. Uns begleitet das helle Klopfen der Stenze auf Asphalt. Ich habe noch keinen. »Kriegst du später«, sagt Pepe. Inzwischen ist es Nachmittag. Lange wird es nicht mehr hell sein, das trübe Tageslicht wird in der nächsten Stunde erst grau, dann bläulich werden und schließlich ganz verschwinden. Und die kribbelige Unruhe, die mich seit dem Morgen gepackt hat, macht langsam einem angenehm freien Gefühl in der Brust Platz. Endlich!, denke ich, endlich bin ich unterwegs. Ich werde reisen, neue Orte entdecken, andere Arbeitstechniken lernen, mich befreunden und verlieben und vor allem: weit weg von hier sein.

Die Patchworkfelder sind jetzt braun und grau, trotzdem habe ich den Eindruck, dass ich zum ersten Mal im Leben sehe, wie schön sie sind. Und während Pepe und Berni über die Kälte fluchen, vergrabe ich meine Hände in die Jackentaschen meiner roten Cordjacke und freue mich auf mein Abenteuer.

FREMD UND NEU – DIE JUNGREISENDE

EIN NÄCHTLICHER GEWALTMARSCH

Scheinwerfer treffen uns von hinten und tauchen die ansonsten stockdunkle Straße in bläulich-weißes Licht. Der Wagen wird langsamer. Ich spüre förmlich, wie der Fahrer uns mustert. Acht Wandergesellen nachts auf der Landstraße sieht man hier nicht alle Tage. Dann fährt die Scheibe nach unten:
»Wo wollt ihr denn hin?«
»Nach Homburg.«
»Das ist aber noch ein Stück.«
»Wissen wir.«
»Ein paar von euch könnt ich mitnehmen.«
»Danke! Sonst gerne. Aber heute laufen wir.«
»Wie ihr meint …«
Die Scheibe geht wieder hoch, das Auto beschleunigt und lässt uns in der Dunkelheit zurück. Fenja stöhnt. Ich kann die Gesichter der anderen nicht sehen, aber ich nehme an, dass wir alle den Rücklichtern hinterherblicken. Die Vorstellung, den Weg im warmen Auto fortzusetzen, ist verlockend. Aber es

gehört nun einmal zur Tradition, dass die erste Strecke bis zur Bannmeile getippelt wird.«»Tippeln« heißt in dem Fall laufen. Wobei es, glaube ich, nicht unbedingt üblich ist, in der Nacht bei eisiger Kälte zu tippeln. Diese Sachen bestimmt der Altreisende, in diesem Fall Pepe.

Ungefähr fünf Stunden sind wir jetzt unterwegs. Einmal haben wir gehalten und sind in ein Restaurant eingekehrt. Das war in Kist. Zum ersten Mal seit Tagen hatte ich wieder richtig Hunger. Pepe meinte, die Pizza schmecke nach Tiefkühlfraß, aber für mich war es die leckerste, die ich seit Langem gegessen hatte.

Es war schon richtig dunkel, als wir weitergingen, immer entlang der Landstraße. Jetzt durchbricht nur noch selten ein Fahrzeug mit seinen Scheinwerfern die Dunkelheit. Die Temperatur ist deutlich gefallen. Der eisige Wind brennt auf den Wangen. Wenn ich mal ein paar Schritte neben der Straße gehe, knirscht gefrorene Erde unter meinen Dr. Martens.

Die Kälte kriecht unter mein Jackett, unter die nagelneue Hose, sogar bis unter die Thermounterwäsche, meine Finger sind steif und schmerzen, in meinen Füßen habe ich kaum noch Gefühl. Vor mir geht Fenja, ihre Schritte sind noch immer fest, wenn auch deutlich langsamer als zu Anfang. Weiter vorne müssen die anderen sein: Berni, Paule, Finn, Meike und Watzel. Sie singen ein Lied, das ich nicht kenne. In den ersten Stunden haben wir noch gemeinsam gesungen. Aber der Gesang wurde immer dünner mit der Zeit. Erst hörte Fenja auf, dann nach und nach die anderen. Auch mir ging irgendwann die Puste aus. Mein Atem hört sich inzwischen wie ein Keuchen an. Mein Gepäck drückt auf den Schultern, bei jedem Schritt spüre ich das baumelnde Bündel, das mir Pepe am Kleinrinderfelder Ortsschild ans Gepäck gebunden hat. Ich wende den Kopf und sehe die Umrisse von Pepes Schlapphut hinter mir.

»Weitergehen, Kirchenmalerin!«, treibt er mich an. »Bleib

nicht stehen. Gehen ist das Einzige, was gegen die Kälte hilft.«

Mechanisch setze ich einen Fuß vor den anderen. Das freie Gefühl in der Brust, das ich beim Losgehen hatte, ist schon seit einiger Zeit nicht mehr da. Und jetzt trifft mich auch noch etwas Nasskaltes im Gesicht, dann noch mal.

»Scheiße, das ist Schnee!«, höre ich Meike rufen.

Im Licht von Pepes Taschenlampe sehen wir Schneeflocken tanzen, aber eigentlich tanzen sie gar nicht, der Wind treibt sie direkt auf uns zu. Als hätte die Natur sich vorgenommen, uns heute Nacht ihre Macht zu beweisen, indem sie uns auf offener Straße einschneit. Es geht bergauf, ich beuge mich nach vorne, verberge mein Gesicht unter dem Hut und schiebe den Schal übers Kinn. Die anderen machen es, soweit ich erkennen kann, genauso. Dann endlich erreichen wir den Scheitelpunkt des Hügels, es geht wieder bergab. Im Tal ist der Wind weniger garstig. Die Schneeflocken werden uns hier nicht ins Gesicht gepeitscht, sie fallen brav auf den Boden. Es ist wie eine kleine Erholung, bevor es wieder bergauf geht.

Homburg liegt etwa 30 Kilometer von Kleinrinderfeld entfernt. Mit dem Auto fährt man eine halbe Stunde. Zu Fuß kann man es innerhalb eines Tages dorthin schaffen – oder eben in einer Nacht. Im Sommer mag das ganz nett sein, im November ist es eine Tortur. Pepe hat bestimmt, dass wir dorthin gehen, weil es dort einen Gasthof gibt, in dem Wandergesellen schlafen und arbeiten können.

Und während ich versuche, nicht auf das taube Gefühl in meinen Füßen zu achten, kämpfe ich gleichzeitig mit der Angst, der Wanderschaft vielleicht gar nicht gewachsen zu sein. Wenn ich jetzt schon nicht mehr kann, wie soll ich dann drei Jahre und einen Tag überstehen?

»Alles klar, Resi?«, fragt Fenja.

»Klar!« Meine Stimme klingt rau. Auf keinen Fall will ich zugeben, wie fertig ich bin.

Wieder Scheinwerfer, diesmal von vorne. Grellweiß treiben die Schneeflocken auf uns zu. Ich wende den Kopf zur Seite, bis der Wagen abgeblendet hat. Er wird kaum langsamer, als er vorbeifährt. Und wieder ist es dunkel um uns herum. Zu unseren Füßen glitzert jetzt eine dünne Schneeschicht, die das Gehen noch mühseliger macht.

In Uettingen rüttelt Finn an der Tür der örtlichen Sparkasse in der Hoffnung, dass wir uns eine Weile in dem Vorraum mit den Automaten aufwärmen können. Aber die Tür ist verschlossen. Vielleicht müssen die Uettinger nach 18 Uhr kein Geld mehr holen, oder es gibt keinen Automaten mehr. Jedenfalls besteht hier keine Aussicht auf Wärme. Es bleibt uns nur das Bushäuschen, wo es immerhin ein bisschen windgeschützt ist. Dort drängeln wir uns unter dem schmalen Dach zusammen. Berni und Finn zünden sich Zigaretten an, Meike hüpft auf und ab, um nicht auszukühlen. Ich teste vorsichtig, ob ich meine Zehen noch bewegen kann.

»Wir haben schon mehr als die Hälfte«, sagt Pepe. »Jetzt sind es noch so zwei Stunden.«

»Wenn das Wetter so bleibt, eher drei«, kommt es von Fenja.

»Lass uns eine Pause machen«, sagt Meike. Ihre Stimme klingt müde.

»Aber hier hat nichts auf mitten in der Nacht«, sagt Berni.

»Außerdem macht eine Pause es nur schlimmer. Solange wir uns anstrengen, bleiben wir warm«, sagt Pepe. »Mach große Schritte und geh, so schnell du kannst.«

»Also los«, sage ich, und unsere kleine Gruppe setzt sich wieder in Bewegung. Ich höre die Schritte und das Klopfen der Stenze auf der Straße. Meike flucht vor sich hin. Mir ist auch nach Fluchen. Ich bin hundemüde und habe Angst, dass meine Zehen abgefroren sind. Keine Ahnung, ob da jemals wieder Gefühl drin sein wird. Aber ich würde mir eher die Zunge abbeißen, als jetzt zu jammern. Schließlich bin ich erst seit ein paar Stunden auf Tippelei. Inzwischen ist Mitternacht längst vorbei. Eine ganze Weile werde ich noch durchhalten müssen, bevor ich mich ausruhen kann.

»Wer ist eigentlich auf die bescheuerte Idee gekommen, nachts zu starten?«, mault Berni.

Dann endlich, gegen sechs Uhr in der Früh, erreichen wir Homburg. Ich kann es kaum glauben, als ich das Ortsschild im Licht von Watzels Taschenlampe lese. Ich habe das Gefühl, noch nie so etwas Schönes gesehen zu haben. Meike jubelt. Berni fängt wieder an zu singen »Drei Wanderer sind gegangen ...«, wir anderen stimmen ein. Ein Schulbus keucht an uns vorbei, in einer Bäckerei brennt schon Licht. Ich war früher schon mal hier, aber nur im Hellen. Ich weiß, dass der Ort am südlichen Rand des Spessarts liegt. Er ist von Weinbergen umgeben, und der Main fließt daran vorbei. Von beidem ist jetzt nichts zu sehen. Die schicken Fachwerkhäuser kann man im Licht der Straßenlaternen auch nur grob erkennen. Die Straßen sind eng und steil. Es ist ein Wunder, dass meine Füße noch funktionieren. Und als ich mich schon verzweifelt frage, wo in diesem verdammten Ort denn nun das Lokal ist, zu dem wir wollen, verlangsamen die Gesellinnen und Gesellen ihre Schritte und bleiben schließlich vor einem Holztor stehen. »Wolzenkeller« steht darüber in altertümlicher Schrift. Pepe klopft, aber es regt sich nichts. Er hämmert mit den Fäusten gegen die massive Tür. Nichts.

»Na super! Jetzt ist keiner da, oder was?«, mault Finn.

Wortlos hämmert Pepe wieder gegen die Tür.

»Du hast uns jetzt nicht durch die scheißkalte Nacht hierhergetrieben, damit wir hier vor der Tür stehen?« Meikes Stimme bebt leicht. Ich bin nicht sicher, ob vor Wut oder vor Verzweiflung.

Dann endlich hören wir Schritte. Ein verschlafener junger Mann öffnet, die Staude hängt ihm noch über die Hose. »Krass!«, ruft er, als er uns sieht. Offenbar hat hier keiner mit uns gerechnet. Sepp Zimmerer ist ein Freund von Pepe. Er führt uns über eine enge Treppe nach oben. Ich gehe wie auf Eiern, meine Füße sind noch immer gefühllose Eisklötze. Wir gelangen in einen hellen Raum unterm Dach. Es riecht muffig, nach Schlaf und Füßen, aber es ist warm. Ein Geselle ist gerade dabei, sich die Hose überzuziehen, als wir ins Zimmer kommen. Ich erhasche einen Blick auf seinen nackten Po. Jakob Steinmetz ist auch ein Freund von Pepe und Berni. Als er angezogen ist, reicht er jedem von uns die Hand. Keiner scheint sich daran zu stören, dass wir seinen Po gesehen haben. Wir werden alle in diesem Raum schlafen können, denn wenn ich es richtig sehe, gibt es hier keine Geschlechtertrennung.

»Habt ihr Hunger?«, fragt Jakob.

»Habt ihr was da?« Watzel wirkt mit einem Mal wieder etwas wacher.

»Nö«, sagt Jakob, »aber wir können was holen.«

Sepp gähnt und nickt gleichzeitig.

»Oah cool«, ruft Berni. »Ich hab voll Hunger.«

Ich könnte gar nicht sagen, ob ich hungrig bin. Mein ganzer Körper fühlt sich taub an vor Kälte und Anstrengung. Und während Jakob und Sepp losgehen, um etwas zu essen für uns zu besorgen, habe ich nur Augen für die Betten mitten im Raum. Die Decken sind zerwühlt, trotzdem wirken die verknitterten Laken wie eine Einladung auf mich.

»Wir können hier schlafen«, sagt Pepe, als hätte er meinen Blick bemerkt. »Sepp und Jakob stehen ja eh auf.«

Und schon legen Pepe, Fenja und die anderen ihre Charlies ab und ziehen sich die Hosen aus. Und auch ich schäle, so schnell es geht, die Schuhe von den Füßen. Das schmerzhafte Prickeln in den Zehen beruhigt mich etwas, das bedeutet immerhin, dass sie nicht abgestorben sind. Die Aussicht auf Wärme und Schlaf ist ohnehin stärker als alle Sorgen. Ich schlüpfe aus den Hosen und hinein in die zusammengeschobenen Betten. Die anderen haben sich schon breitgemacht, Fenja rutscht ein bisschen zur Seite, damit ich neben ihr noch

Platz finde. Und als wir endlich alle liegen, kommen Sepp und Jakob zurück. Triumphierend halten sie zwei Gläser mit Bockwürsten hoch.

»Frühstück!«, ruft Sepp.

»Alter, das ist ja geil!« Watzel ist ganz aus dem Häuschen vor Freude, und ich kann mir auch plötzlich nichts Besseres vorstellen, als genau jetzt eine Wurst zu essen.

»Wo habt ihr die denn her?«, fragt Pepe.

»Die Tanke hatte schon auf«, sagt Jakob grinsend. Die beiden sind tatsächlich extra für uns noch schnell losgelaufen und haben uns ihre Betten überlassen. Jetzt werden sie arbeiten müssen. So etwas tun sonst nur gute Freunde füreinander.

Ich esse schnell und rutsche noch kauend zurück in die Horizontale zwischen Fenja und Pepe. Dann liegen wir wie die Ölsardinen dicht gedrängt nebeneinander. Dafür vertreibt die Wärme langsam die Starrheit aus meinem Körper. Das Laken riecht herb nach Schweiß, nach fettigen Haaren und ein bisschen nach Wurst, aber es ist unglaublich weich und behaglich, und das zählt in diesem Moment. Ich schließe die Augen, spüre noch für einen Moment das Kribbeln in meinen Füßen, höre die Atemzüge der anderen und bin schon eingeschlafen.

Knuspriger Braten, Bratkartoffeln, goldgelb und glänzend, dazu grüne Bohnen … Ich schlage die Augen auf, es ist hell und warm. Neben mir schnauft Pepe gleichmäßig, Fenja blinzelt schon. Durch zwei Dachfenster fällt Sonnenlicht ins Zimmer und lässt alles unwirklich grell erscheinen, selbst die dunklen Balken an den Dachschrägen. Ich atme tief ein. Der Geruch von Gebratenem ist echt. Thymian und Butter und Fleisch und irgendwas anderes, was ich nicht definieren kann. Mein Magen zieht sich zusammen, die Wurst zum Frühstück hat nicht wirklich satt gemacht. Ich richte mich auf und sehe einen

Mann mit dunklem Bart und offenen, freundlichen Augen in der Tür.

»Da seid ihr ja«, sagt er, als hätte er auf uns gewartet.

»Ich koche gerade. Wenn ihr wollt, könnt ihr kommen.«
Dann ist er wieder verschwunden.

»Ah cool!« Pepes Stimme klingt noch belegt und träge. »Das ist Martin, der Wirt. Das Essen ist der Hammer!«

Die Aussicht auf warmes Essen bringt Bewegung in unser Lager. Einer nach dem anderen schält sich aus dem Bett, schlüpft in Hose und Weste, tastet nach dem Hut. Bei mir geht das alles sehr langsam, als hätte ich Sand in den Gelenken. Alles ist steif und unbeweglich, keine Bewegung ist selbstverständlich.

Vorsichtig steige ich hinter den anderen die Treppe runter und folge ihnen durch ein Gebäude, das mir vollkommen irreal vorkommt. Wir gehen durch einen überdachten Innenhof, in dem ein kleiner Wasserfall plätschert. In einem Teich schwimmen silbrig glänzende Fische. Oben an der Wand gibt es eine Holzgalerie, an der irgendein grünes Gewächs rankt. Das alles wirkt so verwunschen, dass ich mich nicht wundern würde, wenn hier plötzlich Feen und Zwerge auftauchen würden. Über eine gewundene Treppe geht es hinunter in den Gastraum im Keller. Hier wölbt sich eine steinerne Decke über groben Holztischen und -bänken. Eine Wand scheint aus massivem Fels zu bestehen. Es gibt einen gekachelten Ofen und einen riesigen Tresen aus hellem Holz. In der Gaststube decken wir einen Tisch und helfen Martin, die Schüsseln und Platten aus der Küche hereinzutragen. Sepp und Jakob kommen auch dazu. Sie haben Mittagspause. Sepp arbeitet für eine Firma am Ort, Jakob ist dabei, eine Statue für Martin zu hauen. Noch immer bin ich ganz beeindruckt, dass die beiden heute Morgen bei Minusgraden noch vor der Arbeit Würstchen für uns besorgt haben.

Ich rutsche in die Bank und kann mein Glück kaum fassen. Es gibt Braten mit Bratkartoffeln und grünen Bohnen. Alles sieht genauso lecker aus, wie ich es mir im Halbschlaf vorgestellt habe. Aber dann bemerke ich eine kleine Fliege, die über dem Braten kreist. Ich könnte sie einfach mit der Hand verscheuchen, wie ich es getan hätte, als ich noch die normale Theresa war, aber jetzt bin ich fremd und frei, eine so profane Geste passt nicht dazu, finde ich. Also nehme ich meinen Hut ab, fange damit die Fliege ein und setze den Hut wieder auf den Kopf. Darunter spüre ich aufgeregtes Sirren. Das Ganze ist eine fließende Bewegung, und ich finde mich ziemlich cool dabei. Fenja sitzt mir gegenüber und runzelt die Stirn. Offenbar findet sie meine Art, Fliegen zu fangen, nicht ganz so lässig wie ich.

»Das war eigentlich eine coole Aktion«, sagt sie. »Allerdings geht man nie mit dem Deckel über den Tisch und schon gar nicht, wenn Essen drauf ist. Essen ist ...«, sie überlegt einen Moment, als würde sie nach dem richtigen Wort suchen. »Essen ist heilig. Deshalb nimmt man den Hut bei Tisch auch ab.« Mit diesen Worten setzt Fenja ihren Zylinder neben sich. »Und wenn man den Hut so über den Tisch zieht, könnten auch Bienen ins Essen fallen, wenn du welche hast.«

»Was für Bienen?«

»Bienen sind Läuse.«

»Biene« ist ein Begriff aus dem Rotwelschen, auch Walzsprache genannt. Früher wurde Rotwelsch von allen verwendet, die auf der Straße unterwegs waren, das waren fahrende Händler ebenso wie Landstreicher, Gaukler und eben Handwerksgesellen. Jetzt lebt Rotwelsch unter anderem weiter als eine Art Geheimsprache der Wandergesellen. In früheren Zeiten war Ungeziefer auf Wanderschaft ein echtes Problem. Die hygienischen Bedingungen in den Herbergen waren oft nicht gerade berauschend. Heute gibt es immerhin standardmäßig fließendes Wasser und in der Regel auch kein Ungeziefer.

Der Hut (oder eben der »Deckel«) ist für Wandergesellen besonders wichtig, weil er symbolisch für Freiheit und Unabhängigkeit steht. Das muss noch aus einer Zeit kommen, als nur der einen Hut tragen durfte, der frei und niemandem verpflichtet war. Deshalb tragen die Wandergesellen bis heute einen schwarzen Hut mit Krempe, zum Beispiel eine Melone, einen Zylinder oder einen Schlapphut. Erst später werde ich verstehen, dass es außer den Bienen noch einen anderen Grund gibt, seinen Hut nicht über Lebensmitteln kreisen zu lassen. Jetzt ist mein Hut noch nagelneu und unschuldig sauber. Aber Wandergesellen tragen den Deckel täglich und setzen ihn traditionell nur zum Essen, in der Küche und hinterm Tresen ab – und meistens auch in der Kirche. Manche behalten ihn sogar zum Schlafen auf dem Kopf. So saugt er sich regelrecht mit Haarfett voll. Ich werde noch derart dreckverkrustete Hüte zu Gesicht bekommen, dass es mir vollkommen einleuchten wird, dass die Deckel beim Essen nichts zu suchen haben.

Pepe hat recht: Das Essen ist der Hammer! Knusprig, heiß, fettig und einfach lecker. Ich spüre jeden Knochen, es zwickt in der Ferse, meine Zehen kribbeln und jucken, aber ich esse hier gerade das beste Essen der Welt und bin mit lustigen Leuten an einem ganz und gar unglaublichen Ort. Der Wirt erlaubt sogar, dass wir auch heute Nacht hier schlafen dürfen, das heißt, wir müssen nicht gleich wieder auf die kalte Straße. Ich lehne mich zurück und genieße den Augenblick.

Am Abend vor dem Schlafen sehe ich mir doch noch mal meine Füße an. Sie sind rot, an der rechten Ferse wölbt sich eine große Blase, die Zehen sehen etwas geschwollen aus. Aber es tut nur weh, wenn ich sie drücke.

»Frostbeulen«, sagt Fenja, die neben mir sitzt. »Halt die roten Stellen schön warm, dann geht's vielleicht wieder weg.«

Ich blicke auf meine Füße und denke: »Fuck!« Natürlich war mir klar, dass Wanderschaft kein Zuckerschlecken ist, aber es müssen ja nicht gleich am ersten Tag Frostbeulen sein. Müde kuschle ich mich in meinen Schlafsack auf ein Lager an der Wand – die beiden Betten belegen jetzt wieder Sepp und Jakob – und bin gleich eingeschlafen.

AUF DEM KERBHOLZ

»Kirchenmalerin, wir brauchen ein Kerbholz, um dir die Regeln beizubringen. Halt Ausschau, ob du ein geeignetes Stück Holz findest.«

Wir sind wieder unterwegs. Zwei Nächte hat uns Martin im Wolzenkeller seine Gastfreundschaft gewährt, jetzt wird es Zeit, weiterzukommen. Bis zur Bannmeile sind es jetzt noch etwa 20 Kilometer. Meine Füße sind immer noch rot und empfindlich, die Blase ist aufgegangen, aber jetzt wandern wir tagsüber, da ist es zum Glück nicht so kalt. Fenja hat mir mit Blasenpflastern ausgeholfen. Meine Schritte sind beinahe schmerzfrei. Die Gruppe hat beschlossen, Watzel zum »Gesellen Weg« zu ernennen. Er soll von nun an die Route bis zur Bannmeile bestimmen. Ich bin nicht sicher, ob die anderen so verhindern wollten, dass wir noch mal eine Gewalttour durch die Nacht machen. Jedenfalls hat Watzel eine gute Karte von der Umgebung organisiert und führt uns jetzt an.

»Geselle Planlos«, nennt Pepe ihn grinsend.

Noch einmal gehen wir durch die steilen Gassen von Homburg. Die Sonne ist eben aufgegangen und strahlt, als wollte sie uns dafür entschädigen, dass wir so eine anstrengende Reise hierher hatten. Immer wieder geben die Häuser den Blick auf den Main frei, der träge durch das Tal fließt, an den Rändern ist er von einer weißglitzernden Eisschicht bedeckt. Am Ortsausgang beginnen die Weinberge. Und so gehen wir im Sonnenschein zwischen Wein und Main, und trotz der Kälte ist mir nach Singen zumute. Mir hat ein bisschen davor gegraut, wieder auf der Landstraße zu sein, aber das Wandern ist bei Sonnenschein viel einfacher, beinahe leicht.

Und dann liegt da am Weg ein Stück Holz, das gerade gut in die Zollstocktasche meiner Hose passt. »Das perfekte Kerbholz«, urteilt Pepe.

»Das hat bestimmt Mathilda für dich da hingelegt«, sagt Fenja.

»Wer ist Mathilda?«

»Mathilda ist die Landstraße. Sie sorgt für uns Wandergesellen und ist zugleich unsere Geliebte.«

Na dann: Danke, Mathilda! Jetzt bin ich also kaum drei Tage auf Wanderschaft und habe schon eine Geliebte, die für mich sorgt.

♛

Das Kerbholz wehrt sich ein bisschen, als ich mit dem Taschenmesser die Anfangsbuchstaben unserer Namen hineinritze. Meine Finger sind von der Kälte steif, immer wieder rutscht das Messer ab. Das P für Pepe und das R für Resi kann man nachher kaum unterscheiden. Die anderen Buchstaben gelingen mir dann einigermaßen. Wer einen Fehler macht und sich nicht an die Regeln der Wanderschaft hält, wird mit einer Kerbe »bestraft«. Jeder Fehler wird durch das Wort »Knacks« angezeigt. Das ist eine Methode, mit der Altreisende ihren Jungreisenden die Regeln beibringen.

Nach anderthalb Stunden erreichen wir den Ortseingang von Marktheidenfeld.

»Knacks!«, ruft Meike.

Ich blicke sie fragend an. Watzel hatte seinen Stenz über die Schulter gelegt. Das sieht zwar lässig aus, innerhalb von Ortschaften muss man ihn aber wie einen Wanderstab halten. Auch diese Regel hat ihren Ursprung in früheren Zeiten, als es weniger friedlich auf den Straßen zuging. Ein über der Schulter getragener Stenz kann auch als Knüppel verstanden werden. Wandergesellen legen aber großen Wert darauf, zu zeigen, dass sie in friedlicher Absicht kommen. Deshalb betreten sie einen Ort auch mit geschlossenem Jackett. Früher trugen Wandergesellen, genauso wie viele andere Reisende, einen Degen, einen Dolch oder eine andere Waffe am Gürtel. Mit dem geschlossenen Jackett zeigten sie an, dass sie nicht vorhatten, davon Gebrauch zu machen. Mitte November liegt es ohnehin näher, sein Jackett geschlossen zu tragen, deshalb mache ich diesen Fehler heute nicht – und einen Stenz, den ich falsch halten könnte, habe ich noch nicht.

Unser Weg führt uns zum Rathaus, um einen Stempel für das Wanderbuch abzuholen. Auch in Homburg haben wir das getan, schließlich soll unsere Reiseroute ja dokumentiert werden. Die Fußgängerzone ist um die frühe Mittagszeit noch relativ leer. In den Schaufenstern glitzert und blinkt schon die erste Weihnachtsdeko. Die Menschen, die uns begegnen, recken die Köpfe, starren uns unverhohlen an, manche nicken freundlich. Stolz grüßend ziehen wir an ihnen vorbei. Ich versuche mir vorzustellen, dass die Menschen mir in den nächsten Jahren immer so begegnen werden: neugierig, so, als wäre ich ein Ausstellungsstück im Museum.

Im Rathaus bin ich mal wieder beeindruckt von Pepes Auftreten, selbstbewusst und aufrecht steht er vor dem Tresen im Bürgermeisteramt. Der Spruch, den er vorträgt, auch Schnack genannt, ist relativ lang und voller altertümlicher Redewendungen. Mit jedem Satz wird die Tradition des Handwerks und des Gesellenwanderns beschworen. Immer wieder sagt Pepe »nach altem Brauch« oder »wie eh und je« oder »so will es der Brauch«. Ich kann mir noch gar nicht vorstellen, selbst mal so aufzutreten und den Schnack aufzusagen. Muss ich aber. Spätestens beim Überqueren der Bannmeile sollte ich den Schnack kennen. Der Schnack ist so etwas wie ein Code, mit dem ein Wandergeselle sich ausweist. Es ist allein Wandergesellen vorbehalten, mit dem Schnack vorzusprechen und damit um eine Übernachtungsmöglichkeit oder etwas anderes zu bitten. Er wird traditionell mündlich vom Altreisenden an die Jungreisende weitergegeben, damit erhält sie die Erlaubnis, ihn zu verwenden. Jeder Schnack ist ein bisschen anders und kann je nach Handwerk und Gelegenheit angepasst werden, aber meistens beginnt er mit den Worten »Mit Gunst und Verlaub« und endet mit der Formel »Fix bedankt«, was so viel bedeutet wie »besten Dank«. Der rotwelsche Ausdruck »fix« steht für »herausragend« oder »gut«.

Das alles weiß ich schon, aber den ganzen langen Spruch werde ich mir nie und nimmer merken können. Wie ferngesteuert reiche ich Pepe mein noch verhülltes Wanderbuch, damit er es der Dame hinterm Tresen zum Stempeln geben kann.

»Knacks!«

Wir haben eben das Rathaus verlassen. Und ich habe vergessen, mein Jackett aufzuknöpfen. Denn nachdem man beim Bürgermeister vorgesprochen hat, also deutlich gemacht hat, dass man in friedlicher Absicht kommt, muss man das Jackett öffnen zum Zeichen, dass man bereits vorgesprochen hat. Als ich mein Messer zücke, um mir eine Kerbe ins Holz zu ritzen, höre ich Pepe wieder »Knacks« rufen. Wandergesellen dürfen ihr Messer nicht in der Öffentlichkeit hervorholen. Das tun sie nur im Privaten. Auch mit dieser Regel soll die Friedfertigkeit der Wandergesellen gezeigt werden.

Als wir wieder auf der Landstraße sind, habe ich das Gefühl, zu langsam für diese Welt zu sein. Vor mir laufen die anderen in gemächlichen Schritten und trotzdem zu schnell für mich. Mein ganzer Körper fühlt sich träge und unbeweglich an. Am liebsten würde ich mich da, wo ich bin, auf den Boden setzen und einfach mal eine Weile an nichts denken. Vor mir läuft Watzel, er bewegt sich, als würde die Straße ihm gehören. Als hatte er meinen Blick bemerkt, dreht er sich um und wartet, bis ich neben ihm bin. »Ganz schön viel alles! Oder?«

Ich nicke schwach. Ja, es ist viel. Viel Laufen, viele Regeln, viel merken.

»Ich hab mich auch so gefühlt. Aber ich kann dir sagen: Das geht vorbei. Irgendwann kommst du auf der Straße an, und dann läuft das alles wie von selbst.«

Das Klopfen von Watzels Stenz ist regelmäßig und gemütlich. Ich betrachte ihn von der Seite, seine Schritte wirken trotz der stämmigen Statur irgendwie leicht. Watzel ist knapp zwei Jahre unterwegs, und ich frage mich, wie er war, als er losgegangen ist.

»Wir sind bald an der Bannmeile. Hast du den Schnack schon drauf?«

Ich schüttle den Kopf und fühle mich gleich wieder schwer und angestrengt. Keine Ahnung, wann ich den lernen soll und wie. Doch während die anderen vorne wieder ein Lied anstimmen, sagt Watzel mir mit ruhiger Stimme, ganz langsam, noch einmal den Schnack auf. Und dann noch einmal, so lange, bis ich ihn langsam und etwas stotternd wiederholen kann.

Die Frau hinterm Bäckereitresen hat bunte Strähnchen in den Haaren, alle Rotschattierungen zwischen Orange und Violett sind vorhanden. Sie mustert uns mit einer Mischung aus Neugierde und Misstrauen.

»Das Café ist aber noch zu«, sagt sie, als wir warme Getränke bestellen wollen. Es ist zehn Uhr in der Früh. Die Nacht haben wir im Pfarrhaus der Gemeinde verbracht. Der Pfarrer hat es erlaubt, als wir gestern Abend an seiner Tür klingelten und nach einem Nachtquartier fragten. Bevor wir weitergehen, wollen wir noch Kaffee trinken. Offenbar ist das nicht so einfach, wie wir gedacht hatten.

»Ach gute Frau«, setzt Pepe an, »wir sind arme Handwerksleute und den ganzen Weg zu Fuß hierhergekommen. Wäre es nicht möglich, dass Sie uns einen Kaffee machen?«

»Wirklich zu Fuß?«, fragt sie.

»Von Triefenstein aus.«

Die Frau stutzt, sie scheint nicht zu wissen, ob sie uns glauben soll. Sie reckt den Kopf, wie um zu sehen, ob irgendwo ein Kamerateam heimlich filmt. Pepe legt den Kopf schief und lächelt sie an.

»Bitte!«

Die Frau könnte seine Mutter sein, aber unter Pepes Blick läuft ihr Gesicht rosa an.

»Dann setzt euch halt«, murmelt sie, dreht sich um und nestelt an der Kaffeemaschine. Kurze Zeit später kommt sie mit einem Tablett voller dampfender Tassen an den Tisch, an dem wir uns inzwischen niedergelassen haben. Pepe lächelt, die gesträhnte Frau lächelt, dann verschwindet sie wieder geschäftig hinter der Theke.

»Zeig mal her das Kerbholz, Kirchenmalerin«, wendet sich Pepe an mich.

Das Holzstück ist nach drei Tagen voller Kerben und Ritzer. Hinter R wie Resi sind besonders viele. Sieben Stück zähle ich. Die anderen haben höchstens drei.

Pepe hat nur eine Kerbe. Als Auslöse verspricht er, am Abend allen zwei Bier auszugeben. Fragend blickt er zu Berni, der zwei Kerben hat. »Bei der nächsten Sommerbaustelle spendiere ich ein Fässchen«, verspricht der. Die anderen nicken zustimmend. »Und ich werde allen die Messer schleifen«, verspricht Fenja, um ihre drei Kerben auszulösen. Wieder nicken alle.

In Bier umgerechnet müsste ich wahrscheinlich drei bis vier Fässer spendieren, doch dafür fehlt mir das Geld, außerdem ist mir das zu langweilig. Deshalb sage ich: »Ich werde euch allen in eure Wanderbücher eine Brokatmalerei machen.«

Pepe wiegt den Kopf, dann nickt er. Die anderen nicken auch. Meine Auslöse ist angenommen. Brokatmalerei ist eine Imitation von Brokatstoff, diesen mit Schnörkeln oder Blumen verzierten Stoffen, die zum Beispiel als Tapeten in prunkvollen Gebäuden wie Schlössern zum Einsatz kommen. Unter anderen Umständen würde ich die Brokatmalerei mit Kohle und Kreide anfertigen, in diesem Fall muss ein Bleistift reichen.

Als wir zahlen wollen, winkt die gesträhnte Bedienung ab. Ihr Blick sucht noch einmal den von Pepe. Beide strahlen.

RAUS AUS DER BANNMEILE

Auf der Straße liegt grauer Schneematsch. Ich ziehe meinen Schal fester um den Hals und atme tief ein. Es liegt noch ein strammer Marsch vor uns. Bis zum Abend wollen wir in Aschaffenburg sein, das sind noch 20 Kilometer, und es ist schon beinahe Mittag. Unser Weg führt uns aus dem Ort auf eine schmale Landstraße mitten durch einen Wald. Links und rechts stehen hohe Tannen. Außer unseren schmatzenden Schritten und dem Klopfen der Stenze hören wir nur das Knacken der Bäume, manchmal ein Rascheln. Es ist ein bisschen, als wären wir die einzigen Lebewesen hier, so still ist es.

Mit einem Mal bleiben Pepe und Watzel stehen und gucken auf die Karte. »Hier«, sagt Pepe schließlich und deutet in den Wald. Ein ausgefahrener Waldweg führt von der Straße auf einen geschotterten Platz. Ein einsamer blauer Ford steht dort. Vom Platz führt ein Weg tiefer in den Wald, aber der ist mit einer Schranke versperrt. Eine verrottete Holztafel zeigt einen Wanderrundweg an.

»Kirchenmalerin«, sagte Pepe, als wir auf dem Platz stehen. »Hier endet deine Bannmeile.«

Mir wird ganz feierlich zumute, denn schließlich werde ich für mindestens drei Jahre nicht mehr durch diesen Teil des Spessarts kommen. Ich straffe die Schultern, um mich für das Überschreiten der Bannmeile zu stärken – sicher hat sich Pepe noch die eine oder andere Prüfung für mich ausgedacht, bevor es so weit ist.

»Jetzt darfst du das Bündel abmachen, das wir dir in Kleinrinderfeld am Ortsschild mitgegeben haben«, erklärt Pepe.

Das baumelnde Bündel an meinem Gepäck habe ich kaum noch wahrgenommen. Aber jetzt will ich schon wissen, was ich da die ganze Zeit mit mir herumgeschleppt habe. Die anderen bilden einen Kreis um mich, während ich auf dem Boden hockend mit von der Kälte steifen Fingern den Charlie aufknote und finde ... eine Flasche Wein und einen Stein, den ich mit beiden Händen gerade umfassen kann, genau so einen Stein, wie ich ihn beim Losgehen vor dem Kleinrinderfelder Ortsschild im Schweiße meines Angesichts aus dem Boden geholt habe, bis das Loch endlich die vorgeschriebene Tiefe hatte. Die anderen entkorken den Wein, während ich den ollen Kalkbrocken wie eine Trophäe in die Höhe hebe. Das Ding wiegt locker zwei Kilo.

»Jetzt wirf, so weit du kannst«, sagt Pepe.

Ich hole, von Ehrgeiz gepackt, mit aller mir zur Verfügung stehenden Kraft aus. Mit Schwung fliegt der Stein über die Schranke und schlägt mit einem dumpfen Geräusch auf dem feuchten Waldboden auf.

»Sehr gut, Kirchenmalerin!«, lobt Pepe. »Jetzt musst du jeden von uns genau so weit tragen, wie dieser Stein geflogen ist.«

Die anderen lachen.

»Mit Gepäck natürlich«, ergänzt Watzel. Er hat mit Abstand das schwerste Bündel, weil er sein eigenes Zimmererwerkzeug dabeihat. Außerdem ist Watzel selbst auch nicht gerade leicht. Die Kluft lässt den stabilen Zimmerer noch stämmiger wirken. Ich fange mit Fenja an, hebe sie unten an den Beinen hoch, sodass sie ihren Oberkörper über meine Schultern fallen lassen kann. Fenja ist zwar auch schwerer als ich – wie gesagt, ich bin ein Leichtgewicht –, aber so kann ich sie ganz gut um die Schranke herum tragen und dort absetzen. Meike kriege ich auf die gleiche Weise dorthin. Pepe nehme ich huckepack, einmal falle ich fast hin, weil meine Füße im matschigen Boden keinen Halt finden. Aber ich hieve ihn irgendwie an der Schranke vorbei und werfe ihn auf der anderen Seite wie einen Zementsack von meiner Schulter. Bei Berni und Paule mache ich es genauso. Wobei ich gestehen muss, dass ich sie getrennt von ihrem Gepäck befördere. Bei Finn zittern mir schon ein bisschen die Muskeln. Ich muss ihn ein paar Mal absetzen. Nur Watzel bekomme ich nicht einmal hochgehoben. So sehr ich mich auch anstrenge, seine Füße bleiben mit dem Waldboden verhaftet, als wären sie festgeklebt. Wir entscheiden, dass er dann eben die Füße unten lässt. Er schlingt also die Arme von hinten um meinen Hals, als würde ich ihn huckepack tragen, und schlurft an mich gehängt hinter mir her. Schwer genug!

Und wieder bin ich schweißgebadet, obwohl es kalt ist. Dabei pfeife ich ein Liedchen und tue so, als wäre es ganz leicht für mich, Watzels höllenschweres Gepäck bei den Gesellen abzuladen. Als schlanke Handwerkerin bin ich es gewohnt, dass mir auf Baustellen keiner zutraut, etwas Schweres zu tragen, deshalb nutze ich gerne die Gelegenheit, das Gegenteil zu beweisen. Watzel ist eine Ausnahme, den hätten auch ganz andere Gesellen nicht tragen können.

»Jetzt gib mir deine Fleppe.« Pepe hat noch immer diesen feierlichen, keinen Widerspruch duldenden Tonfall. Und die Bewegung, mit der ich ihm das in Tuch eingeschlagene Bündel reiche, fühlt sich auch gleich ganz würdevoll an.

»Resi Kirchenmalerin, bitte mich nun um das Wanderbuch, es wird dann ganz offiziell deins sein.«

Ich hole tief Luft und beginne, den Schnack aufzusagen, langsam und ohne ein einziges Mal zu stocken.

Für eine Sekunde wirkt Pepe irritiert, so, als hätte er nicht damit gerechnet, dass ich das schon kann, dann nickt er und reicht mir die Fleppe. »Von nun an wirst du selbst dafür verantwortlich sein, um alle Einträge wirst du dich selbst kümmern müssen.«

Watzel zwinkert mir zu, als sich unsere Blicke treffen. Meine Mundwinkel gehen von ganz alleine nach oben, ich fühle mich, als hätte ich einen Preis gewonnen. Bedächtig schäle ich das Buch aus dem Tübinger und halte ein in schwarzes Leder gebundenes, DIN-A6-großes Buch in der Hand, mit einer Prägung auf dem Umschlag, die dem Malerwappen nachempfunden ist.

Vorsichtig schlage ich es auf und finde darin meine Fremdschreibung: Das ist so etwas wie ein Schwur, mit dem festgehalten wird, dass ich für drei Jahre und einen Tag in entsprechender Kluft reise, um menschlich und handwerklich dazuzulernen, und mich während der ganzen Zeit löblich verhalten werde. Jedes Wort ist in schönen, altertümlich wirkenden Buchstaben hineingemalt. Auf der nächsten Seite ist das »letzte Hemd« eingeklebt, ein zum Hemd gefalteter Fünfeuroschein. Früher war es den Gesellen verboten, völlig mittellos zu reisen, deshalb ist es immer noch Brauch, Geld ins Wanderbuch zu kleben. Vor der Währungsumstellung war es in der Regel ein Fünfmarkschein, was etwas Besonderes war, denn die gab es ja nicht so häufig. Heute sind es oft fünf Euro. Dies ist jetzt meine absolute Notreserve. Außerdem klebt dort ein runder Ausschnitt aus einer Landkarte, mein Bannkreis. Und schließlich sind die Stempel aller Orte, durch die wir gekommen sind, darin, Tappen nennen sie die Wandergesellen: Kleinrinderfeld, Homburg am Main, Marktheidenfeld, Weibersbrunn. Es fühlt sich gut an, das kleine Büchlein nun ganz in meinem Besitz zu wissen. Es macht mich unabhängiger von Pepe und den anderen und ein bisschen mehr zu einer vollwertigen reisenden Gesellin.

Während die anderen meine Fleppe mustern und kommentieren, zieht Pepe eine kleine Flasche Kräuterlikör aus der Tasche und sagt:»Nun, da du dein Wanderbuch empfangen hast, wirst du diesen Trunk zu dir nehmen. Als Trinkgefäß soll dir dies hier dienen.« Mit diesen Worten hebt er seinen Stenz.

Watzel und Berni lachen.

Um »aus« Pepes Stenz zu trinken, muss ich mich am unteren Ende des Wanderstabs positionieren. Pepe gießt den Likör nun so von oben auf, dass er durch die Windungen nach unten läuft – und da am unteren Ende muss ich das süßlich-herbe Gesöff dann abschlecken. Ich schmecke Holz und Erde und klebrigen Alkohol.

»Und noch einen!«, ruft Berni, während ich dort kauere und

schlecke. Ich lehne dankend ab. Und dann endlich sagt Pepe: »Resi Kirchenmalerin, hiermit hast du die Bannmeile überschritten.«

Diese Worte wirken wie ein Startschuss. Wir jubeln, nehmen unser Gepäck und eilen zurück zur Straße, denn jetzt dürfen wir unseren Weg endlich auch mit anderen Verkehrsmitteln fortsetzen. Doch die schmale Landstraße ist natürlich genauso verlassen wie zuvor. Wir lauschen auf das Geräusch von Reifen auf nassem Asphalt und hören wieder nur das Knacken und Rascheln der Bäume. Wir müssen also doch laufen. Langsam wird das Tageslicht, das zu uns in den Wald dringt, schwächer. Und mit dem grauen Dämmerlicht kommt auch wieder der Frost. Nach einer gefühlten Stunde nähert sich endlich ein weißer Passat. Ich halte den Daumen raus, und tatsächlich wird der Wagen langsamer und stoppt schließlich neben uns.

»Wo wollt ihr denn hin?« Eine Dame mit grauen Locken beugt sich über den Beifahrersitz und mustert uns.

»In die Richtung«, erklärt Watzel und zeigt die Straße runter.

»Nach Aschaffenburg?«

»Genau.«

»Also vier Plätze hätte ich frei im Wagen.«

»Wir könnten auch zusammenrutschen, wir brauchen nicht so viel Platz.«

Wir stehen zu acht um die Beifahrertür herum, die Frau blickt von einem zum anderen, zögernd nickt sie. Ich sitze hinten auf Fenjas Schoß, auf unseren Beinen stapelt sich das Gepäck, das nicht mehr in den Kofferraum gepasst hat. Es ist eng, ich muss den Kopf einziehen, um nicht gegen das Autodach zu stoßen, und es ist muffig, dafür warm und es geht schön schnell.

Helga, unsere Mitfahrgelegenheit, lässt uns in Aschaffenburg in der Nähe des Bahnhofs raus. Auch hier leuchtet in den Straßen schon Weihnachtsdekoration. Als Erstes suchen wir uns ein gemütliches Lokal. Und so spazieren wir direkt in den Schlappeseppel, weil es dort selbst gebrautes Bier geben soll und so schön urig ausschaut. Es muss vier oder fünf Uhr am Nachmittag sein, der Laden ist noch relativ leer, an einem Tisch sitzen ein paar ältere Herren beim Bier. Ich spüre, wie ihre Blicke uns folgen, aber es ist nicht zu erkennen, ob wir die Herrschaften interessieren oder einfach nur stören. Kaum haben wir uns an einem Tisch niedergelassen, kommt auch schon der Wirt mit einem Tablett voller Bier.

»Des is von dene da«, sagt er mit einer Kopfbewegung in Richtung der Herren. Wir nicken der Herrenrunde zu, die Männer nicken würdig zurück, ohne ihr Gespräch zu unterbrechen. Offenbar stören wir sie nicht. Wir heben die Gläser. Auch ich. Denn – auch das ist eine Regel – ein Wandergeselle, eine Gesellin weist niemals etwas zurück, was ihm oder ihr angeboten wird. Jedes Glas muss leer getrunken, jeder Teller leer gegessen werden, damit der oder die Nächste nicht weniger bekommt.

»Auf die Kirchenmalerin«, sagt Pepe bedeutungsschwer, »die heute genagelt wird.«

Ich verschlucke mich an meinem Bier und bemühe mich, es mir nicht anmerken zu lassen. Räuspernd und unterdrückt hustend nicke ich. »Nageln« ist auch so ein Brauch unter Wandergesellen, eine Art Initiationsritus, bei dem den Jungreisenden tatsächlich mit einem Nagel ein Ohrloch verpasst wird. Das kann mit einem einfachen Zimmerernagel geschehen, aber die meisten lassen sich einen schönen Nagel extra für diese Gelegenheit schmieden. Wandergesellen tragen traditionell einen Ohrring im linken Ohr. Links, weil rechts ja mit Werkzeug und Material hantiert wird (es wird dabei davon ausgegangen, dass alle Rechtshänder sind), da könnte der Ohrring im Weg sein. Ich habe auch immer wieder Leute behaupten hören, dass der Mensch einen besseren Gleichgewichtssinn habe, wenn er links einen Ohrring trägt. Deshalb sollten gerade Zimmerer, Maurer und Schieferdecker einen tragen. Aber das ist wohl auch eine dieser Theorien, die die Landstraße hervorgebracht hat, einen handfesten Beweis habe ich dafür nie gefunden.

Früher musste der Ohrring so wertvoll sein, dass man damit notfalls die Beerdigung des Gesellen hätte bezahlen können. Heute gilt das nicht mehr, aber der Ohrring gehört trotzdem zur Wanderschaft dazu. Ich kenne keinen, der sich vorm Nageln gedrückt hat. Und ich drücke mich auch nicht. Nachdem die Männer vom Nachbartisch die zweite und dritte Runde spendiert haben, winkt mich Pepe zu sich. In der Hand hält er einen Kugelschreiber.

»Ich mach dir nen Punkt aufs Ohrläppchen, guck mal im Spiegel, ob das so okay ist.«

Mit dem Schreiber in der Hand gehe ich zur Toilette. Meine Schritte sind etwas unsicher. So viel Bier habe ich schon lange nicht mehr getrunken. Auf der Toilette beugt sich eine Frau über das Waschbecken, um sich die Lippen nachzuziehen. Als sie mich sieht, macht sie Platz und mustert mich neugierig von der Seite. Um den Punkt auf meinem Ohrläppchen sehen zu können, muss ich es lang ziehen und meinen Kopf wenden. Ich habe schon drei Löcher im linken Ohr und kann nicht beurteilen, ob der Punkt in angemessenem Abstand daneben ist.

»Entschuldigung, ist der Punkt mittig? Da soll ein Ohrring rein«, frage ich schließlich die sich schminkende Frau.

»Zeig mal. Nee, ich würde sagen, weiter zur Seite. Kann ich mal den Stift haben? Hier.« Es kitzelt, als sie einen deutlich dickeren Punkt an die von ihr bevorzugte Stelle malt.

Zurück am Tisch stehen dort volle Schnapsgläser, in einem liegt eine silbern schimmernde Kreole. Pepe hat sie für mich ausgesucht. Der Schnaps soll sie desinfizieren. Und dann holt Pepe einen Nagel hervor und hält auch den in das Schnapsglas. Es ist ein sehr schöner, dunkler Nagel, dessen Spitze gedreht ist. Und groß ist er, bestimmt 20 Zentimeter lang. Er wurde nicht eigens für mich geschmiedet, Berni hat ihn mitgebracht. Etwa zehn Gesellen wurden schon damit genagelt, in einem kleinen Büchlein sind alle vermerkt, hat Berni stolz berichtet. Der Nagel hat also schon eine Geschichte, eine ganze Generation von Gesellen ist damit genagelt worden. Andere behalten ihren Nagel nach der Nagelei wie eine Trophäe, mein Nagel wird weiterwandern. Watzel hat aus seinem Gepäck eine Axt geholt, als Zimmerer hat er immer seine eigene dabei. Mit der stumpfen Seite soll der schön gedrehte Nagel nun durch mein Ohrläppchen gestoßen werden. Danach werde ich hier am Tisch festgenagelt sein. Das Sprichwort »jemanden auf etwas festnageln« kommt bestimmt von diesem Brauch. Berni reicht mir ein Schnapsglas.

»Trink, das wird dich innerlich desinfizieren.«

Herb und ein bisschen bitter schmeckt der Schnaps. Es wird warm im Hals und dann im Bauch. Pepe nimmt den Nagel aus dem Schnapsglas, dann den Ohrring. Fenja wird meinen Kopf halten, während Pepe mein Ohr auf dem Tisch festnageln wird, sie ist mein »Kopfgeselle«. Ich hocke mich neben sie und bringe meinen Kopf in eine Position, in der ich mein Ohrläppchen auf den Tisch legen kann. Fenja hat einen angenehm festen Griff. Ich bin mir sicher, dass sie mich gut halten wird. Pepe hält mein Haar zurück und kippt mir Schnaps übers linke Ohr. Warm und klebrig rinnt er mir am Hals runter, ein bisschen was läuft auch ins Ohr hinein, sodass sich die Geräusche um mich weit weg anhören.

Wenn sich ein Wandergeselle in früherer Zeit grob und renhaft verhielt, konnte es passieren, dass ihm sein Ohrring herausgerissen wurde. Das eingerissene Ohrläppchen war ein Stigma, das man nicht mehr loswurde. Der Begriff »Schlitzohr« erinnert noch heute an diesen Vorgang. Und während mir dieser Begriff im Kopf herumspukt, spüre ich das leichte Piken der Nagelspitze auf meinem Ohrläppchen. Pepe scheint zu zielen. Dann rummst es neben meinem Kopf auf der Tischplatte. Instinktiv zucke ich, Fenjas Griff hält mich in meiner Position. Vielleicht liegt es am Alkohol, dass ich nichts spüre.

»War's das schon?«, frage ich.

Berni lacht. Fenja sagt: »Jetzt spann sie nicht so auf die Folter.«

Offenbar hat Pepe nur angetäuscht und mit der Axt auf die Tischplatte gekloppt, um es spannender zu machen. Dann rummst es wieder, ich spüre einen Ruck im Ohrläppchen und im Kopf.

Der Nagel ist durch.

Ich hänge am Tisch fest. Der Schmerz ist aushaltbar, aber ich habe den dringenden Wunsch, mich schnell wieder aus dieser Lage zu befreien. So hilflos will ich hier nicht länger als nötig hängen. Ich müsste den anderen jetzt irgendetwas anbieten, damit sie mich wieder befreien, aber mein Kopf ist leer. Mir fällt absolut nichts ein, bis mein Blick auf das Gepäck fällt, das sich neben dem Tisch auftürmt.

»Wenn ihr mich losmacht, bemale ich 100 Charlies und verschenke sie an Jungreisende«, rufe ich mit zwickendem Ohrläppchen, dabei versuche ich, den Kopf möglichst wenig zu bewegen, damit es nicht noch mehr zwickt.

»Langweilig«, ruft Berni.

»Du musst einen Stammbaum deiner Reisefamilie erstellen«, ruft Meike.

»Okay.«

»Und du wirst immer ein weißes Tuch bei dir tragen, das du ausbreiten wirst, wann immer du dich setzen willst. Damit deine helle Hose schön sauber bleibt«, ruft Pepe.

»Ja, mach ich!«

Endlich spüre ich, wie der Nagel aus meinem Ohr gerissen wird. Es durchzuckt mich einmal, dann wird mein Ohrläppchen pochend warm. Ich kenne diesen Schmerz schon vom Piercer, der mir die Ohrringe und den Nasenring verpasst hat. Das hier ist sogar erträglicher als beim Piercer. Es mag am Alkohol liegen oder daran, dass Nageln einfach weniger schmerzt als piercen. Ich weiß es nicht.

Wieder schüttet mir Pepe Schnaps übers Ohr. Es brennt und läuft wieder in den Gehörgang. Etwas rinnt auch am Hals runter. Schnaps oder Blut? Ich weiß es nicht. Egal, es fühlt sich gut und richtig an. Ich wusste, dass das Nageln dazugehört, und jetzt hab ich es hinter mich gebracht, wie alle anderen Wandergesellen auch. Fast hätte ich vergessen, dass ja noch der Ohrring reingefummelt werden muss. Als Pepe mit der Kreole ankommt, bin ich schon in Feierlaune. Noch einmal spüre ich seine feuchten Hände an meinem Ohr. Es drückt und piekst und ziept.

»Scheiße! Das geht nicht rein«, flucht er irgendwann. »Wir haben zu lange gewartet.« Seine Stimme klingt heiser. Noch einmal schüttet er Schnaps über mein Ohr, dann endlich ist der Ohrring drin. Pepe reicht mir ein Schnapsglas, wir stoßen an. Seine Finger sind dunkelrot verschmiert.

Ich kann mir selbst nicht erklären, warum ich erst in diesem Moment wieder meine Umgebung wahrnehme. Erst jetzt, wo ich stolz den Wandergesellen-Ohrring im pochenden Ohrläppchen trage, wird mir klar, dass ich hier im Schlappeseppel vor dem Wirt, der Bedienung und sämtlichen Gästen an den Tisch genagelt wurde. Niemand hat uns angesprochen oder irgendetwas zu unserem Treiben gesagt, nicht einmal der Wirt, dessen Tisch wir ja mit dem Nagel etwas beschädigt haben. Auf dem Weg zur Toilette streifen mich Blicke, wandern zu meinem Ohr, mustern mich von oben bis unten. Im Spiegel blickt mich Resi Kirchenmalerin an, im knallroten Ohrläppchen eine hübsche Kreole.

Auch später, als ich zurück im Gastraum bin, sagt niemand etwas zu unserem Treiben, stattdessen bringt der Wirt eine neue Runde, diesmal geht sie aufs Haus.

REISEN MIT PEPE

Pepe und ich stehen an der Auffahrt zur Autobahn und halten die Daumen raus, schon seit einer Stunde. Die anderen haben sich gestern von uns getrennt und gehen nun wieder ihre eigenen Wege. Berni und Watzel wollen in die Schweiz, Fenja und die anderen nach Leipzig. Ich bin bei meinem Altreisenden geblieben, wie es der Brauch vorschreibt. Wir wollen nach Freiburg. Bis in die Nähe von Baden-Baden sind wir schon gekommen, aber von hier scheint es nicht weiterzugehen. Die Kälte hat mich wieder fest im Griff. Meine Füße schmerzen, meine Finger auch. Gut ist die Kälte nur für mein Ohr. Es ist noch immer pochend heiß und rot. Am Vortag war eine durchsichtige Flüssigkeit aus der Wunde gelaufen. Wenigstens das hat aufgehört. Erste Tropfen klatschen mir ins Gesicht und trommeln auf den Hut. Regen hat uns gerade noch gefehlt. Wir wollten eigentlich längst in Freiburg sein, aber niemand hält. Es gibt keinen ungemütlicheren Ort auf der Welt als Autobahnauffahrten im Winter. Das Dröhnen der Autos macht jedes Gespräch unmöglich. Und wenn man dort eine Weile steht, ohne dass einer der Autofahrer wenigstens mal fragt, wo man hinwill, fühlt man sich schnell wie der letzte Dreck. An Autobahnauffahrten fängt man an, am Guten im Menschen zweifeln – und am Sinn des Lebens überhaupt. Ich vergrabe meine Hände in den Hosentaschen, weil ich es nicht mehr einsehe, diesen ignoranten Autofahrern noch ein einziges Mal meinen zarten Daumen hinzuhalten. Am liebsten würde ich mich irgendwo zusammenrollen und schlafen. Pepe steckt sich eine Zigarette an. Wir haben, seit wir hier stehen, kein Wort mehr miteinander gesprochen. Ich bin mir nicht sicher, ob ich mich schon mal so elend gefühlt habe. Aber es gibt für Wandergesellen nicht gerade viele Alternativen zum Trampen, wenn man nicht laufen will. Nach Möglichkeit sollen sie kein Geld für das Reisen ausgeben. Zugtickets zu lösen ist verpönt, wenn auch nicht verboten. Alternativ kann man natürlich beim Schaffner fragen, ob der einen kostenlos mitnimmt. Ab und zu hat das Erfolg, aber längst nicht immer. Also stehen wir oft auch bei Regen an Autobahnauffahrten und Raststätten und fühlen uns von den vorbeifahrenden Autofahrern verhöhnt.

Pepes Hand landet schwer auf meiner Schulter. Er hält mir ein halbes Wurstbrötchen hin. Ich habe gesehen, wie er es heute Morgen geschmiert hat. Es tut gut, etwas zu essen. Brötchen, Butter und Wurst sind eine super Kombination. Ich schließe die Augen, um für einen Moment dem Anblick der vorbeifahrenden Autos zu entkommen. Danach bin ich bereit, ihnen eine neue Chance zu geben. Die Reste des Brötchens kauend, halte ich den Daumen raus. Und prompt setzt ein blauer Peugeot den Blinker und fährt zu uns ran.

»Nach Freiburg?«

»Da komm ich vorbei, steig ein.«

Pepe steigt hinten ein und ist schon eingeschlafen, kaum dass wir auf die Autobahn fahren. Ich sitze vorne bei Axel, unserem Fahrer. Und während der novembergraue Schwarzwald an uns vorbeisaust, erzählt er mir von seiner Arbeit als Maurer und seinem Betrieb, bei dem er schon seit 25 Jahren arbeitet. Es ist, als hätte er nur auf jemanden gewartet, dem er sein Leben erzählen kann. Als wir in Freiburg ankommen, weiß ich sogar, wie er seine Frau kennengelernt hat und warum sie sich scheiden ließ. Axel gibt uns seine Visitenkarte, als er uns aussteigen lässt. Sein Betrieb liegt hinter der Grenze, in der Schweiz. Wir sollen uns bei ihm melden, wenn wir Arbeit suchen. Bevor wir uns auf den Weg zum Rathaus machen, um einen Stempel zu holen, überprüfe ich noch schnell, ob mein Jackett zünftig zugeknöpft ist. Pepe würde es nicht durchgehen lassen, wenn ich so etwas noch einmal vergessen würde. Als wir aus dem Rathaus kommen, ist es schon stockdunkel, obwohl es gerade erst fünf Uhr am Nachmittag ist.

»Und jetzt: Platte reißen. Such uns mal was«, fordert Pepe.

»Platte reißen« oder »Platte machen« ist auch Rotwelsch und heißt übersetzt »Übernachtungsgelegenheit suchen«. In Freiburg kenne ich mich nicht aus. Ich hab das noch nie gemacht, ich habe keine Ahnung, wo und wen ich fragen soll. Etwas planlos irren wir durch die historische Innenstadt. Meine Ferse brennt, die Zehen zwicken, die Finger sind steif und gefühllos, dazu drückt das Gepäck auf den Schultern. Ich fühle mich von Pepes strengem Blick beobachtet und will mir auf keinen Fall anmerken lassen, dass ich gestresst bin. Also beiße ich die Zähne zusammen und suche die Häuser mit den Augen nach potenziellen Übernachtungsmöglichkeiten ab. Ich halte Ausschau nach Schildern, auf denen »Pfarrei«, »Gemeindehaus«, »Herberge« oder etwas in der Art steht. Und dann sehe ich ein kleines Schild mit einem schwarz-orangen K darauf. In katholischen Gegenden wie zum Beispiel Unterfranken lernt man schon als Kind, dass das das Zeichen für das Kolpingwerk ist. Adolph Kolping war ein katholischer Priester, der in der ersten Hälfte des 19. Jahrhunderts als Schuhmachergeselle auf Wanderschaft gegangen ist. Zu dieser Zeit muss das Reisen noch sehr viel unkomfortabler und auch gefährlicher als heute gewesen sein. Wandergesellen wurden oft mit Gaunern und Landstreichern in einen Topf geworfen[2], entsprechend selten bekamen sie Unterkunft und Verpflegung von der Bevölkerung. Pflege im Krankheitsfall gab es gar nicht. Adolph Kolping muss die eine oder andere unangenehme Erfahrung gemacht haben, jedenfalls schulte er nach einigen Jahren als Schuhmachergeselle um und wurde katholischer Priester. Er beschloss, Bedürftige, insbesondere Gesellen, zu unterstützen, und gründete das Kolpingwerk. Unter diesem Namen entstanden in Deutschland und bald auch in ganz Europa Häuser, die sich vor allem der Bedürfnisse der Gesellen annahmen. Heute

2 Ich will damit nicht sagen, dass Landstreicher schlechtere Menschen sind als Wandergesellen. In der Bevölkerung haben Landstreicher allerdings zu Unrecht einen viel schlechteren Ruf als Wandergesellen.

ist der Verband eines der Sozialwerke der katholischen Kirche und vor allem auf Familien ausgerichtet, Wandergesellen spielen darin aber noch immer eine Rolle. Adolph Kolping soll in seinem Testament verfügt haben, dass Wandergesellen in den Kolpinghäusern eine Schlafgelegenheit und wenn möglich auch eine warme Mahlzeit erhalten. Als ich das charakteristische K an einem Gebäude in Freiburg sehe, ist mir jedenfalls gleich klar, dass das hier eine gute Adresse ist. Allerdings ist dies hier keine Herberge, sondern ein richtiges Hotel, vier Sterne zähle ich auf dem kleinen Schild neben der Tür.

Ich ziehe die Luft ein. »Hier werden wir schlafen«, sage ich zu Pepe.

»Wie du meinst, Kirchenmalerin.«

Wir betreten eine kleine, mit dickem Teppich ausgelegte Lobby, ein großer Spiegel an der Wand vergrößert den Raum etwas. Hier werden wir natürlich nicht schlafen dürfen, aber bestimmt kann ich hier ein bisschen üben, den Schnack aufzusagen. Hinterm Tresen sitzt eine junge Frau im Kostümchen und starrt auf einen Bildschirm, ihr dunkles Haar glänzt wie in der Shampoowerbung. Ich straffe die Schultern, Pepe klopft zweimal mit dem Stenz auf den Boden, damit sie uns bemerkt. Der Teppich verschluckt einen guten Teil des Geräuschs, aber die Frau schaut auf, und ich beginne, meinen Schnack aufzusagen. Inzwischen geht es schon beinahe ohne zu stocken. Die Frau mit den Glanzhaaren lächelt routiniert, bevor sie sagt: »Da muss ich eben mal mit dem Geschäftsführer sprechen. Kleinen Moment, bitte.« Sie verschwindet in einer Tür hinter dem Tresen und kommt wenige Minuten später mit dem gleichen Lächeln wieder heraus. Wir müssen unsere Wanderbücher vorzeigen, denn die sind unsere Ausweise während der Wanderschaft, dann reicht sie uns einen Schlüssel, als wäre es das Selbstverständlichste der Welt.

»Zimmer 36, dritter Stock.« Und noch immer sind ihre Mundwinkel oben.

Ich blicke mich um, um sicher zu sein, dass sie auch wirklich uns meint, dann schnappe ich mir den Schlüssel und bin auch schon mit Pepe im Treppenhaus. Das Zimmer ist der Hammer. Hell mit Dachschrägen, in der Mitte steht ein großes Bett, die cremefarbenen Bettdecken sind ordentlich zusammengelegt, die Kissen prall aufgeschüttelt. Ich lasse mein Gepäck von den Schultern gleiten und springe quietschend vor Freude aufs Bett, Pepe hinterher. Da liegen wir ausgestreckt und starren an die weiße Decke. Hier ist alles sauber, hell und warm. Ich streiche über die Bettwäsche, sie ist frisch gewaschen und steif vom Mangeln. Noch nie ist mir aufgefallen, wie gut sich gemangelte Bettwäsche anfühlt. Und dann bemerken wir das Beste: den Fernseher. Heute ist Mittwoch, es läuft *Grey's Anatomy*. Der Abend ist gerettet. Nie hätte ich mir träumen lassen, dass ich als Wandergesellin einmal so übernachten würde. Es wird noch genug Abende geben, an denen wir um ein Lagerfeuer sitzen werden oder in einer Beiz mit anderen Gesellen. Heute genieße ich den Luxus.

Am Morgen weckt mich Pepe um acht.

»Wir ziehen jetzt die Betten ab und versuchen, alles so sauber wie möglich zu hinterlassen. Keiner soll es bereuen, Wandergesellen aufgenommen zu haben«, erklärt er. »Wir benutzen die Seifen und Shampoos im Bad nicht und legen die benutzen Handtücher zusammen mit der Bettwäsche auf einen Haufen. Vor neun müssen wir draußen sein.«

Um sieben Minuten vor neun stehen wir vor dem Hotel. Ich habe sogar noch über die Armaturen im Badezimmer gewischt und das letzte Klopapierblatt wieder zum Dreieck gefaltet. Keiner kann uns nachsagen, dass wir uns nicht zünftig benommen haben.

Der Morgen ist frisch. Eisig brennt die Luft im Gesicht. Wir machen uns auf den Weg Richtung Autobahnauffahrt.

FREMD UND FREI – AUF DER STRASSE ANGEKOMMEN

EIN HAMBURGER STENZ

Vor dem Fenster fallen dicke weiße Flocken. Es ist Ende November. Pepe und ich sitzen in einer Küche in Berlin und frühstücken. Ein Freund von Pepe ist hier einheimisch geworden, wir sind bei einem Freund des Freundes untergekommen. Vorher waren wir in der Schweiz bei einer Losgehparty. Nach knapp drei Wochen Wanderschaft muss ich mich immer noch anstrengen, um wirklich alles richtig zu machen. Alles, was Pepe sagt, versuche ich mir einzuprägen.

»Irgendwann bist du dann angekommen auf der Straße«, erklärt er. »Am Anfang geht's gar nicht unbedingt darum, zu arbeiten. Ich kenne echt wenige, die gleich in den ersten Wochen arbeiten. Die meisten gucken erst mal, wie das Leben auf der Straße funktioniert.« Er zieht an der Zigarette und mustert mich mit zusammengekniffenen Augen. »Kirchenmalerin, du brauchst unbedingt einen Stenz! Fahr nach Hamburg und such dir einen. Außerdem sollst du da zehn Stempel für die Fleppe sammeln. Wir treffen uns in sieben Tagen in Lüneburg.«

Ich sitze da und nicke, richtig wohl ist mir bei dem Gedanken allerdings nicht. Wie gesagt, ich bin noch nicht einmal drei Wochen auf Tippelei und habe noch längst nicht das Gefühl, alles verstanden zu haben. Aber Pepe wird schon wissen, warum er das jetzt anordnet. Er selbst zieht in Richtung Dresden, um dort ein paar alte Freunde zu treffen. Er wird auch wissen, warum ich meinen Stenz ausgerechnet in Hamburg suchen soll. Immerhin soll Hamburg ja so was wie die Hauptstadt der Tippelei sein. Ich werde mich da schon zurechtfinden.

Ich stehe also zum ersten Mal ganz alleine an einer Autobahnauffahrt und halte den Daumen raus. Die Autos rauschen vorbei, als wäre ich Luft. Es ist schon zu zweit deprimierend, nicht mitgenommen zu werden, alleine ist es grässlich. Um mich abzulenken, zähle ich die roten Autos, die vorbeikommen. Nach 31 roten Autos hält endlich ein schwarzes, einer dieser vierradgetriebenen Geländewagen, die aber mehr auf Autobahnen unterwegs sind als auf Waldwegen. Drinnen sitzt ein junger Mann im Anzug, er will auch nach Hamburg und winkt mich auf den Beifahrersitz. Innen riecht es nach Plastik und Klimaanlage. Offenbar ist der Wagen noch ziemlich neu. Hans heißt der Fahrer, ist Immobilienmakler und auf dem Weg zu einem Termin. Er will ganz genau wissen, was ich als Kirchenmalerin auf der Walz mache. Sein Gesicht ist glatt und ein wenig konturlos, er ist nur wenige Jahre älter als ich. Ich glaube, so etwas wie Neid in seiner Stimme zu hören, als er sagt, dass das nichts für ihn wäre. Hans fährt mich bis zum Hauptbahnhof. Ich steige aus dem gut geheizten, bequemen Wagen und stehe vor einem der Eingänge des riesigen Bahnhofsgebäudes, der Wind pfeift kalt, vereinzelt fallen kleine eisige Tropfen vom Himmel. Die Menschen gehen mit gesenktem Kopf und hochgezogenen Schultern an mir vorbei, dick eingepackt in Mützen und Schals. Das ist also Hamburg, hier soll es viele Stationen für Wandergesellen geben, und ich stehe hier in Kluft und kenne keine einzige. Längst ist es dunkel. Kurz nach acht zeigt die Uhr. Ich habe gehört, dass auf St. Pauli ein Treffpunkt für Wandergesellen sein soll, aber ich habe keine Ahnung, wo genau. Ich stelle mir vor, wie ich stundenlang frierend und müde durch die Stadt laufe, ohne etwas zu finden. Und trotz Kluft und Ohrring fühle ich mich mit einem Mal nicht mehr wie Resi, die fremde, freie Kirchenmalerin, die ausgezogen ist, die Welt zu erkunden, sondern wie die kleine Theresa, die jetzt gerade nicht weiß wohin. Und als Theresa gehe ich zur Bahnhofsmission und frage, wo ich für eine Nacht unterkommen kann.

»Oh, eine Wandergesellin, die hatten wir hier noch gar nicht. Das ist ja schön«, sagt die Frau hinterm Tresen. Sie hat weißes Haar und trägt eine blaue Weste mit diesem roten Kreuz auf weiß-gelbem Grund, ihr Lächeln ist offen und warm. Trotzdem fühle ich mich ein bisschen wie eine Betrügerin, denn Wandergesellen kommen ja nur deshalb nicht hierher, weil sie eigentlich andere Anlaufpunkte haben. Die sind in den Herbergen und Krügen, die ich eben leider nicht kenne. Die Weißhaarige kennt sie auch nicht, sie erklärt mir den Weg zu einer Art Notunterkunft für Menschen, die nicht wissen, wohin in der Nacht: ein Obdachlosenheim.

Das ist eigentlich kein zünftiges Unterkommen, dazu kommt das schlechte Gewissen, dass ich dort ein Bett besetze, das möglicherweise jemand anders besser brauchen könnte als ich. Und schließlich bin ich nicht obdachlos, sondern fremd und frei. Aber etwas Besseres fällt mir nicht ein, und so stehe ich kurze Zeit später wieder an einem Tresen. Nachdem ich mein Anliegen vorgetragen habe, nickt der Mann dahinter, auch er trägt diese blaue Weste. Ich bekomme einen Schlüssel wie im Hotel und werde instruiert, weder Alkohol noch irgendwelche Drogen zu mir zu nehmen. Außerdem erhalte ich eine Dose mit Bohneneintopf. Die bekommt jeder, der hier übernachtet. Im Zimmer stehen zwei Betten, beide sind bezogen mit heller Bettwäsche, nicht gemangelt, aber sauber. Möglich, dass im

Lauf der Nacht hier noch jemand einquartiert wird. Außerdem gibt es zwei Stühle und einen kleinen Tisch. An der Wand hängt ein Kreuz. Vom Fenster aus kann man die Gleise sehen. Im Minutentakt rauschen die Züge vorbei. Inzwischen ist es halb zehn. Ich bin hundemüde. Rausgehen will ich heute nicht mehr, auch den Bohneneintopf will ich nicht anrühren. Der sollte jemand anderem zugutekommen, jemandem, der wirklich bedürftig ist. Morgen werde ich mir endlich einen Stenz suchen und eine zünftige Unterkunft. Ich rolle meinen Schlafsack aus und lege die bezogenen Decken ordentlich zur Seite. Auf keinen Fall will ich Umstände machen, überhaupt fühle ich mich hier viel mehr fehl am Platz als zum Beispiel im Freiburger Kolpinghotel. Ich muss gestehen, dass ich mir diesen Ort laut und ein bisschen dreckig vorgestellt habe; ich habe mir auch vorgestellt, dass ich mir mit mehreren Menschen einen Schlafsaal teilen muss. Stattdessen ist es hier sehr ordentlich und erstaunlich ruhig. Wer betrunken oder unter Drogeneinfluss herkommt, darf gar nicht erst hier schlafen. Eine Weile lausche ich noch dem Rauschen der vorbeifahrenden Bahnen, nebenan höre ich leise Stimmen, Schritte auf dem Gang, dann bin ich eingeschlafen.

Es dämmert, als ich aufwache. Noch immer bin ich allein im Zimmer. Eilig packe ich meine Sachen und mache das Bett, schließlich habe ich heute viel vor. Den Bohneneintopf gebe ich unangerührt an der Rezeption ab. Dann stehe ich wieder auf der Straße. Als Erstes besorge ich mir einen Stadtplan, dann fahre ich mit der Bahn nach St. Pauli. Auch wenn das unter Wandergesellen ein bisschen verpönt ist, gönne ich mir das heute, in dieser Stadt finde ich mich so am besten zurecht. Ein älterer Herr betrachtet mich eingehend von oben bis unten, als wäre ich ein Ausstellungsstück. »Du willst wohl nach Altona?«, fragt er schließlich.

»Wieso Altona?«

»Da gibt's doch diese Herberge für Leute wie dich.«

Also fahre ich erst einmal nach Altona. Ich frage mich durch und stehe am frühen Vormittag vor dem Krug des altehrwürdigen Schachts der rechtschaffenen fremden Zimmer- und Schieferdeckergesellen. Viele Wandergesellen sind in Vereinigungen organisiert, auch Schacht genannt. Es gibt momentan insgesamt sieben Schächte: die rechtschaffenen fremden Zimmer- und Schieferdeckergesellen, die rechtschaffenen fremden Maurer- und Steinhauergesellen, die Rolandsbrüder, die Freien Vogtländer, die Fremden Freiheitsbrüder, Axt und Kelle und den Freien Begegnungsschacht. Ben und Sascha, die ich im Labyrinth kennengelernt habe, waren zum Beispiel im Rolandsschacht (auch Rolandsbrüder genannt). Aber es gibt auch die reisenden Gesellen, die nicht im Schacht organisiert sind, sondern »frei« reisen, so wie ich. Nick war auch so unterwegs. Ich bin in keinem Verein organisiert und halte mich als Wandergesellin trotzdem an Traditionen und Regeln.[3] Die Schachtkultur ist gemessen an der Tradition der Wandergesellen relativ jung. Die rechtschaffenen fremden Zimmer- und Schieferdeckergesellen gelten als ältester Schacht. Sie sollen sich Ende des 19. Jahrhunderts gegründet haben. Man erkennt sie daran, dass sie zur schwarzen Kluft eine Art schwarzen Schlips tragen, der Erft oder von den Schachtgesellen Ehrbarkeit genannt wird.[4] Die Erft ist im Grunde auch kein Schlips, sondern ein schmales Band, das man oben am Hals in die Staude einsteckt. Die rechtschaffenen fremden Maurer- und Steinhauergesellen tragen übrigens

3 Außerdem gibt es auch Gesellen, die »wild« oder »bunt« reisen. Die wollen keinen althergebrachten Bräuchen folgen, sie kleiden sich, wie es ihnen selbst gefällt, und reisen nach ihren eigenen Regeln. Sie bezeichnen sich auch nicht als Wandergesellen, um sich von diesen abzusetzen.

4 Wir Freireisenden tragen keinen Schlips oder dergleichen. Wir verwenden auch nicht den Begriff Ehrbarkeit dafür. Wir sagen Erft, um deutlich zu machen, dass die Ehrbarkeit eines Menschen nicht an einem Stück Stoff hängt.

auch eine schwarze Erft, aber eine andersfarbige Kluft. Wandergesellen aus den steinverarbeitenden Berufen sind sehr oft hellbraun, grau oder auch weiß gekleidet. Wegen der schwarzen Erft werden die rechtschaffenen Fremden (hier werfe ich beide Vereinigungen in einen Topf) von anderen Gesellen auch mehr oder weniger liebevoll Schwarzschlipse, Schietlappen oder einfach Schietis genannt. Interessant ist, dass es starke Rivalitäten zwischen den Angehörigen der verschiedenen Schächte gibt. In der ersten Hälfte des 20. Jahrhunderts gab es oft Prügeleien, sogar regelrechte Schlachten zwischen den unterschiedlichen Gesellenvereinen. Heute ist davon nur noch etwas Standesdünkel geblieben. Ich selbst halte natürlich das freie Reisen für das »richtige« Reisen, was sicher auch daran liegt, dass Pepe, Fenja und die anderen, die mich losgebracht haben, »Freireisende« sind. Und selbst wenn ich wollte, ich könnte weder Mitglied bei den rechtschaffenen Fremden noch bei den Rolandsbrüdern, Vogtländern oder Fremden Freiheitsbrüdern werden, denn weibliche Reisende sind in diesen Vereinigungen nicht zugelassen. Aus diesem Grund zögere ich etwas, als ich vorm Jungbrunnen stehe, der Kneipe, die zur Herberge gehört. Dann mache ich mein zünftigstes Gesicht und drücke mit einem Ruck die Tür auf. Kalter Zigarettenrauch und leise Musik empfangen mich. Ein Mann mit kahlem Schädel räumt Stühle von den Tischen. Ich nehme an, dass er der Herbergsvater ist, von den Gesellen Vaddern genannt. Er sieht mich etwas ratlos an, als ich meinen Spruch aufsage. »Muss ich erst mal den Altgesellen anrufen«, murmelt er. »Setz dich.« Der Altgeselle (nicht zu verwechseln mit dem Altreisenden) ist so eine Art Vorsitzender des örtlichen Schachts, er ist selbst einheimischer Geselle und schon etwas länger dabei. Und so einer soll jetzt darüber entscheiden, ob ich hier übernachten darf.

Eine Frau, die ein paar Jahre älter als ich zu sein scheint, zapft mir ein Bier, das kriegen hier offenbar alle Wandergesellen. Als Bedienung in einer Herberge ist sie für mich »Schwestern«. Sie zwinkert mir zu, als Vaddern zum Telefon greift.

»Ich hab hier 'ne Frau. Sie sagt, sie ist Kirchenmalerin«, hören wir ihn ins Telefon sprechen.

Ich proste Schwestern zu. Das Bier schmeckt bitter und kühl, um diese Zeit wäre mir etwas Warmes lieber gewesen. Aber es wäre grob unhöflich gewesen, das Bier zurückzuweisen, und so trinke ich unter den freundlichen Augen von Schwestern und spüre augenblicklich den Alkohol in meinem fast leeren Magen.

Der Altgeselle am anderen Ende der Leitung scheint ein Einsehen zu haben.

»Heute sollen noch zwei kommen, mit denen kannst du hier schlafen«, sagt Vaddern nach dem Telefonat.

Immerhin, ich dachte schon, er schickt mich weg. Aber gemütlich Platte machen is hier nich ohne die Kamerots, wie die Schachtkameraden genannt werden. Nur in deren Gesellschaft darf ich auf Platte, also in den Schlafbereich der Herberge. Ich müsste also die Zeit, bis die Schachtgesellen kommen, hier in der Kneipe verbringen, in die prinzipiell jeder reindarf – oder ich gehe so lange irgendwo anders hin. Schwestern blickt skeptisch. »Wie? Die Süße soll bei den Jungs schlafen? Da stinkt's doch nach Schweißfüßen, außerdem muss sie dann den ganzen Abend mit denen saufen.« Dann wendet sie sich an mich. »Weißt du was, du kannst auch einfach bei mir auf dem Sofa schlafen. Das ist bestimmt gemütlicher.«

Dankbar lächle ich sie an. Ja, das hört sich in der Tat verlockend an.

Wir verabreden uns für den Abend, und dann geht es los zu meiner zweiten Mission heute: Ich muss einen Stenz finden. Das Gepäck darf ich auf der Herberge lassen. Ein bisschen duselig vom Bier auf leeren Magen, aber voller Tatendrang setze ich mich wieder in eine Bahn, die mich an den Stadtrand bringt. An der letzten Haltestelle steige ich aus. Auf der Karte kann ich sehen, dass man von hier über Waldwege zur Rast-stätte Holmmoor kommt, die an der A7 liegt. Irgendwo auf dem Weg dorthin werde ich meinen Stenz schon finden. Von der Raststätte kann ich dann zurücktrampen.

Es heißt ja eigentlich, dass der Stenz seinen Besitzer findet. Unter Wandergesellen kursiert der Mythos von einem magi-schen Moment, in dem der Geselle plötzlich weiß, dass genau dieser Stock und kein anderer der richtige ist. Natürlich taugt nicht jeder Ast, der halbwegs Wanderstocklänge hat, zum Stenz. Ein Stenz sollte gewunden sein, kein gerader, konturlo-ser Knüppel. Auch das hat natürlich einen historischen Grund. Früher war es verboten, Holz aus dem Wald zu entwenden. Wenn der Stock aber als Bauholz nicht infrage kam, wurde eine Ausnahme gemacht. Deshalb ist ein Stenz niemals eben und glatt, sondern hat Windungen und Kerben, die ihn einzig-artig machen.

Ich nehme die Straße Richtung Osten, vorbei an ein paar Einfamilienhäusern, raus aus dem Ort. Hier weht ein eisiger Wind, dafür ist es trocken. Ich ziehe meinen Hut tiefer ins Gesicht und wickle den Schal fester. Irgendwann wechsle ich auf einen Feldweg, der mich in einen Wald führt. Von fern höre ich hier schon die Autobahn. Die Raststätte kann nicht mehr weit sein. Aufmerksam betrachte ich die Gegend um mich herum, achte auf geeignete Äste und Zweige. Aber die Ausbeute ist mager. Die Zweige sind entweder zu dünn, zu dick oder zu gerade, und magische Momente erlebe ich auch nicht. Verfroren und müde erreiche ich die Raststätte. Das leise Pfeifen der vorbeifahrenden Autos ist zu einem donnern-den Brausen angeschwollen. Ich überlege, ob ich noch einmal zurückgehen soll, und durchstreife schon ein bisschen lustlos den Bereich hinter der Raststätte. Eine Wiese grenzt an eine abgezäunte Fläche, früher war innerhalb des hohen Maschen-drahtzauns vielleicht ein Feld, jetzt besteht dort alles aus Gestrüpp, wie das bei Flächen eben ist, die man jahrelang sich selbst überlässt. Eine Weile streiche ich am Zaun entlang. Stachelige Brombeersträucher haben sich zwischen Haselnussstauden und ein paar jungen Bäume breitgemacht. Und dann sehe ich tatsächlich einen schönen Ast, der als Stenz dienen könnte. Mitten im umzäunten Gestrüpp wächst er, Geißblatt windet sich um die Rinde. Wenn ich es richtig sehe, ist die Schlingpflanze so mit ihm verwachsen, dass der Ast eine Furche hat. Es gibt keinen magischen Moment, aber es gibt diesen Ast auf der anderen Seite des Zauns, und es ist kalt und ich mag nicht mehr länger suchen. Vom Zaun aus komme ich nicht an ihn heran. Ich markiere also die Stelle, von der aus ich meinen Zweig sehen kann, mit einem großen Stein, dann zähle ich meine Schritte, bis ich zu einem Tor komme, durch das ich in das umzäunte Dickicht gelangen kann. 19 Schritte. Das Tor ist im Grunde breit genug für einen Traktor oder ein Auto, aber das Gestrüpp wächst hier so dicht, dass es nur ein paar Zentimeter aufgeht, eine schlanke Person wie ich passt gerade hindurch. Noch einmal blicke ich mich um, bevor ich mich durch die schmale Öffnung schiebe. Außer mir scheint hier kein Mensch unterwegs zu sein. Ich bin auch gar nicht scharf darauf, dass mich jemand dabei beobachtet, wie ich mich durch die Büsche kämpfe. Es ist dann noch schwieriger als erwartet, in einem urwaldähnlichen Gelände 19 Schritte abzuzählen, aber irgendwie komme ich zu meinem Ast. Das Geißblatt ist, wie ich gehofft hatte, tatsächlich schön mit ihm verwachsen. Wenn man es herauszieht, bleibt eine Furche, eine Unebenheit, die den Stock einzigartig macht. Ich erkenne zwar nicht, zu was für einem Gewächs der blattlose Ast gehört, aber ich bin immer sicherer, dass das der perfekte Stenz für mich ist. Es dauert, bis er sich mit dem Sägeblatt meines Taschenmessers runterschneiden lässt. Während ich säge, stelle ich mir vor, mich würde jemand sehen und fragen, was ich hier mache. »Ach so, ich schneide hier nur meinen Stenz.« Der andere würde mich wahrscheinlich ziemlich verständnislos anschauen. Aber ich bin auch noch alleine, als ich versuche, mit dem geschnittenen Stock, der immerhin noch ein gutes Stück größer ist als ich, dem Gestrüppgefängnis zu entkommen. Mal verfangen sich Äste in meiner Kleidung, mal muss ich meinen Hut oder den Stenz aus den Zweigen befreien. Als ich mich endlich aus dem Tor gequetscht habe, ist mir trotz der Winterkälte richtig warm. Der Stock, der mein Stenz werden soll, ist noch ziemlich unhandlich, er ist geschätzt zwei Meter lang, die Stelle, an der ich ihn abgesägt habe, ist splittrig und kantig. Ich muss ihn hinter mir herziehen, als ich zum Parkplatz der Raststätte gehe. Aus irgendeinem Grund fällt mir der Name Erna ein, und ich beschließe, meinen Stenz so zu nennen. Ich fasse den Stock in meiner Hand ein bisschen fester: mein Stenz Erna. Dabei spüre ich die Blicke der Autofahrer. Sie sehen eine komisch gekleidete junge Frau, die einen Ast hinter sich herzieht. Wer weiß, was sie darüber denken. Ein Mann ist aus dem Wagen gestiegen und schüttelt fassungslos den Kopf. Ein Kind zeigt mit dem Finger auf mich und zerrt an der Hand seines Vaters. Ich muss selbst etwas grinsen.

Die beiden Wandergesellen sehe ich schon von Weitem. Einer mit Schlapphut, der andere mit Zylinder. Beide schwarz gekleidet, wie die meisten Gesellen, die mit Holz arbeiten, wahrscheinlich Zimmerer oder Tischler. An den Beinen ihrer Schlaghosen sind vorne drei Knöpfe so aufgenäht, dass es wie ein V aussieht. Vogtländer. Statt eines schlipsartigen Bandes haben sie eine kleine Nadel mit dem Zeichen des jeweiligen Gewerks am Kragen, die sie auch »Ehrbarkeit« nennen.

Und obwohl die beiden Jungs und ich uns vollkommen fremd sind, gehen wir aufeinander zu wie alte Bekannte. Diese beiden werden verstehen, warum ich mit einem riesigen Ast über eine Autobahnraststätte ziehe.

»Was schleppst du denn da für ein Gestrüpp mit dir rum?«, fragt der eine lachend.

»Das wird mein Stenz«, sage ich stolz. Denn schließlich bin ich längst keine unerfahrene Jungreisende mehr, sondern zumindest eine erfahrene Jungreisende. Ich habe ein Wanderbuch, wurde genagelt, und jetzt habe ich sogar einen Stenz, und was für einen schönen. Die Vogtländer scheinen anderer Ansicht zu sein.

»Ach Quatsch. Der sieht ja gar nicht aus wie ein Stenz. Den lässt du schön hier, wenn wir nach Hamburg trampen.«

Erik und Matze sind Zimmerer und schon etwas mehr als ein Jahr unterwegs. Sie wollen nach Hamburg, und für sie scheint völlig klar zu sein, dass wir zusammen dorthin trampen. Ich bin einverstanden, aber Erna kommt mit. Und tatsächlich nimmt uns eine junge Frau mit. Wir drei dürfen in ihren kleinen Polo kriechen, und Erna stopfen wir irgendwo dazwischen. Als Erik und Matze hören, dass ich heute Nacht bei Schwestern der Herberge der rechtschaffenen Fremden schlafen will, sind sie empört.

»Quatsch, du kommt mit uns. Wir fahren zu Brigitte nach St. Pauli.«

Aber wenn ich mit der netten Frau vom Krug der rechtschaffenen Fremden verabredet bin, gilt da nicht auch: Schnack ist Schnack? Und wer weiß, was mich auf St. Pauli bei Brigitte erwartet. Wahrscheinlich wird dort nur gesoffen. Doch Erik und Matze lassen keine Widerrede zu.

»Du kommst jetzt mit zu Brigitte, und dann kannst du ja immer noch zu deinem Schieti-Krug«, beschließen sie. Und so steige ich kurze Zeit später ein paar Stufen hinab ins St. Pauli Eck. Bierdunst und Zigarettenrauch schlagen uns entgegen, obwohl die Kneipe noch relativ leer ist. Die Wände sind voll mit FC-St.-Pauli-Wimpeln und -Aufklebern, außerdem Fotos, auf denen Gesellen in allen Formationen zu sehen sind, und Postkarten aus aller Welt.

»Brigitte wird gut zu dir sein. Du wirst sehen, sie ist 'ne richtige Muttern.« Erik zieht mich hinter sich her zum Tresen. Dahinter steht eine blond gelockte Frau. In ihrem Blick ist etwas Warmes, Einladendes. Erik und Matze umarmen sie über den Tresen hinweg und stellen mich vor.

»Du bist Kirchenmalerin?«, fragt Brigitte, und etwas leuchtet in ihren Augen, als sie meine Kluft mustert. »Kennst du Hannah Kirchenmalerin?«

»Ich hab von ihr gehört, aber wir haben uns noch nicht kennengelernt. Es gibt ja nur zwei Kirchenmalerinnen, die unterwegs sind.«

»Die Hannah ist so ein liebes Mädchen. Wir haben mal zusammen gefeiert ... Wo schläfst du eigentlich?«

Brigitte schüttelt nur den Kopf, als ich ihr erkläre, dass ich bei Schwestern der rechtschaffenen Fremden schlafen will.

»Ach Quatsch. Du kannst bei mir schlafen.«

»Aber mein Gepäck ...«

»Mach dir keine Gedanken. Ich ruf da an. Das Gepäck holst du dann morgen ab. Du schläfst bei mir, da musst du nicht noch durch die ganze Stadt.«

Schicksalsergeben willige ich ein. Tatsächlich ist es bequemer, gleich hier irgendwo in der Nähe zu übernachten, und Brigittes Strahlen wirkt so einnehmend, dass ich nichts anderes tun kann, als mich über ihre Gastfreundschaft zu freuen.

Es ist ein Uhr, als Brigitte mich zu ihrer Wohnung bringt. Die Straßen von St. Pauli sind genauso belebt wie am Tag, nur dass viele betrunken sind. Ein Paar streitet sich lautstark vor einer Kneipe, eine Gruppe Junggesellenabschiedfeiernde in Hasenkostümen kommt an uns vorbei.

Aber Brigitte und mich lassen sie in Ruhe. Brigitte hat hier Autorität, das ist ihr Kiez, sie kennt sich hier aus. Das merken sogar betrunkene Junggesellenabschiedfeiernde aus der Provinz.

Es gibt ein Matratzenlager in Brigittes Wohnung, auf dem sie Wandergesellen übernachten lässt. Heute Abend sind wir zu dritt, Erik und Matze schlafen auch hier, aber sie wollen noch feiern. Und auch Brigitte geht wieder zurück ins St. Pauli Eck, für sie ist die Arbeit noch längst nicht vorbei.

Ich darf die ganze Woche hierbleiben, einfach so. Tagsüber sitze ich dick eingepackt vorm Haus und schnitze an meinem Stenz herum. Mit meinem Messerchen befreie ich ihn von der Rinde, nur eine schmale Spirale bleibt stehen, die sich um den Stock windet, etwa so, wie sich das Geißblatt darum gewunden hat. Ansonsten sammle ich Tappen in meiner Fleppe, so, wie Pepe es mir aufgegeben hat. Ich gehe zum Rathaus, zur Handwerkskammer, zum Deutschen Gewerkschaftsbund, zur Industriegewerkschaft, zur Behörde für Soziales und Familie, zum Bezirksamt Altona und dann sogar noch zur SPD. Stempel habe ich mir auch an der Raststätte Holmmoor geben lassen und natürlich im St. Pauli Eck.

Weil ich hier in Hamburg ein bisschen Zeit habe, beschließe ich, meine Kluft zu waschen. Hose, Weste und Jackett habe ich seit dem Losgehen jeden Tag getragen (nur die Staude habe ich ab und zu gewechselt und auch mal ausgewaschen). Die weiße Hose ist deutlich dunkler als beim Losgehen und fühlt sich speckig an, die Stauden können auch einen Waschgang vertragen. Also gehe ich in den nächsten Waschsalon, entkleide mich bis auf die lange Unterwäsche, stopfe alles in eine Wäschetrommel und warte. 30 Minuten steht auf der Anzeige, das scheint aushaltbar. Ich setze mich auf eine Bank und lege die Arme um meinen Oberkörper. Ohne den festen Stoff der Kluft um mich herum fühle ich mich ungeschützt, dazu ist es kalt und ungemütlich. Der Waschsalon ist natürlich nicht geheizt. Das nasskalte Wetter von draußen scheint hier reinzukriechen. Es riecht nach frischer Wäsche, aber auch ein bisschen nach Urin. Auf dem gekachelten Boden läuft ein Rinnsal in einen Ausguss. Menschen kommen und gehen, mit jedem Öffnen der Tür kommt ein neuer Windstoß rein. Endlich ist der Waschgang fertig. Das tropfende Bündel stopfe ich in den nächsten freien Trockner und warte wieder frierend, während mich die anderen Kunden des Waschsalons wegen meiner Unterwäsche anstarren. Aber es ist ein anderes Anstarren, als wenn ich die Kluft trage, mehr verstohlen aus den Augenwinkeln, nicht offen und interessiert. Nach einer halben Stunde piept es endlich. Aber die blöde Wäsche ist gar nicht richtig trocken, noch längst nicht. Also stopfe ich das warme, feuchte Bündel zurück in die Trommel und werfe noch mal Münzen für eine halbe Stunde ein. Langsam kriege ich Hunger, und außerdem muss ich aufs Klo. Nach einer weiteren halben Stunde weiß ich, dass dicker Stoff, wie der meiner Kluft, sehr lange braucht, bis er trocken ist. Drei Stunden dauert es, bis ich endlich wieder in meine Hose schlüpfen kann. Die ist jetzt wieder etwas weißer, duftet nach Waschmittel und ist vom Trocknen schön warm gepustet. Und wieder hab ich was gelernt: Das nächste Mal, wenn ich wasche, bringe ich mir ein Buch mit und nach Möglichkeit warme Zusatzkleidung, damit ich auch mal rausgehen kann, um einen Kaffee zu trinken oder aufs Klo zu gehen.

Am Abend gehe ich mit frisch gewaschener Kleidung ins St. Pauli Eck, wo sie innerhalb von Minuten wieder nach Zigarettenrauch stinken wird, aber schließlich bin ich ja nicht auf Wanderschaft gegangen, um zu duften. Am Tresen sitzen zwei Frauen, eine in blauer Kluft und eine tatsächlich in roter – wie ich: Frede Goldschmiedin mit ihrer Jungreisenden Isa Schneiderin. Ich fühle mich gleich mit ihnen verbunden, weil sich auch ihre Kluft farblich von denen der meisten Wandergesellen abhebt. Isa hat ein rundes Gesicht mit kleinen, hellen Augen und lacht viel. Frede ist schmal und groß, ein langer blonder Zopf schlängelt sich über ihren Rücken. Ihre blaue Kluft weist sie als Handwerkerin aus, die mit Metall arbeitet.

»Wie, du bist gerade erst losgegangen?«, fragt sie. »Wo ist denn dein Altreisender?«

»Er hat noch was in Dresden zu tun. Ich glaube, er wollte, dass ich ein bisschen selbstständiger werde.«

Frede schüttelt den Kopf, als wollte sie sagen, dass etwas daran nicht richtig ist.

»Und er lässt dich auch alleine trampen?«

Ich hebe die Schultern. »Ja, klar.«

Sie blickt mich so besorgt an, dass ich anfange, mich unwohl zu fühlen. »Hast du denn irgendwas, mit dem du dich zur Wehr setzen kannst? Nur für den Fall, dass mal was passiert?«

»Äh, ein Messer.« Ich habe mir natürlich auch schon Gedanken darüber gemacht, dass beim Trampen was passieren kann. Aber irgendwie habe ich das dann auch schnell wieder verdrängt und dachte: Die anderen Wandergesellen trampen ja auch alle, da wird es schon nicht so gefährlich sein.

»Ich hab für alle Fälle immer eine Stricknadel griffbereit. Wenn einer zudringlich wird, dann kann ich mich damit zur Wehr setzen.«

»Wie, und dann stichst du den mit 'ner Stricknadel?«, frage ich.

»Effektiver ist es, wenn ich drohe, das Auto von innen zu beschädigen. Die meisten fürchten sich fast mehr vor Löchern in den Sitzpolstern als vor körperlichen Schmerzen. Und ich guck immer, ob es Anzeichen gibt, dass sie Familie haben. Da gibt es dann auch noch jemanden, der unangenehme Fragen stellt und wissen will, warum da plötzlich Löcher sind.«

Ich betrachte Fredes schmale Statur und kann kaum glauben, dass sie jemandem ernsthaft Angst machen kann, aber dann sehe ich den entschlossenen Ausdruck in ihren Augen und weiß, dass sie es doch kann.

Isa beneide ich etwas, weil sie eine Altreisende hat, die Tipps gibt und keine Befehle. Isa wurde vor vier Wochen losgebracht und ist seitdem praktisch immer mit Frede zusammen gereist. Kein einziges Mal wurde Isa allein weggeschickt. Es gibt offenbar verschiedene Arten, wie Altreisende mit ihren Jungreisenden umgehen. Ich fühle mich wohl bei den beiden Gesellinnen.

Zum Abschied sagt Frede: »Wenn du Weihnachten mit netten Leuten verbringen willst, dann komm doch zu Carla. Die ist einheimische Tischlerin und wohnt in Unterfranken. Wir sind auf jeden Fall da und ein paar andere Gesellinnen auch.« Die Adresse schreibe ich sorgfältig in mein kleines Notizbuch, das ich wie die Fleppe immer bei mir trage. Weihnachten ist in etwas mehr als drei Wochen. Es ist gut, einen Ort zu wissen, wo ich dann hinkann. Das Dorf, in dem Carla wohnt, liegt eine gute Autostunde von Kleinrinderfeld entfernt, das ist auf jeden Fall außerhalb meiner Bannmeile.

Ausnahmsweise scheint die Sonne, als ich Hamburg wieder verlasse. Die Vogtländer Erik und Matze sind schon vor ein paar Tagen weitergereist. Brigitte werde ich sicher wieder besuchen. Ich mache mich auf den Weg nach Lüneburg, wo ich Pepe treffen soll.

Mein Altreisender hat mir erklärt, dass Wandergesellen sich am Rathaus einer Stadt treffen, wenn nichts anderes verabredet ist. Um zwölf Uhr ist Pepe noch nicht da. »Guck immer zur vollen Stunde wieder«, hat Pepe gesagt. Als ich mich gerade auf die Suche nach einem Café machen will, in dem ich warten kann, sehe ich Pepes Schlapphut. Er mustert mich kritisch, bevor er mich begrüßt, wie um zu sehen, ob auch alles an mir zünftig ist, dann nickt er zufrieden. Stolz zeige ich ihm meinen Stenz und die nagelneuen Stempel in meinem Wanderbuch. Für einen winzigen Moment glaube ich, so etwas wie Anerkennung in seinem Blick zu sehen.

BYE, BYE PEPE, HELLO MATHILDA

Mit einem glucksenden Geräusch verschwinden die Pinselhaare in der Farbe und tauchen dann lindgrün getränkt wieder auf. Von unten hallen Schritte zu mir hoch. Ich stehe auf dem Gerüst in der Stadtpfarrkirche St. Laurentius zu Eschenbach

und male eine distelartige Pflanze an die Stelle, an der der Gurt-
bogen aus der Wand kommt und sich zur Decke hin wölbt. Die
Kirche hat viele Bögen, und alle sollen mit diesen Pflanzen
dekoriert werden. Das ist gar nicht so einfach: Weil die Kirche
ein bisschen schief ist, können wir hier keine Schablonen verwenden, sondern müssen die Proportionen anpassen und die
Pflanzen mal etwas größer, mal etwas kleiner malen, damit es
einigermaßen gleich aussieht. Noch ein Strich, und das Blatt-
werk ist fertig. Ich lege den Pinsel zur Seite, knete meine Hände
und bewege meine Zehen. Es ist kalt hier oben. Die Kirche
wird nicht geheizt. Trotz langer Unterwäsche fühlt sich mein
Körper kühl und steif an. Handschuhe kann ich bei dieser Arbeit nicht tragen, hier ist Fingerspitzengefühl gefragt. Den-
noch tut es gut, wieder zu arbeiten. Es ist auch angenehm, eine
Weile an einem Ort zu sein und morgens zu wissen, wo ich
nachts schlafen werde. Seit einer Woche arbeite ich bei der
Firma Brüggemann. Sie ist in Vilsbiburg in Niederbayern an-
sässig, aber für den Auftrag an der Pfarrkirche von Eschenbach
schickt sie ihre Leute in die Oberpfalz. Ich schlafe hier mit den
anderen Gesellen in einer Montagewohnung, in echten Betten
mit sauberer Bettwäsche.

Traditionell sprechen Wandergesellen bei den Betrieben um
Arbeit vor, bei denen sie vorbeikommen, manchmal bekommen sie auch von anderen Gesellen einen Tipp und reisen
dann gezielt dahin, wo es Arbeit geben soll. Der Wandergeselle 2.0 geht ins Internet, wenn er Arbeit sucht. Auf Wander-
gesellenforen kann man sich über das Wandern und Arbeiten
austauschen, dort kann man auch Hinweise auf Betriebe finden, die Wandergesellen beschäftigen. Bei mir läuft es etwas
anders. Es gibt außer mir, wie gesagt, genau eine Kirchenmalerin auf Wanderschaft. Entsprechend wenig bringen mir die
Foren im Internet oder der direkte Austausch mit den anderen
Gesellen. Außerdem gibt es nicht gerade viele Kirchenmaler-
betriebe, die meisten sind in Süddeutschland, weil es hier die

meisten alten, aufwändig gestalteten Kirchen gibt. In vielen dieser Betriebe arbeiten ehemalige Klassenkameraden, die mit mir in der Berufsschule waren. Bei der Firma Brüggemann kenne ich gleich zwei. Ich habe dort einfach angerufen und hatte Glück, dass sie gerade jemanden brauchten. Am Anfang war es ein bisschen komisch, wieder zu arbeiten, ich hatte Angst, dass ich vielleicht schon etwas vergessen habe. Aber sobald ich Spachtel und Pinsel wieder in der Hand hatte, waren die Handgriffe vertraut. Es muss dringend ein bisschen Geld in die Reisekasse, und schließlich bin ich ja auch auf Wanderschaft gegangen, um zu arbeiten. »Schaniegeln« ist das rotwelsche Wort dafür. Der Meister, der Arbeit vergibt, ist der »Krauter«. Der Ausdruck kommt wahrscheinlich daher, dass früher oft Krautsuppe oder irgendwas anderes mit Kohl an die armen Wandergesellen verfüttert wurde. Heute ist die Kost in der Regel etwas ausgewogener.

Pepe ist in die Schweiz gefahren, weil er dort einen Betrieb kennt, der gut zahlt und eigentlich immer Zimmerer braucht. Zum Abschied sagte er, es würde Zeit für mich, alleine weiterzureisen. Den Eindruck habe ich auch. Schon in Hamburg hatte ich das Gefühl, gut ohne ihn auszukommen. Wir wollen uns zwischen den Jahren noch einmal treffen – zum Abschied. Erst mal wird schaniegelt. In der gotischen Pfarrkirche von Eschenbach muss noch die eine oder andere Pflanze gemalt werden. Doch Weihnachten rückt unaufhaltsam näher.

»Wo bist du über die Feiertage, Theresa?«, fragt meine Mutter drei Tage vor Weihnachten am Telefon.

»Bei Carla«, sage ich, ohne zu überlegen. Ich denke an die Adresse, die in meinem Notizbuch steht. Die Aussicht, Frede und Isa wiederzutreffen, ist verlockend, eine Alternative habe ich eh nicht. Irgendwohin muss man schließlich an den Feiertagen. Pepe will mit ein paar Freunden in der Nähe von Leipzig feiern. Ich könnte sicher mit, so richtig eingeladen hat er mich allerdings nicht.

Zwei Tage später stehe ich an der Straße und halte den Daumen raus, mein Ziel ist Unterfranken. Bei Bamberg sehe ich die Schilder Richtung Würzburg. Mit dem Auto wäre ich von hier aus in einer Stunde in Kleinrinderfeld. Sicher steht zu Hause schon der Weihnachtsbaum im Wohnzimmer, und es duftet nach Tannennadeln, Kerzenwachs und Plätzchen. Wenn ich da wäre, könnte ich es mir in meinem Zimmer gemütlich machen und müsste nicht an einer zugigen Straße darauf hoffen, dass mich gnädigerweise jemand mitnimmt. Aber für mich geht es in die andere Richtung. Endlich hält ein schwarzer Multivan, die Frau will eigentlich nur in den nächsten Ort. Sie wirft einen Blick auf die Rückbank, auf der ein kleines Mädchen in einem Kindersitz döst, und lässt mich einsteigen. »Zeig noch mal die Adresse. Ich bring dich hin«, sagt sie.

Wir fahren durch eine hügelige Landschaft, vorbei an Wäldern und Feldern in verschiedenen Brauntönen. Es ist ähnlich wie bei mir daheim. Ähnlich, aber nicht vertraut.

Carlas Haus befindet sich am Rand eines kleinen Dorfs. Davor steht ein roter Ford Transit, der sicher älter ist als ich. Es gibt keine Klingel, aber als ich vorsichtig die Klinke drücke, merke ich, dass die Tür nicht abgeschlossen ist. Zaghaft öffne ich und rufe: »Hallo!« Heute ist der 24. Dezember. Keiner erwartet mich hier. Aber dann höre ich doch Stimmen. Carla hat ihr braunes Haar oben auf dem Kopf zu einem pinselartigen Zopf zusammengebunden. Sie trägt der Jahreszeit zum Trotz ein T-Shirt, aus dem beeindruckend muskulöse Arme ragen, und scheint kein bisschen erstaunt zu sein, dass ich bei ihr im Flur stehe.

»Frede meinte, dass ich herkommen kann«, sage ich.

»Hat sie gar nicht erzählt. Na, dann komm mal. Sie ist schon da. Wir kochen gerade.«

»Das ist ja cool!«, ruft Frede, als sie mich sieht.

»Hey, Resi!« Isa strahlt.

Die beiden zu sehen fühlt sich an, wie nach Hause kommen, nur ohne Zuhause.

Am Abend sitzen wir alle um einen Holztisch in der Wohnküche. Wir haben Nudeln mit einer leckeren Soße gegessen, ich blicke in satte, zufriedene Gesichter. Inzwischen ist noch Kia Gärtnerin dabei. Sie ist kurz nach mir gekommen.

»Eigentlich ist ja Weihnachten. Müssen wir da nicht irgendwas Weihnachtsmäßiges tun?«, fragt Frede in die Runde.

»Ja, natürlich«, sagt Carla. Sie stellt einen riesigen Glasstiefel auf den Tisch und schüttet Bier aus einer Flasche rein. Sie braucht drei Flaschen, bis der Stiefel voll ist.

Am Morgen wache ich mit einem pelzigen Gefühl auf der Zunge auf. Mein Kopf fühlt sich an, als wäre er über Nacht schwerer geworden. Den anderen Mädels geht es genauso. Später sitzen wir wieder in der Küche, schlürfen Tee, und alles ist vollkommen gut: die Mädels hier, dieser Ort und überhaupt die Wanderschaft. Als ich am nächsten Tag wieder an der Straße stehe und den Daumen raushalte, habe ich zum ersten Mal, seit ich unterwegs bin, das Gefühl, dass alles richtig ist, was ich tue. Ich weiß jetzt, wie das geht: als Wandergesellin zu reisen.

Pepe treffe ich in Dresden wieder. Eigentlich wollten wir noch den Abend miteinander verbringen, aber dann fällt der Abschied doch kürzer aus. Pepe will weiter nach Berlin. Ich will Silvester auf Rügen verbringen. Dort soll es eine Herberge geben, in der gefeiert wird. Kia Gärtnerin will auch kommen. Kritisch mustert mich Pepe noch einmal, wie um zu überprüfen, ob ich auch zünftig gekleidet bin, dann nickt er auf diese ganz bestimmte Art. Ich nicke zurück. Ich freue mich natürlich, dass mein Altreisender mit mir zufrieden zu sein scheint, aber es stört mich auch nicht mehr so sehr, wenn er etwas kritisiert. Ein bisschen ist das so wie Erwachsenwerden. Als Kind ist es vielleicht noch wichtig, was Mami und Papi sagen, wenn man in die Pubertät kommt, braucht man die Eltern plötzlich nicht mehr, man will sie regelrecht loswerden. So fühle ich mich jetzt auch. Beim Abschied nehmen wir uns noch einmal in die Arme. Wir machen kein neues Treffen aus. Ab jetzt geht es für mich alleine weiter. Alleine mit Mathilda, meiner Geliebten.

FREMD UND WEIBLICH –
ALS FRAU
AUF WANDERSCHAFT

TRAMPEN, TRINKEN, PLATTE MACHEN

Tief und grau hängen die Wolken über der Autobahn, erste Tropfen fallen. Der Regen treibt mich unter das Dach der Tankstelle. Mir machen ein paar Tropfen nichts aus, aber ich möchte nicht, dass mein Gepäck nass wird. Statt des Tornisters habe ich inzwischen ein Bündel aus Charlies, die ich auf einem hölzernen Rückengestell trage. Wegen des Regens habe ich eine Plastikfolie über die Kraxe gelegt. Die hält das meiste ab, aber längst nicht alles.

Ein paar Monate bin ich jetzt schon auf Tippelei. Ich war auf Rügen, in Passau, in der Schweiz und wieder in Hamburg. Jetzt komme ich von einer Losgeherei in Österreich und will in die Gegend von Leipzig. Die Tage sind länger geworden, es ist nicht mehr so kalt, manchmal hat die Sonne schon Kraft, nur heute nicht, da ist es mitten im Frühling verregnet und grau.

Ich beziehe Stellung neben dem Eingang zur Tankstelle, das Gepäck lade ich neben mir ab. Es ist nicht viel los an den Zapfsäulen. Ein junger Mann steigt in einen blauen Kombi und gibt

Gas. Vor einem grauen Audi blickt eine Frau konzentriert auf die Tankanzeige. Dahinter steht ein dunkler BMW, ich kann das Berliner Kennzeichen sehen. Der zum Wagen gehörende Mann im Anzug geht mit langen Schritten an mir vorbei, als hätte er Angst, ich könnte ihn ansprechen. Man sieht mir an, dass ich mitgenommen werden möchte, auch wenn ich nicht den Daumen raushalte. Die Kluft, der Stenz und das Gepäck machen es deutlich. Als der Anzugmann vom Bezahlen kommt, fange ich ihn ab.

»Fahren Sie Richtung Berlin?«

Er blickt zum BMW und zögert. »Das ist ein Leihwagen«, sagt er, als würde das etwas erklären.

»Und fahren Sie damit nach Berlin und würden mich ein Stück mitnehmen?«

»Na ja, das darf ich eigentlich nicht. Das ist wie gesagt ein Leihwagen. Wenn da was passiert ... Tut mir leid.«

Was da genau passieren könnte, will er nicht sagen. Ich zucke die Schultern und lasse ihn ziehen. Der Mann will mich offensichtlich nicht mitnehmen. Die Frau mit dem grauen Audi blickt demonstrativ in die andere Richtung, als sie an mir vorbeikommt. Die muss ich gar nicht erst fragen. Der Regen ist stärker geworden, eine graue Wand jenseits des Tankstellendachs. Für einen Moment übertönt das Geprassel sogar das Dröhnen der Autobahn. Das Wetter wird es nicht leichter machen, hier wegzukommen. Bei Regen wollen die Menschen erst recht keine Anhalter mitnehmen.

»Wo willst du hin?«

Ich war so in meine Gedanken vertieft, dass ich den jungen Mann gar nicht hab kommen sehen.

»Richtung Leipzig, Berlin geht auch.«

»Wir fahren nach Nürnberg. Bringt dir das was?«

»Klar!« Alles ist besser, als bei schlechtem Wetter auf einer Autobahnraststätte zu sein.

Der junge Mann heißt Felix, und sein Auto steht auf dem

Parkplatz, wir müssen durch den Regen hinlaufen. Als Felix sieht, wie ich mein Stoffbündel schultere, sagt er: »Warte hier. Ich hol dich ab, dann wird das Gepäck nicht nass.«

Wenige Minuten später fährt ein blauer Citroen vor. Neben Felix auf dem Beifahrersitz sitzt ein anderer Junge. »Chris. Ein Freund von mir«, stellt ihn Felix vor. Einen Moment frage ich mich, ob es okay ist, mit zwei Jungs zu fahren, aber dann blicke ich in die Regenwand und entscheide, dass es kein Problem darstellt. Felix und Chris sind Studenten, sie kommen aus München und wollen einen Freund in Nürnberg besuchen. Wandergesellen kennen sie nur aus dem Fernsehen.

»Ich habe erst gesehen, dass du eine Frau bist, als ich direkt vor dir stand. Wegen der Klamotten«, gesteht Felix, als wir im Wagen sitzen. »Ich wusste gar nicht, dass Frauen auch ...«

Es ist schon dunkel, als wir Nürnberg erreichen. Der Regen hat nachgelassen, aber ungemütlich ist es immer noch. Ich beschließe, dass ich heute nicht mehr weitertrampen will und in Nürnberg übernachte. Es soll dort in zentraler Lage ein Kolpinghaus geben. Frede Goldschmiedin hat mir davon erzählt.

Chris und Felix lassen mich in der Nähe des Bahnhofs raus. Die Jungen kritzeln noch ihre E-Mail-Adressen auf ein Blatt Papier. Nur falls ich mal nach München komme und zufällig Zeit und Lust auf einen Kaffee habe. Dann stehe ich an einer befahrenen breiten Straße im Nieselregen und suche nach Anhaltspunkten, wie ich zum Kolpinghaus komme.

Das Kolpinghaus steht natürlich in der Kolpinggasse. Es ist kein Hotel, wie in Freiburg, es wirkt mehr wie eine moderne Jugendherberge. Die Eingangshalle ist voller Menschen in bunter Regenkleidung. Rücksäcke stapeln sich in einer Ecke. Vor dem Tresen steht eine Schlange, in die ich mich brav einreihe. Die regenbejackten Menschen betrachten mich, als wäre ich eine Jahrmarktsattraktion. Hinterm Tresen hackt eine Frau hektisch auf eine Computertastatur ein. »Was kann ich für Sie tun?«, fragt sie, ohne aufzublicken. Als ich mit dem

Stenz aufklopfte, zuckt sie zusammen. »Mein Gott, erschrecken Sie mich doch nicht so.«

Während ich meinen Schnack aufsage, nickt sie ungeduldig, als wüsste sie schon längst, was ich will.

»Da war gerade schon einer da. Ich muss Ihnen leider sagen, dass wir heute ausgebucht sind. Versuchen Sie es morgen wieder.«

Aus irgendeinem Grund habe ich mit dieser Antwort nicht gerechnet. Ich war fest davon überzeugt, dass ich hier schlafen kann. Und morgen ... morgen bin ich gar nicht mehr hier. Die Frau hebt bedauernd die Schultern. Nichts zu machen. Draußen sehe ich ihn dann, den anderen Gesellen, der offenbar vor mir gefragt hat. An der schwarzen Ehrbarkeit erkenne ich, dass er zu den rechtschaffenen Fremden gehört, er ist – was ungewöhnlich für Wandergesellen ist – mit einem Kuhkopp unterwegs, einer Nichtwandergesellin. Jan Tischler ist hier mit seiner Freundin Anne, die beiden haben sich in Nürnberg getroffen und sind jetzt auf der Suche nach einer gemeinsamen Unterkunft.

»Keine Chance hier«, sagt Jan.

»Nee«, sage ich.

»Wir gucken mal weiter.«

»Viel Erfolg!«

Etwas planlos laufe ich durch die Altstadt von Nürnberg. Die Straßen sind voll, Familien mit Kinderwägen, Gruppen von offensichtlich Betrunkenen oder zumindest Feiernden, einige tragen Luftballons oder riesenhafte Stofftiere. Es sieht aus, als sei hier in der Nähe ein Volksfest. Ich muss aufpassen, dass ich mit meinem Bündel nicht irgendwo hängen bleibe. Es nieselt nicht mehr, aber die Luft ist feucht und kühl. Ich lasse mich eine Weile von der Menge treiben, in der Hoffnung, dass sie mich irgendwohin bringt, wo ich schlafen kann.

»Wie siehst du denn aus?«, schreit ein Betrunkener mich lallend an.

Jemand schenkt mir ein Bier, eine Gruppe junger Männer will mich mit auf eine Party nehmen. »Böttebötte«, sagt einer. Er kann sich kaum noch artikulieren.

»Nö, danke!« Meine Lust, mit einer Horde fremder Betrunkener mitzugehen, hält sich in Grenzen. So richtig aufgeschlossen für eine ernsthafte Frage nach einer Übernachtungsmöglichkeit scheint hier niemand zu sein. Die Läden in der Fußgängerzone schließen langsam, und ich weiß noch immer nicht, wo ich schlafen soll. Wenn ich weitergetrampt wäre, wäre ich vielleicht schon an meinem neuen Arbeitsplatz.

Und dann sehe ich endlich ein Hotel. Die erleuchteten Fenster scheinen mich regelrecht anzulachen. Ohne zu überlegen, betrete ich die Lobby. Warm und hell ist es hier. Sehnsüchtig denke ich an gemangelte Bettwäsche, doch der Herr hinterm Tresen schüttelt nur den Kopf. Sein Haar ist so ordentlich gescheitelt und gegelt, dass es wirkt, als sei seine Frisur aus Plastik.

»Tut mir leid. Alles belegt.«

»Wenn Sie kein Zimmer mehr haben, kann ich auch hier auf dem Boden schlafen«, schlage ich vor und ernte einen Blick, als sei irgendwas mit mir nicht in Ordnung.

»Das geht leider nicht. Bedaure!«

Beim nächsten Hotel ist es dasselbe. Bei einer kleinen unscheinbaren Pension sagen sie mir: »Da war gerade schon einer wie Sie da. Den haben wir auch weggeschickt.« Offenbar suchen Jan und Anne auch noch nach einer Unterkunft.

Die Straßen werden leerer. Die Familien sind weg, jetzt sind nur noch Feiernde unterwegs. Die Geschäfte haben inzwischen geschlossen. Durch die erleuchteten Schaufenster sehe ich die dunklen Ladenflächen. Leuchtreklamen blinken über den Gassen, in denen noch gesungen und gegrölt wird. Es kommt mir vor, als hätte jeder in der Stadt ein Ziel, nur ich weiß nicht wohin.

Es geht mittlerweile auf 22 Uhr zu. Meine Füße schmerzen in den Dr. Martens, in den Händen habe ich wieder dieses klamme, steife Gefühl. Es ist sehr frisch geworden. Das Gepäck drückt auf den Schultern, meine Augen brennen, und ich würde mich gerne einfach zusammenrollen und schlafen. Aber in dieser Stadt, in der irgendwo noch ein großes Fest tobt, fühle ich mich nicht sicher genug. Schlaf hat so etwas Unschuldiges, Reines. Das geht nur, wenn ich einen Platz habe, an dem ich mich halbwegs sicher fühle. Es ist Verzweiflung, die mich schließlich in einen kleinen Imbiss treibt, in dem es nicht ganz so voll aussieht wie in den anderen Kneipen. Eine Gruppe Teenager steht um einen Tisch und isst Wurst. An einem anderen stochern zwei Frauen mit ihren Gabeln in einer Schale Pommes herum. Es riecht nach altem Fett, aber es ist warm und trocken. Außerdem gibt es hier keine Betrunkenen, die irgendwas Anstrengendes von mir wollen.

»Krieg ich noch Pommes?«, frage ich.

»Eigentlich wollte ich gerade die Maschine abstellen.« Der Mann an der Fritteuse scheint wenig begeistert zu sein, aber dann schaufelt er doch blaßgelbe Stäbe in das Sieb und versenkt es im heißen Fett. Und während ich dem leisen Brutzeln lausche, sehe ich draußen einen schwarzen, runden Hut, Schlaghose und Stenz. Jan und Anne winken und kommen zu mir in den Imbiss.

»Und wo schlaft ihr?«, frage ich.

»Wir waren schon in der ganze Stadt unterwegs. Keine Chance.«

»Könnt ihr nicht auf der Herberge schlafen?«

»Nee, wegen Anne. Die darf da nicht übernachten.« Jan verzieht das Gesicht. Das ist offenbar so eine Regel von Schachtherbergen. Kuhköppe[5] dürfen nicht auf der Herberge über-

---

5 Eigentlich sage ich statt »Kuhkopp« lieber »richtiger Mensch« zu Nichtwandergesellen. Das klingt nicht so abfällig. Außerdem passt es besser: Das Wandergesellendasein ist für mich ein bisschen wie das Leben in einer Parallelwelt. Wer zur »normalen« oder »richtigen« Welt gehört, ist dann eben auch ein »richtiger Mensch«.

nachten, schon gar nicht, wenn es Frauen sind. Da könnte ja jeder seine Freundin mitbringen.

Wir teilen uns die Pommes. Der Mann hinterm Tresen räumt geräuschvoll auf, als wollte er keinen Zweifel daran lassen, dass er gleich schließen wird.

»Dann lass uns jetzt doch noch mal zur Herberge gehen«, sagt Jan und schiebt sich die letzte Pommes in den Mund. »Vielleicht kannst wenigstens du da schlafen.«

Die Herberge der rechtschaffenen fremden Zimmerer- und Schieferdeckergesellen liegt direkt in der Altstadt. An der Tür ist eine kleine rechteckige Zahlentastatur angebracht. Jan tippt darauf herum, und die Tür springt auf.

»Gibt's denn hier keinen Vaddern?«, frage ich.

»Nö. Der Krug ist woanders.«

Drinnen sitzen drei Gesellen mit schwarzer Erft auf Sofas herum. Arne, Tobi und Patrick sind Zimmerer, sie reichen mir die Hand und blicken Jan fragend an.

»Kann die nicht hier schlafen?«, fragt er.

Patrick wiegt den Kopf.

»Warum nicht«, sagt Tobi.

»Aber wir müssen gleich noch in den Krug. Da müsstest du dann mit«, wendet sich Arne an mich.

Ich nicke. Das ist allemal besser, als die Nacht auf der Straße zu verbringen. Anne und Jan kommen mit in die Kneipe. Landbierparadies heißt der Laden. Nur noch einzelne Gestalten schwanken an uns vorbei, als wir auf dem Weg dorthin sind. Das Fest scheint für heute geschlossen. Ich versuche, nicht daran zu denken, wie schön es wäre, jetzt schon schlafen zu können.

Immerhin drückt das Gepäck nicht mehr auf den Schultern, das durfte ich in der Herberge lassen, aber kühl und feucht ist es immer noch.

»Und es ist wirklich okay, wenn ich bei euch Platte mache?«, frage ich noch mal.

»Hab gerade mit dem Altgesellen telefoniert. Der war zwar nicht begeistert, aber das ist nicht zu ändern«, sagt Tobi.

»Wo schläfst du denn sonst so?«, fragt Patrick. Offenbar hatte er bisher nicht viel mit Freireisenden zu tun.

»Na, unter Brücken, in Hauseingängen oder wo halt so Platz ist.«

Anne kichert.

»Nee, im Ernst«, beharrt Patrick. Die Gesellen, die im Schacht reisen, können auf eine gute Infrastruktur zurückgreifen. Der Schacht unterhält in vielen Städten Herbergen, außerdem bieten Einheimische Kost, Logis und Arbeit an, regelmäßig gibt es Treffen, die Teilnahme daran ist zum Teil verpflichtend. Ein Wandergeselle, der im Schacht reist, kann sich darauf verlassen. Er kann, wenn er es darauf anlegt, von Schachtherberge zu Schachtherberge reisen und müsste dann deutlich seltener nach einer Unterkunft suchen.

»Es gibt ja auch schachtübergreifende Herbergen, und es gibt Menschen, die mich bei sich übernachten lassen. Manchmal darf ich sogar im Hotel schlafen.«

Patrick und seine Kameraden Tobi und Arne sehen mich an, als seien sie unsicher, ob sie mir das glauben können. Offenbar wissen sie nicht, was sie von mir halten sollen. Eine Frau auf Wanderschaft, in bunter Kluft und dann noch mit so einem altertümlichen Beruf.

»Und warum reist du alleine, also ohne Schacht?«, will Tobi wissen.

»Soll das eine Einladung sein? Soll das heißen, ich kann bei euch erwandert werden?«

Die Jungs lachen, als hätte ich einen guten Witz gemacht.

»Warum nicht?«, frage ich.

»Du weißt doch, dass das nicht geht«, sagt Arne. »Frauen können nicht bei uns reisen.« Die anderen lachen immer noch, so absurd erscheint ihnen offenbar die Vorstellung, Frauen in den Schacht aufzunehmen.

»Warum nicht?«, beharre ich.

»Es gibt doch diese Regeln schon so lange. Das hat alles eine lange Tradition. Da gehören Frauen einfach nicht rein«, sagt Tobi schließlich.

»Und außerdem haben wir diese Regeln doch gar nicht gemacht«, sagte Arne.

»Ja, aber ihr führt die Regeln weiter.«

Die Jungs schweigen. Ich bin sicher, dass sie nicht mal merken, dass sie keine guten Argumente haben.

Das Landbierparadies ist eine urige Kneipe, in der – wie der Name schon sagt – Landbiere ausgeschenkt werden. Am Stammtisch sitzen bereits drei Männer in Kluft. Sie begrüßen Jan, Arne, Tobi und Patrick, dann mich und Anne. Auf dem Tisch steht ein gläserner Stiefel, in dem das Bier bernsteinfarben glitzert.

»Jetzt zeig mal, dass Freireisende auch zünftig schmoren können«, sagt Tobi.

Schmoren heißt trinken, und zwar ordentlich. Für manche Wandergesellen gehört das zu einer zünftigen Zusammenkunft.

»Och nö«, sage ich, denn mir ist nicht nach schmoren, schon gar nicht, wenn ich so müde bin wie jetzt. Ich rutsche neben Anne in die Bank, und während der Stiefel die Runde macht, bestellen Anne und ich KiBa. Immer wieder schiebt einer uns den Stiefel rüber, aber wir schieben ihn dankend zurück.

»Trink doch«, sagt Tobi.

Ich hebe das KiBaglas und trinke.

Ich bleibe lieber klar, wenn ich heute Nacht mit ihnen die Schlafkammer teile. Außerdem gefällt es mir, mich mit Anne zu unterhalten. Sie hat lustige Grübchen neben den Mundwinkeln, die zünftige Männerrunde an unserem Tisch bringt sie immer wieder zum Lachen. Wir prosten uns mit KiBa zu, als die Gesellen anfangen zu schallern. Schallern heißt singen, und geschallert wird gerne mal, wenn Wandergesellen zusammenkommen.

Es ist nach Mitternacht, als Anne und Jan sich verabschieden. Ein Einheimischer hat ihnen einen Schlafplatz angeboten. Ich schaue den beiden hinterher. Mein Körper fühlt sich schwer und müde an, es war ein langer Tag. Ich würde mich jetzt auch gerne hinlegen, aber Arne, Tobi und Patrick wollen noch nicht nach Hause. Wir ziehen also weiter in eine Bar, in der ich mir Limo bestelle.

»Schmoren alle freireisenden Frauen nicht?«, fragt Patrick.

Ich lache. Doch, die freireisenden Frauen, die ich kenne, schmoren auch mal einen, aber nur, wenn ihnen danach ist.

Es ist drei Uhr, als wir endlich wieder Richtung Herberge ziehen. Nach der verrauchten Bar ist die kaltfeuchte Luft sogar ganz angenehm. Und während ich zwischen den Häusern hindurch in den Himmel blicke, um nach ein paar Sternen Ausschau zu halten, pinkeln die Jungs synchron gegen eine Hauswand.

Auf der Herberge haben sie Doppelstockbetten, vier Stück stehen in dem Schlafraum.

»Du schläfst da oben«, sagt Arne, als wir uns aus unserer Kluft schälen, und schielt zu den Gesellen. Tobi grinst. »Stimmt es, dass Freireisende nur in Staude schlafen?« Die Jungs hoffen offenbar, dass sie mir unters Hemd gucken können, wenn ich die Leiter zum Hochbett hochsteige. Aber ich besitze seit Kurzem eine dünne Jogginghose, die ich zum Schlafen trage. Und heute Abend finde ich, dass sich der Kauf vollkommen gelohnt hat, weil ich dann nicht halb nackt vor drei besoffenen Jungs herumturnen muss. Eine Weile hört man nur das Rascheln von Kleidung, dann verschwinde ich ins Bad. Auf der Kloschüssel hockend sehe ich mich im Badezimmer um. Die Fliesen sind hell und erstaunlich sauber. Keine schmutzigen Fußabdrücke, keine Kalkflecken oder Zahnpastarückstände, in der Dusche kräuselt sich ein einzelnes dunkles Haar. Mein Blick fällt auf den Stapel mit Zeitschriften neben dem Klo. Die Magazine sehen im Gegensatz zum Rest des Badezimmers auffällig mitgenommen aus, abgegriffen und wellig. Brüste, Beine, Hintern, nackte Haut in allen möglichen Positionen. In schachtübergreifenden Herbergen liegen diese Hefte in Kartons verpackt, was ich wesentlich angenehmer finde, aber hier fühlt sich offenbar niemand von diesen Darstellungen beeinträchtigt. Als ich aus dem Bad zurück in den Schlafraum komme, schnarcht Arne schon. Rasch und ohne die Jungs anzusehen klettere ich auf das Hochbett. »Nacht«, murmelt Tobi, der unten liegt.

»Nacht«, sage ich und verkrieche mich tief in meinem Schlafsack.

Als ich aufwache, dämmert es gerade. Die Luft ist schlecht, es riecht nach Bierausdünstungen, Schweiß und Füßen. Ich höre gedämpftes Schnarchen und gleichmäßige Atemzüge. Die anderen scheinen noch zu schlafen. So leise es eben möglich ist, klettere ich vom Bett runter, packe meine Sachen zusammen und schleiche aus dem Zimmer. Die Jungs scheinen davon nichts mitzubekommen. Was mich nicht wundert angesichts ihres Alkoholkonsums.

Vorsichtig schließe ich die Tür der Herberge hinter mir und stehe wieder auf der Straße. Kühle Morgenluft empfängt mich. Ich ziehe die Ärmel der Staude über die Hände und marschiere los.

In den traditionellen Schächten, in denen Frauen nicht erwandert werden, finden sich manchmal Männer mit ganz merkwürdigen Frauenbildern. Solange Frauen als Mütter, Putzfrauen oder eben nackig in Heftchen oder Filmen auftauchen, finden sie sich zurecht, aber Frauen aus Fleisch und Blut, die Handwerkerinnen sind und arbeiten und reisen wie sie, können einige von ihnen nicht einordnen. Ich will nicht behaupten, dass die rechtschaffenen Fremden, die Rolandsbrüder, die Vogtländer oder die Fremden Freiheitsbrüder bewusst ein einseitiges Frauenbild vermitteln, aber es kommt mir so vor, als würden sie zumindest eher Jungen anziehen, die Frauen nicht als gleichberechtigte Kamerots ansehen wollen.

Wenn ich nachfrage, warum denn Frauen in diesen Schächten nicht erwandert werden, bekomme ich so fadenscheinige Gründe zu hören wie »Das ist nicht zünftig« oder »Das entspricht nicht der Tradition«. Als wären Handwerkerinnen eine so moderne Erscheinung, dass sie unmöglich in eine uralte, traditionsreiche Vereinigung passen. Dabei hat es Handwerkerinnen gegeben, lange bevor die Schächte als reine »Bruderschaften« gegründet wurden, nachweisbar seit dem 12./13. Jahrhundert. Neben Dokumenten gibt es Bilder, Lieder und anderes Kulturgut, die dies belegen. Es gab Müllerinnen, Brauerinnen, Weberinnen, aber durchaus auch professionell im Baugewerbe tätige Gesellinnen genauso wie Meisterinnen mit eigenen Betrieben. Frauen waren also lange Zeit wie Männer handwerklich tätig, sie waren längst nicht auf die Rolle der Hausfrau und Mutter festgelegt, und selbstverständlich sind sie auch als Wandergesellinnen gereist. Aber Ende des 15. Jahrhunderts begann dann die Bevölkerung rasch zu wachsen, und vielen Menschen, unter anderem auch Handwerkern, ging es dadurch deutlich schlechter als vorher. Und weil Frauen zwar arbeiteten wie die Männer, aber weniger Rechte hatten, wurden sie aus dem Handwerk verdrängt. Es gibt wenig Belege für die Tradition von Handwerkerinnen, weil es offenbar nicht für nötig gehalten wurde, sie zu erhalten. Es kam auch vor, dass Dokumente einfach umgedeutet wurden. Ein Brauer und eine Brauerin auf einer historischen Darstellung wurden beispielsweise überschrieben mit »Brauer« und »Jungfrau«. Das Handwerk der Frau wurde unterschlagen. Es ist sicher kein Zufall, dass gerade im 16. und 17. Jahrhundert viele Frauen als Hexen diffamiert und getötet wurden. Handwerkerinnen konnten so als Konkurrentinnen ausgelöscht werden.[6]

Die meisten Jungs in den alten Schächten beeindruckt es wenig, wenn ich erzähle, dass Frauen auch eine Tradition im Handwerk haben. Wenn ich Glück habe, hören sie zu, aber es ändert nichts an ihrer Art zu denken, zumindest nicht nachhaltig. Dabei sind die rechtschaffenen Fremden nicht schlimmer oder besser als die Rolandsbrüder, die Vogtländer und die Fremden Freiheitsbrüder.

Wahrscheinlich ist es schon ein Fortschritt, dass ich überhaupt auf der Bude eines reinen Männerschachts schlafen durfte. Sie hätten mich auch wegschicken können.

WICHSGRIFFEL

Die grauen Wolken haben sich über Nacht verzogen, jetzt strahlt die Sonne über Nürnberg und verspricht einen herrlichen Frühlingstag. In einer Bäckerei hole ich mir Kaffee und Brötchen, dann marschiere ich zur Autobahnauffahrt, die kalten Finger fest um den warmen Kaffeebecher geschlungen. Der Verkehr ist dicht, ein Auto nach dem anderem fährt an mir vorbei, doch kein einziges hält oder wird auch nur langsamer, als hätten die Fahrer Angst, den Anschluss zu verlieren. Ich will mir den schönen, frischen Morgen nicht verderben lassen und versuche, Blickkontakt zu den Fahrern aufzunehmen, ich lächle ihnen zu. Doch die Menschen scheinen auf dem Weg zur Arbeit nichts als ihr gewohntes Einerlei sehen zu wollen. Die meisten reagieren gar nicht, einige heben bedauernd die Hände. Was sie damit sagen wollen, weiß ich nicht. Vielleicht

---

6 Vgl. Grit Lemke: *Wir waren hier, wir waren dort*, S. 240–246.

tue ich ihnen leid. Oder sie tun sich selbst leid, weil sie mich hier stehen sehen müssen. Ich habe keine Ahnung. Mit jedem Auto, das vorbeifährt, fühle ich mich kleiner und unsichtbarer, trotz Kluft und Stenz und Wandergesellenstolz. Ich will das alles nicht, und diesen Kloß im Hals möchte ich auch nicht. Dabei muss ich heute Abend zumindest in der Nähe meines neuen Arbeitgebers sein, denn morgen geht's los. Würde ich mit dem Auto durchfahren, wäre ich in drei Stunden da. Aber wenn ich weiter so wenig Glück beim Trampen habe, brauche ich bis morgen früh.

Dann endlich hält ein weißer Golf. Vielleicht wird doch noch alles gut.

Die Beifahrertür wird aufgedrückt. »Richtung Leipzig? Da kann ich dich mitnehmen.«

Ich verstaue mein Gepäck im Kofferraum und rutsche auf den Beifahrersitz. Als ich die Tür zuschlage, merke ich beinahe sofort, wie schlecht die Luft im Auto ist. Es riecht nach uraltem Zigarettenrauch, aber vor allem nach alten Klamotten beziehungsweise nach ungewaschenem Mensch.

»Ulrich«, stellt er sich vor.

Im Fußraum stoßen meine Füße an leere Getränkedosen, als ich meinen Namen sage.

»Ist nicht aufgeräumt. Macht dir doch nichts aus, oder?«

»Nee«, lüge ich.

Ulrich nickt, als hätte er das erwartet. Seine spitze Nase will nicht so recht in das runde Gesicht passen, sein Haar sieht aus, als hätte er verzweifelt versucht, die letzten paar Strähnen zu einer Frisur zu formen. Ich sehe die Landschaft am Fenster vorbeirasen und fühle mich unwohl, ohne genau zu wissen warum. Normalerweise gucke ich mir die Leute, mit denen ich mitfahre, gut an, bevor ich einsteige. Dieses Mal hatte ich solche Angst, nicht mehr mitgenommen zu werden, dass ich das nicht getan habe. Das unangenehme Äußere des Fahrers fällt mir jetzt erst auf. Ich habe den Eindruck, er starrt mich von der Seite an. Angestrengt blicke ich aus dem Fenster. Ein unverfängliches Gesprächsthema wäre hilfreich, aber mir fällt beim besten Willen nichts ein, worüber ich mit diesem Menschen sprechen will. Und so schweigen wir lange Minuten, während wir Nürnberg hinter uns lassen.

»Sag doch, wo du genau hinmusst, ich kann dich hinfahren«, sagt Ulrich.

»Das kennst du bestimmt nicht, liegt nördlich von Leipzig. So Richtung Gera oder Zwickau.« Ich mag einfach nicht genauer werden.

»Da müsste ich eh vorbei«, sagt Ulrich.

Wir fahren durch sanft ansteigende Hügel. Bäume, Wiesen und Sträucher stehen hellgrün erblüht in der Sonne und scheinen nur darauf zu warten, dass es endlich Sommer wird. Und wieder habe ich den Eindruck, dass Ulrich mich anstarrt. »Super, dass endlich Frühling wird«, sage ich, um etwas zu sagen.

»Ja, das ist super.«

Sattgrüne Wiesen, stolze Laubbäume, dann wird es hügeliger, waldbewachsene Hänge, Talbrücken über tiefen Schluchten. Die Sonne knallt, ich muss die Augen mit der Hand beschirmen, schließen mag ich sie in diesem Wagen nicht.

Wir sind schon eine ganze Weile unterwegs, als Ulrich sich räuspert.

»Das letzte Mal, als ich eine Anhalterin mitgenommen habe, hat die mir Avancen gemacht. Für 100 Euro wollte die mir einen blasen.«

Es fühlt sich an, als wäre mein Herz in den Hals gerutscht, dort pocht es wie verrückt. Ich schlucke. »Da brauchst du dir bei mir keine Sorgen zu machen. Ich bin nicht so eine. Ich will einfach nur nach Leipzig.« Meine Stimme klingt dunkler als sonst. Auf keinen Fall will ich verängstigt oder eingeschüchtert klingen. Meine rechte Hand tastet nach dem Messer in meiner Hosentasche. Ich will wissen, ob es an seinem Platz ist.

Wieder räuspert sich Ulrich. »Bist du dir sicher, dass du

nicht so eine bist? Also … bei der hab ich Nein gesagt, aber bei dir würd ich Ja sagen.«

»Ja, ich bin ganz sicher! Ich will einfach nur vorankommen.«

Bewaldete Hänge, ein Traktor fährt über ein Feld.

»Ich würd dir auch 100 Euro geben für einfach nur einen runterholen. Nur mit der Hand drüber, kannst dabei aus dem Fenster gucken.«

Ulrichs massiger Körper scheint langsam über den Steuerknüppel zu mir rüberzuwachsen. Das Pochen im Hals ist jetzt stark und regelmäßig.

»Okay. Das ist jetzt der Punkt, an dem du mich bitte aussteigen lässt. Sofort, von mir aus auf dem Standstreifen.«

»Jetzt reg dich nicht so auf. Ich fahr da vorne ab, dann stehst du nicht mitten auf der Autobahn.«

Ich atme tief und spüre die glatte Oberfläche des Taschenmessers in meiner Hand, die Klinge ist noch eingeklappt. Das regelmäßige Ticken des Blinkers beruhigt mich etwas. Ulrich lenkt den Wagen auf die Ausfahrtspur, er wird langsamer, schaltet, wir fahren in einer Kurve von der Autobahn, bis wir auf die Landstraße stoßen. Wieder tickt der Blinker. Ulrich lenkt den Wagen nach links. Die Auffahrt zur Autobahn bleibt rechts von uns zurück.

»Hey. Was soll das? Ich will sofort raus!«

»Aber hier kann ich doch nicht halten. Da vorne ist es gut.« Und wieder tickt der Blinker, aber statt bloß zu halten, fährt Ulrich in einen Feldweg rein.

»Ist das jetzt dein Ernst! Was denkst du denn, was jetzt passiert!« Meine Stimme klingt längst nicht mehr cool. Die Klinge des Messers lässt sich widerwillig aufklappen.

»Ich will nur wenden.« Auch Ulrichs Stimme hat sich verändert.

Der Wagen erreicht einen kleinen Wald und rollt noch immer. Zweige streichen am Auto entlang. Als wir halten, steht der Wagen so nah an einem Strauch, dass ich die Tür nicht aufbekomme. Eine rundliche, schwarz behaarte Hand legt sich auf mein Knie.

»Willst du es dir nicht doch noch mal überlegen?«

Ich balle die Faust um den Griff des Messers. »Ich will, dass das Auto so steht, dass ich aussteigen kann, und zwar sofort. Sonst schwör ich dir, ich mach hier im Auto was kaputt. Ich zerschneide dein Armaturenbrett. Und das wird nicht nach einem Kätzchen aussehen. Das musst du dann erst mal deiner Frau erklären.«

Beim Anblick des Messers zieht sich Ulrichs Hand mit einem Ruck zurück. Er legt den Rückwärtsgang ein und lässt den Wagen rollen, bis keine Zweige mehr gegen die Beifahrertür drücken. Ich steige aus und lasse die Tür weit offen stehen, damit er nicht einfach schnell wegfahren kann – mein Stenz und mein Gepäck sind noch im Kofferraum. Mit fahrigen Bewegungen schultere ich die Kraxe und renne fast den Weg zurück zur Straße, den Stenz fest in der Hand. Die ganze Zeit erwarte ich sein Auto hinter mir, aber offenbar bleibt er noch im Wald. Ich will mir nicht vorstellen, warum. Die Wut sitzt mir im Hals, sie würgt mich geradezu. Dieses Arschloch! Ich hätte noch sein Auto mit dem Stenz bearbeiten sollen! Stattdessen stampfe ich stocksauer die Landstraße entlang. Was ist das nur für eine Scheißwelt! Die flatterige Wut tobt im ganzen Körper. Ich kann es einfach nicht fassen, dass dieser schmierige Typ dachte, ich würde auf sein Angebot eingehen. Was hätte er getan, wenn ich ihm nicht gedroht hätte? Am liebsten würde ich laufen, das ganze Stück bis in den kleinen Ort, in dem ich heute Abend sein soll, aber es sind noch mindestens 25 Kilometer bis dahin. Zumindest fürs Erste mag ich den Daumen nicht mehr rausstrecken – mit festen, schnellen Schritten laufe ich neben der Straße. Das ist das Einzige, was gegen die Wut hilft. Mein eigener schneller Atem begleitet mich, dazu das Klacken des Stenzes auf dem Asphalt. So ein Wichser! Was denkt der sich eigentlich! Nach etwa drei Kilometern verlangsamt sich mein Atem, meine Schritte auch. Die Landstraße schlängelt sich den Hügel hoch, hinter mir hupt es. Ein dunkelblauer Mazda fährt langsam mit heruntergelassenem Fenster an mir vorbei. Der Fahrer hat die Sonnenbrille ins Haar geschoben.

»Hey, Baby, steig ein. Ich weiß, was wir machen.«

Und gleich pocht es wieder im Hals. »Fahr weiter! Oder ich weiß, was gleich deinem Auto passiert!«

Der Fahrer gibt Gas, brüllt noch irgendwas, was ich nicht verstehe, und ist über den Hügel verschwunden. Ich kann kaum fassen, dass mich gleich wieder einer so doof anmacht. Und wieder würgt mich die Wut. Meine Schritte werden wieder groß und energisch, mein Atem schnell. Diese Arschlöcher! Hat jemals eine Frau, die so angebaggert wurde, erfreut reagiert? Ist irgendwas an mir, das diesen Typen sagt: Mit der kann man's machen? Ich laufe und fluche und knalle den Stenz mit jedem Schritt auf den Asphalt, als könnte der was dafür. Irgendwann spüre ich meinen Magen. Es ist Nachmittag, und ich habe seit dem Morgen nichts mehr gegessen und getrunken. Und ich bin immer noch mitten auf einer Landstraße im Nirgendwo, der nächste Ort kommt erst in etwa drei Kilometern, und von einem Moment auf den anderen fühle ich mich ausgebrannt und schwach. Ich bin ein Häuflein Elend in der Verkleidung einer Wandergesellin. Am liebsten würde ich mich auf der Stelle hinlegen und zusammenkauern, bis es mir besser geht. Aber das geht nicht, hier nicht und auch sonst nicht, denn Wandergesellen tun so etwas nicht. Und mit einem Mal wäre ich gerne einfach nur Theresa. Theresa, die angeekelt ist von Ulrich, die hungrige, durstige, müde Theresa. Ich habe plötzlich keine Lust mehr, in der Kluft ständig auf dem Präsentierteller zu stehen. Ich will jetzt einfach mal ein normales Mädchen sein, das nach Hause geht und sich verkriecht. Ich mag nicht mehr den Daumen raushalten, um weiterzukommen. Ich will mich selbst ans Steuer setzen oder in den Zug.

Aber es sind immer noch mindestens 20 Kilometer bis zu meiner Arbeitsstelle. An meinen Füßen scheinen Gewichte zu hängen, aber ich gehe weiter mit diesem müden Körper, unschlüssig, was ich jetzt tun soll. Gerade als ich beschließe, im nächsten Ort etwas zu essen und mich einfach nur auszuruhen, hält ein Transporter neben mir. Der Junge am Steuer ist etwa so alt wie ich, er hat dunkle Augen und glänzend schwarzes Haar.

»Kann ich dich mitnehmen?« Sein Lächeln erinnert mich an einen alten Freund.

»Gerne!« Ich klettere auf den Beifahrersitz und schließe die Augen.

Rashid heißt der Junge. Er arbeitet als eine Art Subunternehmer für die Post. Zwischen den Sitzen in der Ablage liegt eine Flasche. Das Wasser darin schwappt in den Kurven hin und her.

»Willst du einen Schluck?«, fragt er, als er meinen Blick bemerkt.

Mir ist noch nie aufgefallen, wie lecker Wasser schmecken kann. Ich kann kaum verhindern, dass ich in großen, gierigen Schlucken trinke.

Rashid lacht.

»Hast du auch Hunger?« Er sucht im Türfach, zieht einen Schokoriegel raus und hält ihn mir hin. Die süße, klebrige Masse füllt meinen Mund. Ich spüre förmlich, wie ich wieder zu Kräften komme.

Rashid lacht wieder.

»Wo musst du denn genau hin? Ich kann dich hinbringen.«

Normalerweise gehe ich beim Trampen immer irgendwie auf den Fahrer ein. Ich antworte auf Fragen und interessiere mich für das Leben des anderen. Aber hier bei Rashid im Wagen bin ich einfach mal wortkarg. Ich will nur meine Ruhe, und der Junge mit den schönen Augen und dem vertrauten Lächeln lässt mich. Er fährt mich bis vor die Tür des Betriebs und hält mir noch einen seiner Schokoriegel hin, als ich aussteige.

»Warte mal«, ruft er mir hinterher, als ich mich schon zum Gehen wende. »Hast du nicht 'ne Telefonnummer? Darf ich dich mal anrufen?« Die Gesichtshaut des Jungen ist dunkler geworden, als er das sagt.

»Ich hab kein Handy, tut mir leid. Echt nett, dass du mich mitgenommen hast. Und danke für die Schokolade. Ich will jetzt einfach nur ankommen. Ich wünsch dir noch einen schönen Tag.«

Dann drehe ich mich um, um Rashids Enttäuschung nicht mitansehen zu müssen. Er weiß ja nicht, was für einen Scheißtag ich hatte. Er kann nicht ahnen, wie blöd ich angebaggert wurde, bevor seine Frage nach meiner Telefonnummer kam. Gerne hätte ich noch irgendwas richtig Nettes gesagt, etwas, das ihm zeigt, wie gut mir die Fahrt bei ihm im Auto getan hat. Nur heute finde ich keine netten Worte mehr, nicht für Annäherungsversuche.

KEIN ZUTRITT FÜR FRAUEN

Rashids trauriger Blick ist noch in meinem Kopf, die Wut über Ulrich noch in meinem Bauch, als ich die Werkstatt des Betriebs betrete. Der vertraute kalkige Geruch bringt mich in die Gegenwart. Der Händedruck von Herrn Sommer, dem Krauter, ist fest und entschieden. Ich spüre die trockene, rissige Haut seiner Finger. Meine eigenen Hände werden auch so aussehen, wenn ich erst wieder Spachtel und Pinsel in der Hand halte.

»Schön, dass Sie Zeit haben«, sagt Herr Sommer mit warmer Stimme. »Sie sind uns ja empfohlen worden.«

So etwas macht mich immer verlegen, deshalb frage ich schnell, wo ich schlafen kann, um mich einzurichten.

»Sie können im Prinzip hier in der Werkstatt schlafen. Ihre Sachen können Sie dann tagsüber hier im Büro lassen. Hinten haben wir ein Bad, wo man auch duschen kann.«

Außer mir arbeiten hier noch Luisa und Bettina. Diese Betriebe werden fast immer von Männern geleitet, während die ausführenden Kräfte meist Frauen sind. Bettina ist etwas älter als ich. Ihr braunes Haar hat sie zu einem praktischen Zopf gebunden. Sie vergoldet gerade die Flügel einer Engelsfigur, als ich mich vorstelle. Ich beobachte, wie sie das hauchdünne Blattgold platt pustet, um es dann in kleinere Stücke zu zerteilen. Luisa rührt einen Kalkputz an. Immer wieder schüttet sie feinen Sand in einen Eimer mit weißlichem Schlamm, rührt und begutachtet das Ergebnis, dabei streicht sie ständig ihren blonden Pony mit dem Ärmel aus dem Gesicht. Ihre Augen sind sorgfältig schwarz umrandet. Sie scheint etwas jünger als ich zu sein.

»Hast du da auch Kosmetik drin?«, fragt sie mit Blick auf mein Gepäck.

»Klar! Ist bloß unpraktisch auf Wanderschaft mit Abschminken und so.«

Luisa nickt nachdenklich.

Am Abend liege ich auf einem aufgeschlagenen Feldbett in der Werkstatt, atme die kalkige Luft und lausche auf das Knacken der Werkstattwände. Herr Sommer hat Pizza für mich bestellt, und Bettina und Luisa waren so nett, mir Gesellschaft beim Essen zu leisten. Wir saßen im Hof in der Sonne, und die Welt schien wieder in Ordnung. Jetzt bin ich alleine in dieser fremden Werkstatt und warte auf den Schlaf, stattdessen sehe ich den blöden Wald, in den mich Ulrich gefahren hat. Ich sehe Rashids dunkle Augen, und dann sehe ich Blattgold, das sich nicht bändigen lassen will. Wie ein dünner Vorhang tanzt es hin und her, bis es durch einen Windstoß zu Boden gedrückt wird.

Als ich aufwache, scheint schon die Sonne durch die oberen Fenster. Ich packe meine Sachen und wasche mich. Bettina hat einen Pappbecher mit Kaffee für mich dabei. Wir sitzen in der Morgensonne auf dem Hof. Luisa hockt sich zu uns.

»Heute ist diese orthodoxe Kirche dran, oder?«

»Fein. Das hab ich noch nie gemacht«, sage ich.

»Hier werden wir den Sebastian treffen«, ruft Herr Sommer über die Schulter, während er den Firmentransporter mit Schwung um die Kurve lenkt. »Es gibt da so einen Bereich in der Kirche, in dem sie keine Frauen wollen.« Bettina, Luisa und ich blicken uns an. Das kann ja lustig werden.

Die Kirche streckt sich schlank vor uns in den Himmel. Drei golden schimmernde Zwiebeltürme schauen auf uns herunter. Kollege Sebastian wartet am Eingang. Er ist hochgewachsen, weswegen er den Kopf ein bisschen geneigt hält, so, wie das sehr große Menschen oft tun, weil sie ständig auf alle runtergucken müssen. Seine Hand ist warm und ein bisschen feucht. Er kann noch nicht lange mit der Lehre fertig sein. In der Kirche dauert es, bis sich meine Augen an das karge Licht gewöhnt haben. Als Erstes fällt mir auf, dass es hier keine Bänke gibt. Über dem unbestuhlten dunklen Steinboden wölbt sich eine üppig bemalte Decke. Da, wo in den Kirchen, in denen ich sonst zu tun habe, der Altar ist, steht hier eine Art Trennwand, auf der in dunklen Farben und viel Gold Heilige zu sehen sind: Jesus, Maria, die Apostel, die Jünger. Drei Türen sind in diese Trennwand eingelassen, eine große in der Mitte und zwei kleinere links und rechts davon.

»Dahinter ist der Altarraum«, erklärt Herr Sommer.

Da schlüpft aus einer der Nebentüren ein Herr mit grauschwarzem Bart und schwarzem Gewand. Er eilt auf uns zu und streckt Herrn Sommer die Hand hin. Uns nickt er zu, bevor er sich wieder an Herrn Sommer wendet.

»Nicht wahr, und Sie wissen ja, dass Ihre Mitarbeiterinnen nicht in den Altarraum sollen.« Dabei fällt ein besorgter Blick auf Bettina, Luisa und mich.

Herr Sommer nickt. »Ja, das macht der Sebastian hier.« Sebastian lächelt schief. Der Geistliche nickt, die Erleichterung ist ihm anzumerken.

»Der hat den Sebastian extra einstellen müssen, um den Auftrag zu bekommen«, flüstert mir Bettina zu, als wir gemeinsam alte Farbe von einer Wand entfernen. Mit kleinen Messern kratzen wir sie ab, um die drunterliegende Malerei nicht zu beschädigen. Grüngoldener Farbstaub rieselt auf den Boden. Meine weiße Hose wird nachher davon bedeckt sein, und wenn ich mir am Abend die Nase putze, werde ich den Beweis haben, dass ich die Farbe auch eingeatmet habe. Durch den Kirchenraum hallt unser Kratzen. Sebastian ist mit der Kamera im Allerheiligsten hinter der Ikonostase, so heißt die Trennwand, verschwunden. Er soll erst mal dokumentieren.

In der Mittagspause sitzen wir zusammen auf der Treppe vor der Kirche und lassen uns die Frühlingssonne ins Gesicht scheinen. Sebastian klickt sich durch die Bilder der Kamera, um zu sehen, von welchen sich ein Abzug lohnt.

»Was meinst du denn?«, fragt er mich schließlich und hält mir die Kamera hin. »Kann man die Schäden hier gut erkennen?«

Ein gewaltiger Riss in der Wand ist auf dem Bild zu sehen. Dunkelgrüne Farbe blättert davon ab.

»Ja, das ist gut erkennbar. Guck du doch auch mal, Bettina.«

Etwas komisch ist es schon, dass wir Gesellinnen den Raum hinter der Ikonostase auf dem Foto ansehen können, obwohl wir ihn nicht betreten dürfen. Wobei es für mich ganz selbstverständlich ist, dass ich mich über das Verbot nicht hinwegsetze. Der Respekt vor Religionen und den Regeln in religiösen

Gebäuden gehört zum Beruf der Kirchenmalerin dazu. Verstehen würde ich trotzdem gerne, warum ich den Altarraum nicht betreten darf. Was ist falsch an Frauen, dass sie diesen Raum nicht restaurieren dürfen?

Die Tage vergehen. Jeden Morgen fahren wir raus zur Kirche und schaben Farbe von der Wand. Wir Frauen machen einen Bogen um den Altarraum, diskutieren aber die anstehenden Arbeiten mit Sebastian anhand von Fotos. Am Abend fahren wir zurück, dann mache ich mir mein Bett in einer Ecke der Werkstatt, in der ich es mir schon gemütlich gemacht habe. Manchmal gehe ich noch mit Bettina und Luisa was trinken. Ich bin schon etwa zwei Wochen bei Herrn Sommer, da bittet er mich morgens, schnell noch etwas aus dem Büro zu holen. Während ich einen Ordner aus dem Regal ziehe, fällt mein Blick auf Erna. Mein Stenz lehnt in der Ecke des Raums, als hätte ihn jemand dort vergessen. Während meiner Arbeit hier brauche ich ihn nicht, da steht er nur nutzlos herum. Bevor ich den Raum verlasse, streiche ich kurz mit den Fingern über das glatte Holz. Es wird Zeit, weiterzuziehen. Ja, es ist angenehm hier. Herr Sommer ist ein guter Chef: Er schreibt uns nicht vor, wie wir unsere Arbeit machen sollen, und gibt uns das Gefühl, dass wir schon wissen, was wir tun. Und Bettina, Luisa und Sebastian sind lustige Kollegen. Es ist auch angenehm, jeden Morgen zu wissen, wo ich abends schlafen werde. Aber als ich Erna da stehen sehe, fühle ich mich, als wäre in mir drin ein Motor angesprungen. Ein großer Teil der Arbeit ist getan, den Rest schaffen sie auch ohne mich. Ich will weiterziehen, zu Orten, an denen ich noch nicht war.

»Kannst gerne noch bleiben«, sagt Herr Sommer, als ich ihm meinen Entschluss mitteile.

»Das ist schön, aber ich möchte weiter.«

»Tja, schade, aber komm gerne wieder. Adresse haste ja.«

Bettina bringt mich zum nächsten Bahnhof. Ich habe noch immer keine Lust, wieder den Daumen rauszuhalten, lieber starte ich irgendwo, wo ich die Fahrer persönlich ansprechen kann. Einmal noch nehmen Bettina und ich einander in die Arme, dann mache ich mich auf die Suche nach einem Schaffner, dem ich mein Sprüchlein aufsagen kann. Noch im Zug denke ich darüber nach, warum Frauen nicht in den Altarraum einer orthodoxen Kirche dürfen, denn das habe ich noch immer nicht verstanden.

KATHOLIKEN, KINDERLOSE UND ANDERE RICHTIGE MENSCHEN

Die Straße ist staubig, der Asphalt flimmert. Den Stenz habe ich über die Schulter gelegt, daran baumelt mein Jackett. Die Ärmel der Staude sind hochgekrempelt, der Schweiß fließt in Strömen, der Hut scheint am Kopf festzukleben. Ich versuche gar nicht erst, ihn abzusetzen. Wieder bin ich auf der Landstraße unterwegs, dieses Mal im tiefsten Bayern (nicht Franken). Hier soll es einen Restauratorenbetrieb geben, bei dem ich arbeiten kann. Es sind noch gut 70 Kilometer. Weil man über die Autobahn von hier aus schlecht hinkommt, nehme ich die Landstraße. Hier ist auch die Hitze erträglicher. Aber ich bin nicht sicher, ob das eine gute Wahl war, denn die Gegend ist wie ausgestorben. Sie scheint in eine Art Sommerschlaf versunken zu sein. Seit einer gefühlten halben Stunde ist kein Auto mehr vorbeigekommen. Zu hören ist nur das Zirpen von den Wiesen, auf denen reglos ein paar Kühe ausharren. Die Sonne steht schon tief und brennt noch immer unerbittlich. Meine Zunge klebt am Gaumen, ich muss dringend meine Wasserflasche auffüllen. Am liebsten würde ich jetzt irgendwo ankommen und vor mich hin dösen. Ein gelbes Schild verspricht: noch drei Kilometer bis zum nächsten Ort.

Meine Füße kochen in den Schuhen. Die Dr. Martens habe ich gegen ein paar Sneakers eingetauscht. Darin gibt es deutlich weniger Blasen, und überhaupt sind die viel bequemer, aber jetzt eben höllisch warm. Dann endlich die ersten Häuser, das Ortsschild. Ein zwiebelförmiger Kirchturm ragt über rote Dächer. Es ist acht, sagt die Uhr. Ich will zum Pfarrer gehen und fragen, ob ich was zu trinken bekomme und irgendwo mein Nachtlager aufschlagen kann. Auch hier ist kein Mensch auf der Straße zu sehen, nur eine kleine schwarz-weiß gefleckte Katze huscht vorbei. Immerhin höre ich einen Hahn krähen, irgendwo dudelt ein Radio, es riecht nach Gegrilltem. Ich spüre meinen leeren Magen und marschiere weiter vorbei an geschlossenen Türen und Balkonen, von denen Geranien quellen. Auf dem Platz neben der Kirche ragt ein blau-weiß geringelter Maibaum in die Höhe.

Neben der hellen Zwiebelturmkirche träumt das Pfarrhaus in der Abendsonne. Es dauert, bis jemand auf mein Klopfen reagiert. Eine Frau mit geblümter Schürze öffnet und mustert mich. Ich stehe vor ihr staubig und verschwitzt und lächle mein freundlichstes Lächeln, als ich nach dem Herrn Pfarrer frage. Der Herr Pfarrer ist ein kräftiger Mann mit wenig Haar. Er betrachtet mich nachdenklich, während ich meinen Schnack aufsage. Hinter ihm steht die Frau, ich vermute, die Haushälterin, mit verschränkten Armen und lässt mich nicht aus den Augen.

»Warten's«, sagt der Pfarrer und schließt die Tür wieder. Ich blicke auf dunkles Holz. Vom Kirchturm läutet es. Ein Hund läuft vorbei und hebt das Bein an der Friedhofsmauer. Von drinnen höre ich Gemurmel. Erst leise und eindringlich, dann wird es lauter. »... geht nicht ...«, höre ich. Dann versiegt das Gemurmel wieder, die Tür wird geöffnet, doch dieses Mal nur einen Spalt.

»Des tut mir leid«, sagt der Pfarrer. »Ich kann Sie leider net hier schlafen lassen. Als katholischer Pfarrer darf ich nachts net alleine mit einer jungen Frau im Haus sein. Des verstehen Sie doch.«

Ich denke an die leeren Straßen, an die Hitze und an die hereinbrechende Nacht. Dass er mich wegschicken will, scheint mir so gar nicht mit dem christlichen Gedanken von Nächstenliebe zusammenzupassen.

»Wo kann ich denn um diese Uhrzeit noch unterkommen?«

»Da werden's scho was finden.«

»Aber ...«

»Hier, nehmen Sie.« Der Pfarrer hält mir einen Fünfeuroschein hin. Mit einem Klacken fällt die Tür zu, kaum dass ich das Geld in der Hand halte. Ich weiß nicht, wie lange ich vor der geschlossenen Tür stehe, den knittrigen Geldschein in der Hand. Etwas fühlt sich falsch an. Es ist das allererste Mal, dass ein Geistlicher mir eine Unterkunft verwehrt. Ich habe auch den Grund nicht wirklich verstanden. Mir fällt diese Geschichte vom barmherzigen Samariter ein. Die müsste er doch kennen. Ich klopfe nicht noch einmal, um ihn danach zu fragen, obwohl ich gerne hören würde, was er dazu sagt. Das wäre aufdringlich und würde zu nichts führen. Menschen, die einmal deutlich gemacht haben, dass sie einem nicht helfen wollen, kann man nicht dazu überreden.

Es ist absolut ungewöhnlich, dass kirchliche Amtsträger Wandergesellen wegschicken. Normalerweise finden die immer eine Übernachtungsmöglichkeit für uns.

Mir bleibt nichts übrig, als weiterzuziehen. Notfalls werde ich die Nacht durchlaufen und dann morgen irgendwo schlafen. Warm genug ist es dafür. Und wieder komme ich an üppigen Geranienbalkonen vorbei, rieche Grillfleisch und kicke einen Stein über die staubige Dorfstraße. Und dann kommt plötzlich doch Leben in den Ort. Ein Traktor rattert von einem Hof auf die Straße. Ich mache dem Fahrer ein Zeichen, dass ich etwas fragen will.

»Wo kann ich hier Wasser kaufen?«

»Straße runter bis zum Ende, dann kommt das Ortsschild, und dann ist da die Tankstelle.«

Die Leuchtreklame brennt schon, als ich ankomme. Die Sonne steht rot am Horizont. Zwei Autos halten an den Zapfsäulen, ein weiteres parkt an der Seite. Hier ist im Gegensatz zum Rest der Gegend richtig was los. Im Innern surrt ein Ventilator. Eine Frau steht vor dem gläsernen Kühlschrank und begutachtet die Getränkeauswahl, ein älterer Herr zahlt gerade, ein jüngerer wartet mit gezücktem Portemonnaie dahinter. Ich atme tief ein und sage, so laut ich kann: »Entschuldigen Sie bitte, kann mir einer von Ihnen sagen, wie weit es bis zum nächsten Ort ist?«

Der Zahlende zuckt nur die Schultern, die Frau bei den Getränken wendet nicht mal den Kopf, aber der mit dem Portemonnaie in der Hand fragt: »Was willst du denn da?«

»Ich suche eine Übernachtungsmöglichkeit. Weißt du, ob es da einen Pfarrer gibt, den ich danach fragen kann?«

Der Mann mustert mich, er ist vielleicht zehn Jahre älter als ich und hat unfassbar blaue Augen. »Ich kann dich mitnehmen. Ich wohn da.«

Im roten Ford Fiesta sitzt eine Frau auf dem Beifahrersitz. Auch sie hat blaue Augen, das blonde Haar hat sie zu einem dicken Zopf gebunden. Nils und Katja sind Mitte 30 und wohnen schon ihr ganzes Leben in dieser Gegend. Sie können sich ein Leben auf Tippelei nicht vorstellen und wollen alles darüber wissen. Beim letzten bisschen Tageslicht erreichen wir den nächsten Ort. Auch hier steht eine kleine Kirche mit Zwiebelturm. Nils hält daneben. Und wieder stehe ich vor einem Pfarrhaus und klopfe, lausche in die Stille und klopfe wieder. Über dem kleinen Ort wölbt sich dunkelblau die Nacht. Eine kleine Lampe über der Tür spendet Licht. Nichts regt sich. Nils und

Katja winken mir vom Innern des Autos zu. Sie wollen warten, bis ich drin bin. Ich gehe ein paar Schritte um das Haus herum. Kein Fenster ist erleuchtet. Es scheint niemand da zu sein.

»Es gibt noch ein Gasthaus hier«, sagt Nils. »Ich fahr dich eben hin. Wir zahlen dir das Zimmer.«

»Oder ...«, im Halbdunkel des Wagens meine ich zu sehen, wie Katja Nils anblickt. »Oder du schläfst einfach bei uns.«

Ein einsames Gasthauszimmer oder das Zusammensein mit den netten Menschen hier. Ich will lieber mit zu Nils und Katja.

Die beiden haben ein kleines Haus am Ortsrand, das erst vor drei Jahren fertig geworden ist. Es riecht noch alles neu und ein wenig unbewohnt.

»Weißt du, Resi, an manchen Tagen sitze ich hier und guck auf die Weide hinterm Haus und frage mich, was ich hier eigentlich mache«, sagt Katja. Wir sitzen auf der Terrasse, ein milder Wind weht, die Flammen der Kerzen flackern. Wir haben ein paar Würstchen gegrillt und Nudelsalat gegessen. Jetzt trinken wir kühles Bier aus Flaschen.

»Ja, ich bin wegen der Arbeit viel unterwegs«, sagt Nils und blickt zu Katja.

»Manchmal denke ich, dass es falsch war, hier zu bauen«, sagt sie. »Jetzt haben wir Schulden und müssen ewig hierbleiben.«

»Müsst ihr doch gar nicht. Vielleicht könnt ihr das Haus ja vermieten? Und irgendwo anders hinziehen.«

Die beiden schweigen, als hätten sie diesen Gedanken selbst schon gehabt, aber wieder verworfen.

Später darf ich meinen Schlafsack auf dem gemütlichen Ausklappsofa ausrollen. In dieser Nacht bei Nils und Katja schlafe ich wie ein Stein.

»Wie kommst du jetzt weiter?«, fragt Katja am nächsten Morgen. Mein Gepäck ist schon wieder in den Charlies verstaut, das Schlafsofa eingeklappt.

»Ich glaube, ich versuche es heute noch mal über die Autobahn. Wisst ihr, wie ich am besten zu einer Raststätte komme?«

»Wir fahren dich hin«, sagt Nils, als wäre es selbstverständlich.

Über Nacht ist es kaum abgekühlt. Im Wagen hängt noch die Hitze des letzten Tages. Der Fahrtwind zerrt an den Haaren. Bauernhöfe, üppige Gärten, Weiden mit vereinzelten Kühen. Erst als wir auf die Autobahn fahren, schließen wir die Fenster. Im Radio singt ein Sänger zu trägen Rhythmen. Ich lehne mich auf der Rückbank zurück und schließe die Augen. Vorne erzählt Nils Katja etwas, was ich nicht verstehen kann. Aber es klingt ein bisschen wie ein Vater, der dem Kind eine Gutenachtgeschichte erzählt. Als ich die Augen öffne, sehe ich Katja lächeln, dabei legt sie ihm die Hand aufs Knie. Eine Beziehung kam mir immer als etwas sehr Anstrengendes vor, aber bei Katja und Nils scheint es ganz einfach und leicht zu sein. Es wirkt, als ob sie ein schönes Leben zu zweit verbringen.

Die Tankstelle ist noch relativ leer. Ein paar Familien mit voll bepackten Wagen stehen auf dem Parkplatz. Aus dem Schnellrestaurant duftet Kaffee gegen die Abgase an.

»Hast du auch Hunger?«, fragt Katja. »Ich hab gerade gesehen, dass sie hier Bauernfrühstück haben. Wir laden dich ein.«

Es gibt Rührei mit Speck zu knusprig weichen Brötchen. Von unserem Platz aus können wir den Parkplatz beobachten, wo immer neue Autos halten. Aus einem blauen Volvo steigt eine Familie aus. Der Vater öffnet die hintere Tür, zwei Jungen klettern an ihm vorbei ins Freie. Auf der anderen Seite des Wagens holt die Frau ein Baby aus der Sitzschale.

»Warum habt ihr eigentlich keine Kinder?«, frage ich.

Nils blickt auf seinen Teller, als wollte er die Krümel darauf zählen. Katja starrt der Familie hinterher und richtet ihren Pferdeschwanz.

»Weißt du, Resi, wir hätten ja gerne welche, aber es geht nicht.«

»Wart ihr mal beim Arzt?«

»Glaub mir, ich hab alles probiert. Hormonbehandlung, künstliche Befruchtung, das ganze Programm. Das hat alles nichts gebracht. Die ganze Zeit hab ich das Gefühl, dass etwas mit mir nicht in Ordnung ist. Alle Frauen kriegen Babys ganz normal, nur ich schaffe es nicht mal mit Hilfe. Das ist so …«

Nils nickt, ohne aufzusehen.

»Ich will das nicht mehr«, sagt Katja.

»Wisst ihr denn, woran es liegt?«

»Nicht genau. Die Ärzte sagen, bei mir ist alles gesund, bei Nils auch. Es passt nur irgendwie nicht.«

Katja wirft Nils einen Blick zu, der presst die Lippen aufeinander und schaut aus dem Fenster. Im Auto wirkten die beiden noch so innig, jetzt ist es, als hätte meine Frage eine unsichtbare Wand zwischen den beiden hochgezogen.

»Ich … wir hätten so gerne Kinder. Es soll wohl nicht sein.«

Nils räuspert sich. »Na ja, ich hab ja gesagt, dass du frei bist. Noch bist du jung genug. Du kannst es mit einem anderen versuchen.«

Katja schluckt und schiebt den halb vollen Teller weg. »Ich will aber nicht weg von dir«, sagt sie leise.

Nils lässt das Besteck sinken und wendet den Kopf ab.

»Aber selbst wenn Katja von einem anderen schwanger werden sollte, könntet ihr das Kind doch zusammen großziehen«, sage ich.

Nils schüttelt den Kopf. »Nein … Nein, das will ich so nicht. Ich will nicht das Kind von einem anderen Mann.«

Katja atmet hörbar aus, so, als hätte sie dieses Gespräch schon tausend Mal geführt. Ihr Kinn bebt. Nils' Mund ist klein und fest.

»Wahrscheinlich kann ich auch keine Kinder kriegen, also gar nicht. Das hat mir mal ein Arzt gesagt«, sage ich in die Stille.

Zwei blaue Augenpaare blicken mich an.

»Ich kann mir gut vorstellen, ein Kind aufzunehmen und großzuziehen. Ihr beiden wärt bestimmt tolle Eltern, ganz egal, ob das Kind eure Gene hat oder nicht.«

Katjas Augen sind feucht. Ich packe meine Sachen zusammen, um mich auf den Weg zu machen.

»Warte«, sagt Katja, »wir bringen dich hin.«

Der Parkplatz ist voll, als wir fahren. Die Sonne wird von den Autoscheiben zurückgeworfen. Der Asphalt flimmert. Im Radio singt jetzt eine Frau mit seidiger Stimme über einen heißen Tag am Strand. Draußen rasen wieder Weiden und Wälder vorbei. Ganz hinten am Horizont stehen grau, weiß und steinig-spitz die Alpen. Einmal streicht Nils' Hand vorsichtig über Katjas Bein.

Nils hält vor dem Haus, in dem der Betrieb sein soll. Eine Weile sitzen wir im Wagen.

»Danke!«, sage ich.

»Ich danke dir auch«, sagt Nils.

»Schreib uns deine E-Mail-Adresse auf«, bittet Katja.

Beide drücken mich fest zum Abschied. Als sie fahren, winke ich, bis sie ganz aus meinem Blickfeld verschwunden sind. Kurz bleibe ich stehen, atme tief ein und wieder aus. Wie schnell mir die beiden ans Herz gewachsen sind … Meine Gedanken kreisen noch einen Moment um das Gespräch über das Kinderkriegen (dass ich ein wenig geflunkert habe mit dem Kinderkriegen, wird mir hoffentlich verziehen) und ihre Beziehung, und ich wünsche mir, während ich meinen Weg fortsetze, dass die beiden zusammenbleiben.

Die Königin auf der Erdbeere.

▲ Mein Stenz namens »Erna«.

▼ Das Gepäck der Gesellen: Stenze mit Charlies.

▲ Die Übernachtungsmöglichkeiten auf der Walz können so unterschiedlich sein. Hier vor dem Kolpinghaus in Nürnberg.

▼ Oder auch mal im selbst gebauten Schlafzimmer unterm Sternenhimmel Platte reißen.

▲ Zur Ruhe kommen im Weihnachtsstress am Meer.

▼ Die Walz führt mich bis Fuerteventura.

Die Heimkehr: Beim Ausbuddeln der Kornflasche; die Flasche mit den Wünschen für die vergangene Reise habe ich bereits gefunden.

▲ Am Ende meiner Walz muss ich den Ortspfeiler meiner Heimatgemeinde überklettern.

▶ Und wie die Tradition es verlangt …

.... mich vom Ortsschild zurück in die Arme meiner Familie
fallen lassen.

Mit den Gesellen, die mich bei der Heimgeherei nach über drei Jahren Wanderschaft begleiten.

ÄRGER MIT DEM KRAUTER

Der Betrieb, bei dem ich heute anfangen soll, befindet sich in einem dieser alten bayerischen Bauernhäuser. Auch hier wieder Blumenkästen auf den Fensterbänken, irgendwo schreit ein Kind. »Familie Sauer« steht auf dem Klingelschild. Es dauert eine Weile, bis jemand öffnet. Der Mann ist etwa 60, seine dunklen Augen leuchten, als er mich sieht.

»Ah, Sie wollen zu Herrn Sauer. Ich hol ihn.« Er rollt das R wie jemand, der aus Russland oder Polen kommt.

Ich kann das Schnaufen von Herrn Sauer schon hören, bevor ich ihn sehe. Er ist ein stattlicher Mann und hat offenbar schwer an seinem Gewicht zu tragen.

»Und Sie san Kirchenmalerin?«, fragt er und blickt mich von oben bis unten an. Sein Malerkittel hat in etwa dieselbe Farbe wie sein Haar.

»Ja, und Sie?«

»Mir san Restauratoren schon in der zweiten Generation. Des is mein Sohn Ingo.«

Ingo ist um die 40, sein Haar ist kaum voller als das seines Vaters.

»Diplomrestaurator«, sagt Ingo und schüttelt meine Hand.

Restauratoren beschäftigen sich, wie Kirchenmaler, mit der Erhaltung und Wiederherstellung von Kulturgut. Wobei Restauratoren nicht nur mit Gebäuden, Möbeln und Kunstwerken zu tun haben, sondern beispielsweise auch mit alten Büchern und archäologischen Funden.

»Wir können Sie scho gebrauchen«, sagt der alte Herr Sauer. »Den Rest können's dann mit meinem Sohn besprechen.«

Er verschwindet schnaufend in einem der Zimmer, während ich Ingo durch einen langen Flur folge. Es duftet nach gebratenem Hähnchen. Obwohl das Frühstück noch nicht lange her ist, läuft mir das Wasser im Mund zusammen.

»Meine Mutter kocht gerade, da kannst gleich mitessen«,

sagt Ingo mit einem Blick auf meine Statur. »Du bist ja nur Haut und Knochen.«

Wir kommen in eine Art Anbau, in dem die Werkstatt untergebracht ist. Es riecht nach Kalk, Farbe und Holz. Auf einem Tisch stehen zwei kleine Statuen, eine Maria mit Kind und irgendein Heiliger, den ich im Vorbeigehen nicht identifizieren kann. Das Büro wurde durch Rigipsplatten vom Rest abgetrennt, durch ein großes Fenster kann man in die Werkstatt sehen. Direktes Tageslicht gibt es nicht. An der Decke brennt eine kahle Neonröhre. »Wir restaurieren gerade einen Hof im Nachbardorf. 18. Jahrhundert. Da könnten wir schon Hilfe gebrauchen. Was nimmst denn für einen Stundenlohn?«

Ich schlucke. Es fällt mir nicht gerade leicht, einen angemessenen Lohn zu verlangen. Oft genug arbeite ich für 10 Euro die Stunde. Aber das ist natürlich viel zu wenig für eine ausgebildete Kirchenmalerin. Angemessen wären 30 Euro die Stunde, ich sage: »20.«

Ingo wiegt den Kopf. »Sonst haben wir hier immer Praktikantinnen, Restaurierungsstudentinnen. Die sammeln hier Erfahrungen und bekommen Kost und Logis.«

»Die sind ja auch noch in der Ausbildung. Ich bin fertige Gesellin.«

Ingo klopft mit dem Stift auf ein Blatt Papier, als würde er etwas durchrechnen, dann nickt er. »Also gut. So mach mas.«

Wir schütteln uns die Hände. Immerhin hat er mich nicht runtergehandelt. Das spricht schon mal für den Betrieb.

Beim Essen sitzen wir an einem großen Tisch im Esszimmer des Hauses. Der alte Sauer, seine Frau Klara, Ingo, seine Frau Franziska und der kleine Mats, der sechsjährige Sohn der beiden. Und dann ist noch Jurek dabei, der mir die Tür geöffnet hat. »Unser polnischer Freund«, nennt ihn der alte Sauer. Klara und Franziska tragen das Essen auf: Hähnchen, Reis, Paprika. Der alte Sauer sagt ein Gebet vor dem Essen, auch der kleine Mats faltet die Hände. Die Erwachsenen beugen den Kopf und murmeln mit. Später tragen die Frauen das benutzte Geschirr raus und holen eine Quarkspeise aus der Küche. Als ich ihnen helfen will, winken sie ab. Ich bleibe also zwischen dem schnaufenden Alten, dem jungen Sauer und dem schweigsamen Jurek am Tisch und weiß nicht, was ich mit denen reden soll. Der kleine Mats tritt mich unterm Tisch und zieht eine Fratze. Ich trete zurück, natürlich nicht fest. Mats grinst mich an, eine Zahnlücke klafft in seinem Mund. Ob David auch schon eine Zahnlücke hat oder zumindest einen Wackelzahn? Wahrscheinlich nicht, er ist ein Stückchen jünger als Mats. Ich habe mich schon ewig nicht mehr bei meiner Familie gemeldet. Ich weiß nicht, wie es ihnen geht, nicht einmal von meiner Mutter weiß ich das. Und während ich die sahnige Quarkspeise löffle, nehme ich mir fest vor, noch heute in der Heimat anzurufen.

Am Nachmittag fahre ich mit Jurek, dem alten und dem jungen Sauer in den Nachbarort zur Baustelle. Das Gebäude, das wir bearbeiten sollen, ist eingerüstet. An einer der Außenwände gibt es ein altes Fresko, das einmal überputzt wurde. Wir sollen es wieder freilegen. Ein Fresko ist eine Wandmalerei, bei dem die Farbpigmente auf den noch nicht ganz trockenen Putz aufgetragen werden und sich so mit ihm verbinden. Das ist ein relativ aufwendiges Verfahren, mehrere Putzschichten müssen aufgetragen werden, bevor die Wand bemalt werden kann. Unter anderem deshalb ist ein Fresko so wertvoll. Jurek und ich stehen auf dem Gerüst und schaben mit einem Skalpell und einem Hämmerchen Putzstücke von der historischen Malerei. Gegen die Sonne haben wir ein Tuch ans Gerüst gebunden, damit sie uns wenigstens nicht direkt auf den Kopf scheint.

»Bist du auch Restaurator?«, frage ich.

Jurek lächelt. »Ich bin Pole. Polen können alles.«

Er erzählt, dass er den alten Sauer im Urlaub auf der Insel Wollin kennengelernt hat. Die beiden haben offenbar das ein oder andere Glas miteinander geleert. Jedenfalls hat der alte Sauer Jurek für den nächsten Sommer nach Deutschland eingeladen. Das ist etwa 20 Jahre her, seitdem kommt Jurek jeden Sommer. »Ich helfe meinem Freund«, sagt Jurek und wirft einen Blick zum alten Sauer, der es sich in einem Plastikstuhl im Schatten bequem gemacht hat und uns von dort beobachtet. Mit schnellen, sicheren Bewegungen kratzt Jurek den Putz ab und legt Zentimeter für Zentimeter gelbe Farbe frei, als würde er das schon seit Jahren machen. Jeder Handgriff sitzt, nicht eine einzige Kerbe haut er in die Farbschicht. Er arbeitet wie jemand, der das gelernt hat.

»Komm mal runter, Resi«, ruft Ingo. »Jurek braucht da oben keine Hilfe mehr.« Ich sehe mir die Wand an. Noch nicht einmal ein Quadratmeter ist freigelegt. Jurek wird noch locker den ganzen Sommer brauchen, wenn ihm keiner hilft. Ich zucke die Schultern und klettere das Gerüst runter.

»Hier unten muss ein Befund gemacht werden. Der Besitzer sagt, dass schon mal vor vielen Jahren etwas ausgebessert wurde. Fang mal hier an.« Ingo zeigt auf die Wand und auf einen Werkzeugkasten, der auf dem Boden steht, dann ist er verschwunden. Später sehe ich ihn im Schatten bei seinem Vater stehen. Der Alte deutet auf das Haus, es sieht aus, als würde er seinem Sohn etwas erklären. Ich habe das Gefühl, ihn schnaufen zu hören. Mit einem Hämmerchen schlage ich ein kleines Loch in die Wand, bis zum Mauerwerk. Dann noch eins direkt daneben, lasse dabei aber die tiefste Putzschicht stehen, dann wieder ein Loch, bei dem ich zwei Putzschichten stehen lasse, und so weiter, bis ich bei der obersten Schicht angekommen bin. Hier in Bayern nennt man das »Trepperl«. Ich schlage also eine Art Treppe in die Wand, um zu sehen, aus welchen Schichten sie besteht. Das Schnaufen des Alten höre ich wieder lange, bevor er mich erreicht hat. Es hört sich ganz und gar nicht gut an, und irgendwann ist es direkt in meinem Nacken. Bitter und feucht riecht es, nach Schweiß und anderen ungesunden Ausdünstungen. Seine Hand fasst um meinen Arm, ich kann gerade noch den Impuls unterdrücken, ihn wegzustoßen.

Stattdessen trete ich einen großen Schritt beiseite, um den Abstand zwischen uns zu vergrößern.

»Sie!«, sagt der Alte. »Was machen Sie denn da?«

»Ihr Sohn sagt, ich soll Befunde machen.«

»Ja, aber Sie machen die Löcher ja viel zu klein. So geht das!« Herr Sauer reißt mir den kleinen Hammer aus der Hand und hackt auf die Wand ein, dass die Putzbrocken nur so durch die Gegend fliegen. Mein schönes Trepperl ist zerstört. Herr Sauer hat einfach mittenrein ein Loch gehackt. »So groß muss das sein. Merken's sich das.« Herr Sauer schnappt nach Luft und wankt wieder zu seinem Stuhl zurück. Sprachlos stehe ich vor dem zerhackten Trepperl und fühle mich wie ein Lehrling. Den ganzen Nachmittag brauche ich, um die Löcher im Putz wieder so hinzukriegen, dass man die einzelnen Putzschichten gut erkennen kann.

»Du brauchst aber lange«, sagt Ingo, als er kommt, um sich meine Arbeit anzusehen. »Und die Löcher sind ja riesig. Kannst die net kleiner machen? Du machst die Wand ja ganz kaputt.«

Der Alte sitzt im Schatten und blickt zu uns herüber. »Da müssen Sie aber noch eine ganze Menge lernen«, ruft er herüber. Keinen Ton dazu, dass er mir in die Arbeit gepfuscht hat. Ich spüre den Puls an meinem Hals und beiße mir auf die Lippen. Wenn ich jetzt was gegen den Alten sage, mache ich es nur noch schlimmer.

Ich kann in einem kleinen Zimmer im Haus neben dem der Sauers schlafen. Die Nachbarfamilie stellt es zur Verfügung. Es steht ein Bett drin, ein Stuhl und ein Tisch, außerdem eine Kommode mit einem Deckchen drauf. An der Wand hängt ein Kreuz, der sterbende Jesus daran sieht ein bisschen aus, als würde er lächeln. Vom Fenster aus sehe ich auf die Werkstatt der Sauers. Mats steht im Hof und winkt mir mit einem Spielzeugtrecker zu. Ich weiß nicht mal, ob mein Neffe immer noch mit Autos spielt. Vielleicht kann mir Mats sagen, was dreijährige Jungen so mögen.

»Reserl!« Meine Mutter ruft meinen Namen so laut, als würde sie die ganze Nachbarschaft informieren wollen, dass ich anrufe. »Geht's dir gut? Wo bist du?«, fragt sie etwas leiser.

»Ich bin in Bayern und hab Arbeit. Wie geht's dem Kleinen?«

»Ach, Reserl!«

Die Stimme meiner Mutter ist ganz weich und besorgt, so wie früher, wenn ich krank war oder mit blutigem Knie nach Hause kam. Und aus irgendeinem Grund drückt etwas in meinem Hals. Ich stehe im Schein der Neonröhre im Büro. Ingo hat mir erlaubt, das Telefon zu benutzen. Durch das Fenster kann ich sehen, wie er sich in der Werkstatt über die Marienstatue beugt und mit einem Pinsel daran herumwischt. Offenbar hat er nicht vor, mich allein zu lassen beim Telefonieren. Selbst wenn er nicht hören kann, was ich sage, so kann er mich doch beobachten.

»Ich kann nicht lange sprechen, Mama. Das ist der Apparat in der Werkstatt.«

»Ist gut, Reserl.« Meine Mutter kann ihre Enttäuschung schlecht verbergen. Ich bin auch enttäuscht, ich hätte gerne ein bisschen mit meiner Mutter geplaudert. Aber hier im Neonlicht unter dem Blick meines Chefs geht das nicht. Als ich auflege, weiß ich immerhin, dass mein Neffe Trecker mag und Polizist werden möchte. Um ihn selbst zu fragen, ist es zu spät, er liegt schon im Bett.

Am nächsten Tag fahren Jurek und ich alleine raus zur Baustelle. Wieder stehen wir oben auf dem Gerüst und schaben Putz von der Malerei. Ich habe mein eigenes Skalpell mitgebracht, weil ich mit dem am besten arbeiten kann. Jurek arbeitet, ohne Pausen zu machen, schnell und konzentriert. Einmal raucht er eine Zigarette in hastigen Zügen, als hätte er Angst, etwas zu verpassen. Ab und zu guckt er, was ich mache, und nickt mir zu. Gegen Mittag fährt der Alte mit seinem Sohn vor. Das Gerüst wackelt, es schnauft und pfeift, offenbar kommt der Alte höchstpersönlich hoch. Ächzend schiebt er seinen Körper auf unsere Ebene. Die Balken unter meinen Füßen zittern, als er näher kommt. Ich grüße kurz und versuche, mich auf meine Arbeit zu konzentrieren. Aus den Augenwinkeln sehe ich, dass Jurek es genauso macht. Mit dem Skalpell kratze ich weiße Putzstückchen von gelbem Untergrund, wische mit dem Glasfaserpinsel Staub weg und kratze wieder. Das Schnaufen ist inzwischen direkt hinter mir. Herr Sauer bläst mir seinen warmen Atem direkt in den Nacken. Und wieder riecht es bitter und ungesund nach seinem Schweiß. Behutsam, um das Fresko nicht zu verletzen, kratze ich eine kleine Putzscholle herunter, da legen sich fleischige Finger um mein Handgelenk. Mit der anderen Hand greift der Alte mein Skalpell. »Wie machen Sie das denn?«, ruft er. »Das geht so!« Und mit wuchtigen Bewegungen hackt er in die Wand, dass Putz und gelbe Farbe die Wand herunterrieseln. Das Fresko hat eine deutliche Kerbe abgekriegt. Der Alte scheint es nicht zu bemerken und haut gleich noch mal rein. »So geht das! Net so langsam! Sie können aber auch wirklich gar nichts, Theresa!«

Wieder spüre ich die Ader an meinem Hals pochen, mein ganzer Körper bebt förmlich vor Wut.

»Jetzt reicht's!«, sage ich langsam und deutlich. »Sie geben mir jetzt sofort mein Messer wieder. Sie haben zwei Kerben in das Fresko geschlagen, und ich bin nicht bereit, dafür die Verantwortung zu übernehmen.«

Der Alte schnappt nach Luft. Ich nutze die Gelegenheit, ihm mein Werkzeug wieder abzunehmen.

»Wie gehen Sie mit mir um! Des is a Unding. Ich bin älter als Sie, mir gebührt Respekt.«

»Respekt erwirbt man nicht durch Alter. Respekt verdient man sich. Und Sie haben sich mit dieser Aktion hier nicht meinen Respekt verdient. Würden Sie mich jetzt meine Arbeit tun lassen?«

Herrn Sauers Gesicht ist knallrot. Er macht den Mund auf, als wollte er etwas sagen, aber er atmet nur kurz und schnell, als bräuchte er gerade besonders viel Luft. Er stützt sich an einer Gerüststange ab, seine Hände tasten an der Stange entlang Richtung Leiter, langsam bewegt er sich dorthin und klettert hinunter. Es dauert eine ganze Weile, bis das Gerüst nicht mehr unter seinem Gewicht zittert. Ich atme auf. Jurek runzelt die Stirn. »Vor Kurzem hatte er einen Herzinfarkt. Ich hatte Angst, dass er vom Gerüst fällt«, sagt er. Dann hellt sich sein Gesicht für eine Sekunde auf. »Aber gut.« Unsere Blicke begegnen sich in stillem Einverständnis, dann arbeiten wir weiter, unbehelligt bis zum Abend.

Nach dem Abendessen will ich eigentlich gleich in mein Zimmer gehen, aber Ingo hält mich zurück. »Warte, Theresa. Wir müssen uns noch mal unterhalten.«

Ich habe kein gutes Gefühl, der Alte hat sich sicher über mich beschwert. Im Büro setzt Ingo sich umständlich hinter seinen Schreibtisch, seine Kopfhaut glänzt im Neonlicht. Ich nehme auf einem schmalen Hocker Platz. »Horch, Theresa, ich und mein Vater haben uns deine Arbeit angesehen. 20 Euro können wir dir dafür ned zahlen.«

Ich hatte eher damit gerechnet, dass er mir sagt, ich solle respektvoller mit seinem Vater umgehen – dass er den Lohn drücken will, ist echt ein starkes Stück.

»Schau, Theresa, der Jurek arbeitet für acht Euro die Stunde, und der macht viel mehr als du. Wir können dir ned mehr zahlen als dem. Du kannst ja gar ned anpacken wie der. Und du hast ja auch noch gar ned das Fachwissen.«

Ich weiß nicht, was die größere Frechheit ist – dass der »polnische Freund«, der kaum eine Pause macht und ackert wie eine Fachkraft, nur acht Euro kriegt, oder dass er mir unterstellt, ich hätte kein Fachwissen und könnte nicht anpacken.

Ich atme tief durch. »Gut«, sage ich, »das können wir so

machen. Dann war das heute mein letzter Arbeitstag hier. Morgen bin ich weg.«

Ingo hebt die Augenbrauen. »Gut«, sagt er, und es klingt, als würde er versuchen, gleichgültig zu klingen.

Das ist der Vorteil am Wandergesellinnendasein. Ich kann einfach gehen, wann es mir passt. Ich bin keinem verpflichtet, und wenn mir einer doof kommt, bin ich weder durch einen Vertrag noch durch Hab und Gut an einen Betrieb gebunden. Der Abschied vom Alten fällt kühl aus: ein kurzer Händedruck, er sieht mir nicht mal ins Gesicht dabei. Ingo macht es genauso. Mats will mir noch seinen Lieblingsbagger schenken, aber ich erkläre ihm, dass ich selbst einen tollen Bagger habe. Er soll seinen lieber behalten. Jurek legt seine rauen Hände für einen kurzen Moment um meine. »Du bist gut!«, sagt er. »Pass auf dich auf.«

Ich schultere mein Gepäck und blicke nicht zurück, als ich die Straße Richtung Dorfausgang nehme.

Ob die Sauers einen männlichen Kollegen auch so im Lohn gedrückt hätten? Hätte ein Mann sich so etwas bieten lassen? Jurek lässt sich das offenbar schon seit Jahren gefallen. Wahrscheinlich würde ein Wandergeselle nicht einmal einen halben Tag dort bleiben. Aber Ingo sagte ja, dass sie meistens mit Praktikantinnen arbeiten, jungen Frauen, die sich abrackern, ohne einen Cent dafür zu sehen. Ich jedenfalls kann nur jedem – Frau oder Mann – raten, bloß da zu arbeiten, wo man auch anständig behandelt wird.

FREMD UND VERBUNDEN – FREUNDSCHAFT AUF DER WALZ

SOMMERBAUSTELLE MIT HUND

Keine einzige Wolke am Himmel. Ab Mittag ist es nur im Schatten auszuhalten. Von der Baustelle höre ich das Klopfen eines Hammers, eine Säge kreischt, irgendjemand ruft etwas. Ein Wunder, dass die in der Hitze arbeiten können. Ich habe mir einen Tisch unter einen Apfelbaum gezogen und sitze vor einem Stapel Wanderbücher. In jede Fleppe muss ein Stempel. Hier, auf der Sommerbaustelle in Lüchow, bin ich für den Fleppenschnack zuständig.

Sommerbaustellen gibt es in jedem Jahr. Reisende Handwerker treffen sich hier, um an einem bestimmten Bauprojekt mitzuarbeiten. Wir verzichten dabei auf den Arbeitslohn und arbeiten allein für Kost und Logis. Ein paar von uns organisieren Lebensmittelspenden, und wenn wir doch etwas kaufen, übernimmt der Bauträger die Kosten. Wir schlafen hier in großen Zelten, die mit Stroh ausgelegt sind, einige von uns kochen für alle. Dahinter steht die Idee, der Bevölkerung etwas zurückzugeben, es ist ein Dankeschön für die vielen Menschen, die uns spontan bei sich schlafen lassen, uns beim Trampen mitnehmen oder uns ein Getränk ausgeben. Ein Vorbereitungsteam sucht das Bauprojekt aus und baut dann, bevor es losgeht, sanitäre Anlagen, eine Beiz und einen Zuber, das ist eine Art Riesen-Outdoor-Badewanne, in der man sich nach getaner Arbeit ausruhen kann. Die Arbeit ist aufgeteilt nach Können und Wollen. Die Leute im Vorbereitungsteam kümmern sich auch um die Arbeitsorganisation. In der letzten Woche war ich in der Küche und habe kiloweise Kartoffeln geschält und Spaghetti gekocht, dann war ich in der Werkstatt, um Bretter für die Deckenverkleidung des Gebäudes zurechtzusägen. Jetzt bin ich, wie gesagt, für den Fleppenschnack zuständig. Mirko Holzbildhauer hat einen Stempel geschnitzt. Die Umrisse des Schulgebäudes, das wir bauen, sind drauf, auf dem Dach sitzen drei Gesellen. Ich drücke den Stempel aufs Papier und schreibe meist auch noch dazu, was die Gesellin oder der Geselle hier arbeitet, oder ich verpasse einem der Gesellenfiguren auf dem Stempelbild eine farbige Kluft. Aber langsam gehen mir die Ideen aus. Die Hitze dringt auch hier in den Schatten, ich kann kaum noch denken. Für einen Moment schließe ich die Augen, um mich zu konzentrieren. Als ich sie wieder öffne, sehe ich eine Frau. Sie kommt von der Baustelle in meine Richtung, ohne Kluft, um ihren Hals weht ein buntes Tuch.

»Darf ich mich zu dir setzen?«, fragt sie.

Ich nicke.

Sie schiebt ein paar Fleppen zur Seite, setzt sich auf den Tisch und lässt die Beine baumeln. »Ich bin Birgit«, sagt sie. Sie hat ein Septum-Piercing, einen silbern glänzenden Ring durch die Nasenscheidewand. Wenn meine nicht so schief wäre, würde ich mir auch so eins machen lassen.

»Und was machst du hier, Birgit?«, frage ich.

»Ich bin Interessentin. Im nächsten Jahr möchte ich losgehen.« Sie mustert mein rotes Jackett, das neben mir im Gras liegt. »Ich werde übrigens auch eine rote Kluft tragen!«

»Is ja auch am coolsten«, sage ich. »Auch mit weißer Hose?«
Ich hebe das Bein, um meine Hose zu zeigen.

»Äh, nee, rote Hose. Was ist man denn, wenn man rot und weiß trägt?«

»Dann ist man Kirchenmalerin. Wusstest du, dass das der beste Beruf der Welt ist?«

Das Grinsen in Birgits Gesicht ist ein bisschen verlegen und ein bisschen belustigt. So, als würde sie sich nicht trauen zu lachen.

»Und was bist du?«, frage ich sie.

»Ich hab den zweitbesten Beruf der Welt«, sagt sie. »Ich bin Schneiderin.«

Am Abend treffe ich Birgit wieder in der Beiz. Sie steht an dem soliden Holztresen, über den eine Art Pavillon aus Ästen gebaut ist.

»Du bist ja immer noch da. Schläfst du etwa hier?«, frage ich.

Wieder lächelt sie, als ob sie nicht sicher sei, ob sie über mich lachen darf. »Ich schlaf dahinten.« Sie deutet auf eins der Zelte, die um die Beiz herum aufgebaut sind. Dann strahlt ihr Gesicht plötzlich, als wäre eine Lampe darin angeknipst worden: »Stell dir vor, ich habe eine Schneiderin gefunden, die mich losbringt.«

»Das ist ja cool. Du musst dich unbedingt melden, wenn du auf Wanderschaft bist.«

Wir grinsen uns an, und ich bin ganz sicher, dass Birgit Schneiderin und ich uns noch öfter begegnen werden.

Zwei Tage später stehen wir auf dem Gerüst vor dem Rohbau des Landschulgebäudes. Wir, das sind praktisch alle anwesenden Gesellen, nach meiner Rechnung etwa 50. Aber ich kann mich täuschen. Birgit ist heute früh wieder abgereist. Andere werden noch erwartet. Der Dachstuhl ist fertig, und das Richtfest wurde gestern mit viel Bier und Wein gefeiert. Nun posieren wir also auf dem Gerüst für einen Journalisten der örtlichen Presse. Es soll demnächst irgendwo ein Bericht über unsere Arbeit erscheinen. Ich stehe zwischen Isa Schneiderin und Frede Goldschmiedin, die auch zugereist sind, und blicke über das flache Land. Der Weg, der zur Baustelle führt, ist schmal und wenig befahren, aber jetzt rast da ein silberner Luxusschlitten direkt auf uns zu.

»Guck mal«, sage ich zu Isa. »Sieht aus, als wollte der zu uns.«

Die anderen recken schon die Köpfe, der Wagen ist jetzt auch zu hören.

»Sieh dir das mal an!«

»Du heilige Scheiße.«

Längst hat der Journalist die Kamera gesenkt. An ein Foto ist gerade nicht zu denken. Mit quietschenden Reifen kommt der Wagen zum Stehen.

Ein anerkennender Pfiff geht durch die Reihen. »Wer kommt denn hier mit 'nem Jaguar?«, fragt Nadim Tischler.

Die Beifahrertür geht auf, ein kleiner, schwarzer Welpe hüpft aus dem Wagen und schnüffelt aufgeregt am Boden herum. Dann steigt eine große Frau in schwarzer Kluft aus. Um die 100 Augenpaare schauen sie an.

»Das ist ja ein netter Empfang«, ruft sie uns zu. »Hi! Ich bin Bianca.« Sie zeigt auf den Welpen, der noch immer aufgeregt herumschnüffelt. »Und das ist Lliurona.«

Der Journalist winkt sie her: »Perfektes Timing, komm schnell auch noch aufs Bild!«

Eine kleine Staubwolke wirbelt auf, als der Jaguar wendet und zurück auf die Landstraße fährt.

Später treffe ich Bianca und Lliurona am Kiosk. Auch den haben wir extra für die Sommerbaustelle installiert. Hier werden Schokolade, Zigaretten und viele andere nötige und unnötige Dinge angeboten.

»Cooler Auftritt heute.«

Bianca zuckt mit den Achseln. »Seit ich den Welpen habe, nehmen mich nur noch solche Fahrer mit.«

»Krass!«

»Ich muss mir dann die ganze Fahrt anhören, dass sie auch so tolle Hunde haben.«

Lliurona stupst mich an. Ich gehe in die Hocke und streiche über das schwarze Fell der Hündin. Es ist unfassbar weich.

»Ist das ein Mischling?«

»Ja, Schäferhund und Labrador oder so was Ähnliches.«

Bianca geht auch in die Knie, unter ihrer Melone kann ich dunkle Locken erkennen. Lliurona hopst auf sie zu und leckt mit ihrer kleinen, rosa Zunge ihre Hände ab.

»Die ist so herzig«, sagt Bianca und sieht ihren Hund verliebt an.

Eine Weile hocken wir so und schauen dem Knäuel zu, wie es zwischen uns hin und her flitzt. Dann legt sich Biancas Stirn in Falten. »Manchmal bin ich unsicher, ob ich der Kleinen ein gutes Leben bieten kann. Das ist schon speziell auf Tippelei. Und es gibt auch Gesellen, die keinen Bock auf Hunde haben.«

»Ich finde Lliurona jedenfalls super!«, sage ich. Bianca strahlt mich an, als hätte ich ihr gerade ein Geschenk gemacht.

»Weißt du, wo ich gerne mal wieder hinfahren würde?«, fragt Bianca. Wir liegen vor den Zelten im Gras und sehen Lliurona zu, wie sie versucht, in ihren eigenen Schwanz zu beißen.

»Wohin denn?«

»Nach Spanien. Ich hab ewig nicht mehr Spanisch gesprochen. Ich muss das dringend wieder auffrischen.« Sie wendet mir den Kopf zu. »Komm doch mit.«

»Klingt eigentlich gut, aber ich kann kein Wort Spanisch.«

»Dann fahren wir halt nach Frankreich«, schlägt Bianca vor.

»Französisch kann ich erst recht nicht. Wenn wir danach

gehen, kommt für mich nur England infrage. Englisch ist die einzige Sprache, die ich halbwegs beherrsche.«

»Alles klar. Dann lass uns nach England fahren.«

»Hast du denn Geld?«

»Nö, du?«

Es gibt zwei Möglichkeiten, auf Wanderschaft an Geld zu kommen: Die eine ist Arbeit, die andere nennen wir »schmal machen«. Und das geht so: Man geht in möglichst vielen Orten zum Bürgermeister und/oder zur Handwerkskammer, da spricht man vor und bittet um eine kleine Reiseunterstützung. Damit zeigen wir Wandergesellinnen und Wandergesellen nach altem Brauch, dass wir vor Ort sind und Arbeit suchen. Die Reiseunterstützung gibt's dabei nicht immer. Wenn man was bekommt, dann sind das in der Regel zwischen fünf und zehn Euro. Besonders ergiebig ist das nicht, aber ich kriege auf die Schnelle keine Arbeit in der Gegend, und Bianca hat mit der Hündin auch Schwierigkeiten, einen Krauter zu finden – dabei ist sie Tischlerin, die haben es bei der Arbeitssuche meistens leichter als Kirchenmalerinnen.

»Schmal machen« kann man aber auch anders. Manche Wandergesellen gehen in Kneipen oder Restaurants, sagen dort vor den anwesenden Gästen ihren Schnack auf und gehen dann mit dem Hut rum. Für mich ist das nichts. Ich komme mir dabei vor, als wäre ich eine Jahrmarktsattraktion, die man gegen Geld ansehen und ansprechen darf. Ich fühle mich wohler, wenn ich Geld durch Arbeit verdiene oder eben aus den Kassen der Rathäuser unterstützt werde.

ENGLAND MIT AKKORDEON

Die Blätter der Bäume verfärben sich schon. Der Sommer neigt sich spürbar dem Ende, als wir Calais erreichen. Bianca hat Lliurona bei Freunden gelassen, nach England wollte sie sie lieber nicht mitnehmen. Dafür hat sie jetzt ein Akkordeon dabei, damit wir ein bisschen musizieren können unterwegs. Sie hat es mit ihrer Charlie-Rolle zusammengebunden und trägt es auf einer Kraxe auf dem Rücken. Schwer sieht das aus. Bianca muss sich ein bisschen nach vorne beugen, um das Gewicht zu tragen.

Unsere Mitfahrgelegenheit lässt uns am Hafen raus. Wir stehen vor einem irrsinnig weitläufigen, betonierten Gelände mit riesigen Parkplätzen. Irgendwo am Ende dieses Geländes müssen auch die Fähren stehen. Das Meer ist ganz weit hinten zu erahnen, ich kann es riechen. Keine Ahnung, wie man da als normaler Fußgänger hingelangt. Hier scheint alles auf Autos ausgelegt zu sein. Der Wind reißt an unseren Hüten, Möwen kreischen über unseren Köpfen. Ratlos blicken Bianca und ich uns um.

»Lass uns die Autofahrer auf einem der Parkplätze ansprechen«, sagt Bianca.

Wir klopfen an das Fenster eines dunkelblauen Audis. Drinnen sitzt ein Mann und telefoniert. Mit einer Handbewegung deutet er uns an, dass wir weggehen sollen. Ein Mann in einem Ford mit englischem Kennzeichen schüttelt bedauernd den Kopf. Eine Frau verriegelt vorsorglich von innen die Türen, als wir uns ihrem Auto nähern. Dann hupt es. Der Fahrer eines Lkw mit deutschem Kennzeichen winkt uns zu sich.

»Wo wollt ihr hin?« fragt der Mann am Steuer. Er spricht Deutsch mit Akzent.

»Nach England.«

»Egal wo?«

»Wo fährst du denn hin?«, frage ich.

»Nach London.«

»Super, da wohnt mein alter Freund Mike. Lass uns nach London fahren«, sagt Bianca.

Der Fahrer lacht und lässt uns einsteigen. Er heißt Hakan und hat zwei Töchter in unserem Alter.

»Ist doch ganz normal, dass ich euch mitnehme«, sagt er. Als wir an der Fähre unsere Portemonnaies zücken, winkt er ab. »Lasst mal. Das braucht ihr nicht.«

Während der Überfahrt bleiben wir in Hakans Fahrerkabine. Links von uns parken andere Lkw, rechts führt eine Treppe irgendwo hin. Würden wir das Schaukeln des Schiffs nicht spüren, dann könnten wir auch in einem Tunnel feststecken. Hakan streckt seine Glieder und macht es sich bequem. »Wir können einen Film ansehen, bis wir da sind«, schlägt er vor. Und weil wir nichts dagegen einzuwenden haben, drückt er auf einem Bildschirm herum. Wir sehen einem kleinen Roboter bei seinen Abenteuern zu, während wir über die Nordsee nach England übersetzen.

Dicke Regentropfen klatschen gegen die Windschutzscheibe, als wir von der Fähre rollen.

»Willkommen in England«, lacht Hakan.

Die Straßen kommen mir hier deutlich enger vor als in Deutschland. Bewundernd sehe ich zu, wie Hakan sich ohne Weiteres links in den Verkehr einordnet.

»Ich war schon paar Mal hier«, sagt er, als er meinen Blick bemerkt.

Hakans Laster ruckelt ziemlich, als wir auf die Schnellstraße fahren. Von unserem Platz in der Fahrerkabine haben wir einen guten Blick auf die Gegend. Auf einem Feld liegen runde Strohballen aufgereiht, am Ende steht ein Herrenhaus aus Feldstein, aus einer kleinen Ortschaft ragt ein Kirchturm aus dem gleichen Material. Der Regen legt einen grauen Schleier über alles.

Irgendwann wird die Besiedelung dichter, ein Haus reiht sich an das nächste, Einfahrten, Garagen, Einkaufszentren. Hakan schaltet einen Gang runter. Auch der Verkehr ist dichter geworden.

»Hier muss ich euch rauslassen«, sagt er schließlich. »Wisst ihr denn, wo euer Freund wohnt?«

Bianca kramt die Adresse raus und zeigt sie Hakan. »Tja, da müsst ihr euch irgendwie durchfragen. Ich hab keine Ahnung, wo das ist.«

Und dann stehen wir auf einer zugigen Straße und winken Hakan hinterher, der mitsamt seiner gemütlichen Fahrerkabine im nächsten Kreisverkehr verschwindet.

Mike wohnt in Norbury, das ist ein Vorort im Süden von London. Eine ältere Engländerin sagt uns, wir sollten die Bahn dahin nehmen. Und weil wir mit unserem Schnack am Schalter nicht weiterkommen, gönnen wir uns ausnahmsweise eine Fahrkarte, von der Victoria Station Richtung Vorstadt. Im Zug merke ich, wie wir von einer Gruppe Damen angestarrt werden, als würden wir irgendwas im Schilde führen. Ich lächle so freundlich ich kann in ihre Richtung. Die Damen sehen weg, als hätte ich etwas Unanständiges gemacht. Vielleicht kennen sie die Tradition des Gesellenwanderns einfach nicht und denken, wir wären christliche Fundamentalisten oder so was.

Der Bahnhof von Norbury liegt direkt an der Hauptstraße. Ein Geschäft reiht sich an das nächste – Supermärkte, Friseure, Schnellimbisse.

»Bist du sicher, dass wir hier richtig sind?«, frage ich. Die Häuser sind hier deutlich niedriger als da, wo wir gerade herkommen, höchstens dreistöckig, und überhaupt sieht es hier irgendwie aus wie in einer Kleinstadt, nicht wie in London.

Bianca packt einen Stadtplan aus, den wir von der Touristeninformation an der Victoria Station bekommen haben. »Geradeaus, die zweite links und dann noch mal ein Stück geradeaus. Ist nicht weit«, sagt sie nach einem Blick auf die Karte. Während wir die Hauptstraße passieren, werfe ich einen sehnsüchtigen Blick auf die Fast-Food-Läden. Aus einem Imbiss duftet es verführerisch nach Burgern und Chicken Wings, beim nächsten riecht es nach Pizza. Mein Magen knurrt, hoffentlich ist Mike zu Hause.

Mike wohnt in einer Straße, in der lauter kleine, weiße Häuschen mit Erkern und spitzen Giebeln stehen. Hier wirkt alles sauber, durchorganisiert und irgendwie gemütlich. Aber auf unser Klingeln reagiert keiner.

»Und jetzt?« frage ich Bianca.

»Warten wir halt.«

»Und was, wenn der heute gar nicht mehr wiederkommt?« Ich spüre meinen leeren Magen.

»Erst mal warten wir.«

Bianca lässt vorsichtig ihr Gepäck von der Schulter und verzieht das Gesicht für einen Moment. »Scheiße, warum hab ich nur das Akkordeon mitnehmen müssen«, stöhnt sie. Dann setzt sie sich im Schneidersitz auf den Bürgersteig, packt das Instrument aus und beginnt darauf herumzuklimpern. Eine Frau dreht sich erschrocken nach uns um und beschleunigt dann ihre Schritte. Bianca spielt gerne, was nicht heißt, dass sie gut spielt. Ständig sucht sie nach den richtigen Tönen. Ich kann die Melodien nur deswegen erkennen, weil ich weiß, welche Lieder sie mag. Und irgendwann singe ich mit, schlimmer kann es dadurch auf keinen Fall werden:

Auf vielen Straßen dieser Welt,
habt ihr Euch sorglos rumgetrieben,
so ohne Geld und ohne Zelt,
der Tippelei verschrieben.

Ein älterer Mann schüttelt den Kopf und wechselt die Straßenseite. Aus einem der Nachbarhäuser schaut eine Frau mit Lockenwicklern im Haar aus dem Fenster. Für einen kurzen Augenblick sieht sie uns zu, als könnte sie nicht fassen, dass wir das hier wirklich tun, dann schließt sie das Fenster mit einem Ruck.

Irgendwann fallen uns keine Lieder mehr ein. Bianca lässt das Kinn auf das Akkordeon sinken. Ich lehne mich an sie. Die Straße ist jetzt fast menschenleer, nur ab und zu fährt ein Wagen vorbei. Wir scheinen alle mit unserer Musik vertrieben zu haben. Mein Magen meldet sich wieder.

»Guck mal, Resi, da vorne ist einer. Wenn der hier in der Straße wohnt, dann könnte der doch Mike kennen.«

Tatsächlich geht ein junger Mann zielstrebig auf das Haus gegenüber zu. Wir springen auf und laufen zu ihm. Unser Gepäck lassen wir liegen.

»Hey, kann ich dich mal was fragen?«, versuche ich es auf Englisch.

Der Mann ist etwa in unserem Alter. Sommersprossen sprenkeln sein ganzes Gesicht. In der einen Hand trägt er eine Tüte mit Einkäufen, in der anderen drückt er mit seinem Handy herum. Er blickt uns etwas verwirrt an und nickt.

»Kennst du die Leute, die da drüben wohnen?«

»Leider nein«, antwortet er. »Warum, was ist mit denen?«

»Wir warten auf die, Mike ist ein Freund von mir.«

»Kann sein, dass ich ihn schon mal gesehen habe, aber gesprochen hab ich noch nicht mit ihm. Erwartet er euch?«

»Nicht direkt, aber wir brauchen was zum Übernachten, und er ist der Einzige, den wir hier kennen.«

Der Typ sieht so aus, als würde er uns nicht richtig verstehen, dann sagt er: »Ihr könnt bei mir warten, wenn ihr wollt. Ich heiße übrigens Matt.«

Matt wohnt mit zwei Frauen in einer WG, Rachel und Sky. Rachel redet so schnell, dass ich Mühe habe, sie zu verstehen. Sky kommt aus Schottland und spricht Englisch mit einem starken Akzent. In der geräumigen Küche sitzen wir bei Schwarztee und Scones zusammen. Aus dem Fenster heraus haben wir einen guten Blick auf Mikes Haus.

»Delicious!,« sage ich mit vollem Mund und meine die Scones. Es tut gut, endlich etwas in den Magen zu bekommen.

»Danke, hab ich selbst gemacht.« Rachel strahlt.

»Was hat's mit eurer Uniform auf sich?«, fragt Sky.

Bianca und ich holen tief Luft. Auf Deutsch können wir diese Frage im Schlaf beantworten, auf Englisch haben wir beide noch nicht von der Wanderschaft erzählt. »We are Journeymen«, beginnt Bianca. Während wir reden, gehen die ersten Straßenlaternen an. Vor Mikes Tür regt sich nichts, hinter den Fenstern sieht es nach wie vor dunkel und leer aus.

»Wollt ihr Pizza mit uns essen?«, fragt Matt irgendwann.

Bianca und ich nicken.

»Und was macht ihr, wenn euer Freund heute nicht zurückkommt?«, fragt Sky, als wir die Pizza aus dem Ofen geholt haben und in kleine Stücke schneiden.

»Keine Ahnung«, gebe ich zu.

»Ihr könnt gerne bei uns schlafen, wir haben ein Gästezimmer«, sagt Matt.

Bianca und ich blicken uns an. Um ganz ehrlich zu sein, haben wir gehofft, dass er uns das anbieten würde.

Als wir am nächsten Morgen in die Küche kommen, sitzt Sky dort am Esstisch, der noch vom Vorabend mit Biergläsern und Tellern vollgestellt ist. Vor ihr steht eine Schale, in der Frühstücksflocken in Milch schwimmen. Den Kopf auf die Hände gestützt, starrt sie in die Schüssel. Erst als ich mich neben sie setze, sehe ich, dass sie weint.

»Was ist los?« Vorsichtig lege ich meine Hand auf ihren Arm.

»Hast du's nicht mitgekriegt?«, schluchzt sie und reibt mit einem Taschentuch über ihre Nase.

Bianca und ich schauen uns an. »Nein, was ist passiert?«

»Das ist soo furchtbar ...« Skys Augen sind rot geschwollen. Ich werde ganz unruhig, weil ich gleich an irgendeine Katastrophe denke, einen Krieg, einen atomaren Unfall ...

»Patrick Swayze«, schluchzt Sky schließlich. »Er ist letzte Nacht gestorben.«

»Patrick Swayze?«, fragen Bianca und ich im Chor.

»Das ist aber traurig«, sagt Bianca.

»Tut mir leid. Kanntest du ihn persönlich?«, frage ich.

Sky schüttelt den Kopf, putzt sich theatralisch die Nase und erklärt: »Er war nur ... er war einfach ein großartiger Schauspieler. Heute Abend schau ich ihm zu Ehren *Dirty Dancing*. Ihr könnt gerne dabei sein.« Dann, bevor sie sich ihren Zerealien widmet, fügt sie hinzu: »Übrigens ist euer Mike jetzt da.«

Wir entscheiden uns gegen *Dirty Dancing*, denn schließlich sind wir eigentlich wegen Mike hier.

»Ich war im Urlaub. Warum habt ihr nicht angerufen?«, fragt er.

»Weil wir bis gestern Mittag nicht wussten, dass wir herkommen würden. Außerdem haben wir kein Handy. Schon vergessen?«

Mike lacht, wie man über Menschen lacht, die man mag, obwohl man sie für bescheuert hält. Er spricht Deutsch, weil er in Deutschland aufgewachsen ist.

Am Abend gehen wir mit Mike in einen Pub, um das Wiedersehen zu feiern.

»Auf euch«, sagt er und hebt sein Ale.

»Quatsch, auf dich!«, sagt Bianca.

Ein älterer Mann, der an unserem Tisch vorbeikommt, bleibt stehen und wendet sich uns zu: »Ich hab gehört, ihr redet deutsch. Darf ich mich einen Moment zu euch stellen? Ich hab schon so lange nicht mehr deutsch gesprochen.«

»Natürlich«, sage ich und rücke zur Seite, um ihm Platz zu machen. »Wo haben Sie denn die Sprache gelernt?«

»Ich war Soldat in Deutschland. War in Gütersloh stationiert. Das ist aber schon viele Jahre her.«

»Ihre Aussprache ist immer noch sehr gut«, stelle ich fest.

»Hatte eine deutsche Freundin, drei Jahre, von 1972 bis 1975«, erzählt er. »Kommt ihr aus Westfalen?«

»Nee, ich komm aus Süddeutschland.«

»Und was macht ihr hier in London?«, fragt der Mann.

»Wir sind Wandergesellinnen«, sagt Bianca.

»Was?«

»Journeymen«, übersetze ich. Wir erklären ihm, dass wir durch die Welt reisen und überall arbeiten, wo es sich ergibt.

»Davon hab ich noch nie gehört«, sagt der Mann.

Dabei gab es diese Tradition auch in England. Sie ist aber wohl verloren gegangen, als das Gesellenwandern hier keine Pflicht mehr war. »Journeymen« wurden die englischen Wandergesellen genannt. In Frankreich, den Beneluxländern, der Schweiz und in Skandinavien gibt es das traditionelle Gesellenwandern bis heute. Ab und zu gibt es sogar Leute, die aus Amerika, Australien und sicher auch aus England kommen, um sich in Deutschland als Wandergesellen fremdschreiben zu lassen und nach dieser Tradition dann durch die Lande zu ziehen.

»Amazing tradition«, sagt der ehemalige Soldat, dann geht er an die Bar, um eine neue Runde Bier zu holen.

Matt, Sky und Rachel stehen vor ihrem Häuschen und rauchen, als wir nach Hause kommen.

Sie winken. »Hello, Mike.«

Am nächsten Tag stehen Bianca und ich an einem Kreisverkehr und halten den Daumen raus. Es ist frisch geworden. Ich trage heute zum ersten Mal seit dem Sommer wieder ein Thermounterhemd. Es ist ein bisschen merkwürdig, auf der linken Seiten der Straße zu stehen, aber wir gewöhnen uns daran. Der Standstreifen ist schön breit, und es vergehen gerade 20 Minuten, bis ein silberfarbener Vauxhall den Blinker setzt und neben uns zum Stehen kommt.

»Where do you want to go?«, fragt eine junge Frau. Ihr rot-
blondes Haar ist zu einem Pagenschnitt frisiert.

»Einfach nach Norden«, antwortet Bianca auf Englisch.
Nach Mike ist es mühsam, wieder in die Fremdsprache umzu-
schalten.

»Steigt ein, wir fahren nach Norden.«

Die Fahrerin heißt Jill, sie ist mit ihrer Schwester Carolin unterwegs zu ihren Eltern. Carolin sieht beinahe genauso aus wie
Jill, ihr Haar ist nur etwas kürzer und steht wild vom Kopf ab.

»Ihr kommt aus Deutschland?«, fragt Jill. »So ein Zufall, wir
kommen gerade von dort.«

»Cool, was habt ihr da gemacht?«, frage ich.

»Unsere Oma besucht«, sagt Carolin.

»Eure Oma wohnt in Deutschland?«

»Ja, sie ist Deutsche.«

»Und wer von euren Eltern ist dann deutsch?«

»Unsere Mutter«, sagt Carolin.

»Aber wir sprechen gar kein Deutsch«, fügt Jill schnell
hinzu, als hätte sie Angst, dass sie Deutsch mit uns sprechen
muss.

»Aber wie sprecht ihr dann mit eurer Oma?«

Eine kurze Weile sind die Mädchen still.

»Deutsch ist schwierig für uns, wir können es wirklich gar
nicht«, sagt Jill.

In dem Moment klingelt das Handy.

»It's Mom«, sagt Carolin.

»Wundert euch nicht, das ist kein Deutsch, was sie spricht«,
sagt Jill, und es klingt wie eine Warnung.

»Sie ist Deutsche, aber kann kein Deutsch?«, frage ich.

»No Deutsch, only Hessisch!«, sagt Jill.

Und dann nimmt Carolin den Anruf über die Freisprechan-
lage entgegen: »Hör mal Mudder, mir hawwe da zwaa deutsche Mädschär im Audo sitze, die noch en Schlafplatz suche.«

»Dann bring se halt mit. Die kenne ja auch bei uns schlafe.«

Super, da brechen wir uns einen auf Englisch ab und die beiden sprechen astrein ... na ja, Hessisch.

Jills und Carolins Eltern leben in einem kleinen Herrenhaus am Rande einer winzigen Ortschaft. Der graue Stein ist an einer Seite von Efeu bedeckt. Carolin lenkt den Wagen auf eine enge Kiesauffahrt und bremst. Eine kleine Frau mit grauen Strähnen im Haar tritt aus der Tür. »Mama!«, ruft Jill und läuft auf sie zu. Carolin hinterher. Als wir dazukommen, hören wir die Mädchen zu ihrer Mutter sagen: »Die Reise war so anstrengend, jetzt sin mer endlich da.«

Der Vater, ein schmaler Mann mit rotblonden Locken, kommt dazu, umarmt seine Töchter und schüttelt uns die Hand.

Wir werden gleich ins Wohnzimmer gebeten. Die Mutter packt Fotoalben aus und zeigt uns Bilder aus Gießen, ihrer deutschen Heimatstadt. Jill und Carolin holen ihre Digitalkamera und zeigen der Mutter die neuesten Fotos von Oma, den Tanten und Cousinen aus Deutschland.

»Seid ihr denn schon mal in Gießen gewesen?«, fragt die Mutter. Jetzt, wo sie mit uns redet, klingt es deutlich mehr nach Hochdeutsch. Offenbar kann sie das besser, als Jill und Carolin ihr zutrauen.

»Bisher nicht«, sagen wir und versprechen, auf unserer Wanderschaft auf jeden Fall dorthin zu fahren.

»Ich gebe euch mal die Adresse meiner Mutter, dann könnt ihr vielleicht dort schlafen, wenn ihr da seid!«

»Tonight we will habe zum Abendesse Yorkshire-Pudding mit Roastbeef and Plumpudding«, sagt der Vater, als wir später am Esstisch sitzen. Es duftet schwer und deftig. Erst jetzt merke ich, wie hungrig ich bin, den ganzen Tag habe ich außer einem Schokoriegel noch nichts gegessen, und nun erwartet uns so ein wunderbarer Festschmaus! Englisches Essen ist viel besser als sein Ruf.

»You can sleep in the Gästezimmer. Jill und Carolin werden

sie euch zeigen«, sagt der Vater nach dem Essen. Ich stehe schon mit den beiden im Flur, wo wir unser Gepäck abgeladen haben, als ich merke, dass Bianca nicht nachgekommen ist. Sie sitzt noch immer auf ihrem Stuhl, den einen Arm hat sie um die Lehne geschlungen. Ihr Gesicht ist schmerzverzerrt.

»Hey, was ist? Alles klar?«

Bianca nickt.

»Ja ja, geht gleich wieder.«

Ganz langsam steht sie auf und geht mit ungewohnt kleinen Schritten Richtung Flur.

»Is she alright?«, fragt Jills Vater.

Ich hebe die Schultern, weil ich es nicht weiß.

Im Flur versucht Bianca, ihr Gepäck anzuheben, aber es sieht so aus, als könnte sie sich gerade noch selbst aufrecht halten. Jill und Caro schleppen ihr Gepäck hoch zu unseren Zimmern.

Bianca geht ganz langsam hinterher. Dabei beugt sie ihren Oberkörper nach vorne wie eine alte Frau.

»Das sieht aber nicht gut aus«, sage ich. »Kann ich irgendwas für dich tun?«

»Nee, geht schon«, sagt Bianca schnell. »Das Akkordeon ist einfach so sauschwer. Ich muss bestimmt einfach nur schlafen. Morgen geht's wieder.«

Wir kriegen jede ein eigenes Zimmer. Was für ein Luxus! Über meinem Bett liegt eine Decke mit einem Muster aus roten und pinkfarbenen Rosen. Vom Fenster aus kann ich auf eine riesige Wiese sehen. Um es zu öffnen, muss man es hochschieben.

Am nächsten Tag behauptet Bianca, es gehe ihr wieder gut, aber irgendwie bewegt sie sich anders als sonst. Sie nimmt ihr Gepäck ganz vorsichtig auf und schiebt es immer wieder auf dem Rücken hin und her. Manchmal hält sie unvermittelt inne und stöhnt leise.

»Bist du ganz sicher, dass wir nicht zum Arzt gehen sollten?«, frage ich sie.

»Ja ja, das geht schon wieder.«

Wir beschließen, von Jill und Carolin aus wieder Richtung Süden zu fahren. Mir sind Biancas Schmerzen nicht geheuer. Und Bianca findet es auch besser, wieder näher am Kontinent zu sein. Eine Frau in einem blauen Ford nimmt uns mit bis nach Brighton. Wir erreichen die Stadt an der Südküste Englands gegen Abend. Die Sonne ist schon nicht mehr zu sehen, bald wird es dunkel sein. Wir müssen irgendwo Platte reißen, zumindest müssen wir einen Ort finden, an dem Bianca sich mal hinlegen kann. Im Auto hat sie ständig die Position gewechselt, das lange Sitzen ist ihr schwergefallen. Das habe ich gemerkt, gesagt hat sie nichts. Als sie jetzt wieder ihr Gepäck schultert, schreit sie los: »Autsch!« Sie lässt das Gepäck fallen und sieht verzweifelt aus.

»Was ist denn los?«

»Ich weiß nicht, das tut so weh.« Mit hängenden Schultern steht sie vor ihrem Bündel, als wüsste sie nicht, wie man sich normal bewegt. Ich habe Bianca noch kein einziges Mal jammern hören, und ich habe sie auch noch nie so ratlos gesehen.

»Kannst du gehen?«, frage ich.

»Glaube schon. Aber ich weiß nicht, ob ich mein Gepäck tragen kann.«

Ich schultere also mein eigenes und Biancas Gepäck mit Akkordeon, das wirklich sauschwer ist. Warum noch mal wollte Bianca das unbedingt mitnehmen?

So gehen wir durch die dunkler werdenden Straßen von Brighton auf der Suche nach einer Schlafstätte. Bianca langsam und vorsichtig, auf ihren Stenz gestützt, ich voll bepackt. Und dann steht da diese Kirche.

»Super, da können wir garantiert schlafen«, sagt Bianca.

Im Nebengebäude brennt Licht. Auf unser Klingeln öffnet ein kleiner Mann mit schütterem Haar.

»How can I help you?«

Wir sagen also unseren Schnack auf. Die englische Version hört sich ein bisschen wie Shakespeare-Verse an.

Der Mann zuckt mit den Schultern und will die Tür wieder schließen.

»Halt!«, sage ich. Vielleicht etwas zu laut. Ich atme tief durch und frage dann etwas leiser: »Haben Sie schon mal was von Wohltätigkeit gehört?«

»Das ist nicht die Zeit für Wohltätigkeit«, sagt der kleine Mann und schlägt uns die Tür vor der Nase zu.

Bianca und ich brauchen eine Weile, bis wir begriffen haben, dass wir hier nicht bleiben dürfen. Bianca stöhnt, und ich stöhne auch, als ich das Gepäck mit dem blöden Akkordeon schultere. In einer Kneipe empfiehlt mir ein Mann, dass wir es im Obdachlosenheim versuchen sollen.

Doch das Obdachlosenheim in Brighton ist nicht so wie das, in dem ich in Hamburg übernachtet habe. Das hier ist genau so, wie ich mir ein Obdachlosenheim vorgestellt habe. Es stinkt nach Zigarettenqualm, Alkohol und Schweiß, am Tresen steht ein Mann mit grimmigem Gesicht und schüttelt gleich mit dem Kopf, als wir unsere Bitte vortragen. »Wir haben hier nur Männer.«

»Das macht uns nichts aus«, sagt Bianca.

»Sie könnten Schwierigkeiten kriegen, auf die Männer hier kann man sich nicht verlassen. Glauben Sie mir, das ist besser für Sie. Ich kann hier nicht für Ihre Sicherheit garantieren.«

»Aber dann müssen wir auf der Straße schlafen«, sage ich. »Glauben Sie, das ist sicherer?«

»Glauben Sie mir, das ist besser für Sie«, wiederholt der Mann. Sein Gesicht lässt keinen Widerspruch mehr zu. Er scheint wirklich zu glauben, dass es auf der Straße sicherer für uns ist als in seinem Heim.

»Jetzt müssen wir irgendwelche Leute auf der Straße ansprechen«, sagt Bianca. Sie klingt sehr müde.

Ich schaue mich um, um die Situation einzuschätzen. Das alles sieht hier mehr nach einer Wohngegend aus. Die wenigen Geschäfte, die es gibt, haben schon zu. In einem einzigen Imbiss brennt noch Licht.

»Lass uns schnell hingehen. Ich glaub, der will gerade abschließen, vielleicht lässt er uns ja in seinem Laden schlafen«, sage ich. So schnell wir eben können, ich mit dem Gepäck und Bianca mit Rückenschmerzen, laufen wir hin und bitten um einen Schlafplatz. Der »Imbiss-Mann« sieht aus, als wäre er gerade 16. Sein Jungengesicht sieht ziemlich ratlos aus, als wir ihm erklären, was wir suchen. Er behauptet, nichts zu verstehen, wahrscheinlicher ist, dass er überfordert ist. In bestem Schulenglisch fragen wir noch einmal. Er zieht nur die Schultern hoch. Ein bisschen scheint es, als würde er Angst vor uns zu haben. Bianca und ich verständigen uns mit Blicken: Das hier bringt nichts. Vielleicht können wir wenigstens in einem Bankvorraum auf dem Boden schlafen, überlege ich.

»Ist das deutsch?« Jemand ist hinter uns getreten und zeigt auf unsere Charlies, das Wort »Frühlingsfest« steht auf Biancas Gepäck.

»Ja, das ist deutsch«, sage ich, während ich mich umdrehe.

Vor uns steht eine Frau mit einem massigen Körper und dunklem, langem Haar, das ihr in Strähnen auf die Schultern fällt. Sie trägt eine Brille mit dicken Gläsern, die ihre Augen riesig erscheinen lassen.

»Ich habe eine Weile in Zürich als Fremdenführerin gearbeitet, deshalb kann ich ein bisschen Deutsch. Ich bin Mary.« Ihre Aussprache klingt tatsächlich sehr lustig, Schweizerdeutsch mit englischem Akzent.

»Hallo, Mary. Wir sind Wandergesellinnen und suchen einen Schlafplatz für heute Nacht. Hast du eine Idee, wo wir hinkönnen?«

Mary blickt von Bianca zu mir und sagt dann: »Ich freue mich, wenn ihr meine Gäste seid.« Einen Augenblick zögert sie. »Allerdings eine Sache ist da noch: Ihr müsst in meinem Bett schlafen.«

Bianca und ich schauen uns an. »Wir können auch auf einem Sofa schlafen oder auf dem Boden«, sage ich.

»Nein, nein, ich schlafe in einem Sessel.« Sie schaut verlegen zu Boden. »Ich kann im Liegen nicht gut atmen, wisst ihr.«

»Bist du krank?«, fragt Bianca.

»Nein, ich glaube nicht.« Sie zögert. Trotz ihrer kräftigen Statur sieht sie auf einmal zerbrechlich aus. »Vor einem Jahr ist mein Mann gestorben. Seitdem kann ich nicht mehr in unserem gemeinsamen Bett schlafen.« Mary schluckt. »Es wäre mir eine Freude, wenn ihr dort schlafen würdet.«

Als Mary die Tür ihrer Wohnung im dritten Stock öffnet, kommt uns ein Geruch entgegen, der uns fast den Boden unter den Füßen wegzieht. Es riecht wie ein Keller, den jahrelang niemand betreten hat, nach Klamotten, die nie gewaschen worden sind, nach uraltem Schweiß und Abfall.

»Sorry, ich habe nicht aufgeräumt«, sagt Mary. Den Gestank scheint sie gar nicht wahrzunehmen. Sie wirkt unbeholfen, so, als würde sie zum ersten Mal Menschen in ihre Wohnung lassen. Und dann sehen wir, was sie mit »nicht aufgeräumt« meint: Schon im Flur stapeln sich Bücher auf dem Boden, im Wohnzimmer gehen die Stapel fast bis unter die Decke. Die Regale sind auch voll, aber da kommt man schon gar nicht mehr ran. Jeder Zentimeter in dieser Wohnung ist bedeckt mit Büchern, Zeitschriften, Papierstapeln. Selbst auf den Fensterbrettern türmen sie sich. Ich will mir gar nicht vorstellen, wie lange die nicht mehr geöffnet wurden.

»Ich habe Literatur und Geschichte studiert«, sagt sie, als würde das die Lage erklären.

Wir schaffen es irgendwie, den Gestank zu ignorieren. Marys Bett sieht zum Glück gemütlich aus. Die Bettdecke lege ich allerdings zur Seite, die riecht wie der ganze Rest hier. Lieber nehmen wir die Schlafsäcke.

»Ich kann nie wieder aufstehen, glaube ich«, sagt Bianca. Ich bin nicht sicher, ob das ein Scherz ist.

»Vielleicht können wir eine Weile hierbleiben, dann kannst du dich ein bisschen erholen«, schlage ich vor, als ich mich neben Bianca lege. Marys Matratze ist überraschend angenehm, nicht zu weich, nicht zu hart, genau richtig.

Bianca streckt sich vorsichtig. »Das Gepäck macht mich fertig. Ich glaube, es ist gut, wenn ich es eine Zeit lang nicht tragen muss.« Dann grinst sie. »Wir bleiben aber nur bei Mary, wenn wir ihre Fenster aufmachen dürfen.«

Mary ist einverstanden, als wir sie am nächsten Morgen fragen, ob wir noch eine paar Tage bleiben dürfen. Zu unserem Angebot, uns um ihre Wohnung zu kümmern, sagt sie »okay«. Ich bin mir nicht sicher, ob sie das wirklich gut findet oder nur zu schwach ist, sich zu wehren.

Zuallererst kümmern wir uns um frische Luft. Als Bianca und ich endlich alle Bücher und einen traurigen Kaktus von einem Fensterbrett genommen haben, versuchen wir, das Fenster vorsichtig nach oben zu schieben. Ohne Erfolg.

»Wie lange hast du das denn nicht mehr aufgemacht?«, fragt Bianca.

Mary wiegt den Kopf und sieht aus wie ein Kind, das bei etwas Verbotenem erwischt worden ist. »Weiß nicht mehr genau«, sagt sie.

»Wir kriegen das schon hin«, sagt Bianca mit ihrer Tischlerinnenstimme. Sie bewegt sich heute etwas normaler als gestern. Es scheint ihr gutzutun, dass sie kein Gepäck tragen muss. Sie schaut sich das Fenster rundherum an, ruckelt hier und ruckelt da, klopft mit dem Knöchel und schlägt mit der Faust an den Holzrahmen, und irgendwann hat sie es einen Spalt weit auf und bittet mich, ihr zu helfen. Mit ihrem Rücken will sie es nicht alleine nach oben schieben.

Mary sieht derweil die Bücherstapel durch, die wir zur Seite geräumt haben. »Habt ihr Joseph Conrads *Heart of Darkness* gelesen?«, fragt sie. Es klingt allerdings mehr nach einer rhetorischen Frage.

Wir schütteln den Kopf.

Mary hebt die Augenbrauen. Sie kann offenbar kaum glauben, dass jemand dieses Buch nicht kennt. »Und *Lord of the Flies* von William Golding?«

»Nö.«

Mary schüttelt fassungslos den Kopf.

»Aber Harry Potter hab ich gelesen!«, sage ich.

Mary muss so lachen, dass ihr mächtiger Körper bebt. Sie lacht und lacht und hört erst auf, als Bianca und ich das Fenster mit einem Ruck nach oben schieben.

»Voilà«, sagt Bianca zufrieden.

»Wow«, sagt Mary.

Ich atme tief durch. Die Luft, die reinströmt, ist frisch und riecht nach Meer. Wie Mary es wohl hier drinnen ausgehalten hat ohne diese Luft? Ein paar Mal noch schieben wir das Fenster hoch und runter, bis es wieder leichter geht.

»Sollen wir auch im Schlafzimmer aufräumen?«, frage ich. Wir haben das Wohnzimmer, die Küche und das Bad geputzt, aber an das Schlafzimmer haben wir uns bisher nicht rangetraut. Marys Gesicht wird ernst. Plötzlich sieht sie ganz und gar unglücklich aus. »Die Sachen da drin sind alle noch von Will.«

»War das dein Mann?«, fragt Bianca.

»Ja, mein Mann«, sagt Mary langsam. »Er hatte einen Herzinfarkt. Das ging alles so schnell.«

»Das ist traurig«, sage ich. Ich würde sie gerne trösten, aber ich habe keine Ahnung, wie man das bei Mary macht.

»Er war einfach weg. Ich hatte keine Chance, mich darauf

vorzubereiten. Ich gewöhne mich einfach nicht daran, ohne ihn zu sein«, sagt sie. Ihre Stimme ist sehr leise geworden.

»Möchtest du, dass wir dir helfen?«, fragt Bianca.

Mary blickt uns an, als hätte sie für einen Moment vergessen, dass wir da sind. »Was meinst du?«

»Wir könnten dir helfen, Sachen auszusortieren, wenn du das möchtest«, sagt Bianca.

Wortlos geht Mary zum Schlafzimmerschrank und öffnet die Tür. Darin hängen Jacketts, Hemden, Pullover. In den Fächern liegen Socken und Unterwäsche, unten steht eine Parade von Schuhen. »Im Flur hängt noch sein Mantel. Da sind auch noch seine Hausschuhe.« Ihre Stimme ist schwach. Offenbar hat sie nichts verändert seit Wills Tod – als könnte er jederzeit wiederkommen.

»Sollen wir das mit dir aufräumen?«, frage ich noch mal.

Ich bin nicht sicher, ob Mary mich verstanden hat, denn sie starrt unverwandt in den Schrank. Dann nickt sie ganz leicht mit dem Kopf.

Und so packen wir Wills Leben in große schwarze Müllsäcke. Zwei Tage brauchen wir dafür. Mary muss sich von fast jedem Teil einzeln verabschieden. Sie streichelt liebevoll über jedes einzelne Paar Socken, bevor sie es in einen der Säcke legt. Sie nimmt einen Pullover aus dem Schrank und riecht daran. Danach steht sie eine Weile einfach nur da und hält den Pullover an sich gepresst, als hätte sie Angst, jemand würde ihn ihr wegnehmen. Dann wieder sieht sie zu, wie ich einen Anzug aus dem Schrank nehme. »Den hatte Will nur ein einziges Mal an«, sagt Mary, ihre Augen schwimmen. »Das war, als meine Schwester geheiratet hat. Das war so ...« Sie schluckt. »Den soll mein Schwager kriegen«, sagt sie dann mit festerer Stimme und legt ihn zur Seite.

Zehn Tüten schleppen Bianca und ich schließlich zu einem Charity-Laden ein paar Straßen weiter.

»Schaffst du das mit deinem Rücken?«, frage ich.

»Ja, klar, geht schon viel besser«, behauptet Bianca. Sie trägt ein bisschen weniger als sonst, ein paar Mal bleibt sie stehen und setzt die Tüten ab.

»Und jetzt wollen wir essen gehen«, sage ich zu Mary, als wir fertig sind. »Hast du schon mal knusprige Ente gegessen?«
Sie schüttelt den Kopf.
»Dann wirst du das jetzt mit uns probieren.«
Wir gehen in ein chinesisches Restaurant und schlagen uns so richtig den Bauch voll. Mary und ich mit knuspriger Ente, Bianca mit einem Tofugericht. Mary strahlt, wie ich es noch nicht bei ihr gesehen habe. Es wirkt, als würde ihr ganzer Körper vor Freude beben.
»Wisst ihr was?«, fragt sie und blickt zwischen Bianca und mir hin und her. »Normalerweise sollte ich jetzt bei meiner Schwester sein, jede Woche fahre ich für zwei Tage zu ihr. Sie sagt immer, ich soll mir endlich mal Freunde suchen. Und heute habe ich abgesagt. Ich habe ihr gesagt, dass ich jetzt Freunde habe.«
Für einen Moment bin ich sprachlos. Ich weiß ehrlich gesagt nicht, ob ich mich freuen oder lieber die Flucht ergreifen soll. Ich versuche, Mary warm anzulächeln, aber ich fürchte, das gelingt mir nicht so richtig. Bianca scheint es genauso zu gehen. Irgendwas ist falsch daran, dass wir beide jetzt die einzigen Freunde in Marys Leben sein sollen. Mary scheint unser Unbehagen gar nicht zu bemerken, sie strahlt einfach weiter, futtert knusprige Ente und scheint völlig im Reinen mit sich zu sein.
Erst am nächsten Morgen trauen wir uns, ihr zu sagen, dass wir jetzt weiterreisen werden. Mary guckt so traurig, dass es kaum auszuhalten ist.
»Wir schreiben dir, okay?« Ich fühle mich wie eine Verräterin, als ich das sage. Denn wenn ich ganz ehrlich bin, weiß ich nicht, ob ich das wirklich will. Marys Freundschaft ist wie eine

Last für mich. Ich weiß, dass ich ihr nicht das geben kann, was sie sich wünscht.

Bianca und ich atmen tief durch, als wir wieder auf der Straße sind. Wir wollen noch einmal auf das Meer gucken und dann weiterfahren und uns Stonehenge ansehen. Es ist windig, am Himmel stehen dicke dunkle Wolken, ein paar Regentropfen treiben uns entgegen.

»Sollen wir uns erst mal irgendwo unterstellen?«, frage ich.

Bianca antwortet nicht. Ihr Gesichtsausdruck hat etwas Verbissenes. Das Gepäck hängt ziemlich schief auf ihren Schultern. Ihre Körperhaltung ist schon wieder so komisch.

»Alles klar?«, frage ich.

»Hm.«

»Kannst du das alles wirklich tragen?«

»Du kannst mir ja nicht immer alles abnehmen.« Bianca klingt genervt.

Ich hebe resigniert die Schultern. Gehen wir also weiter. Eine Weile laufen wir schweigend nebeneinander her. Der Regen wird stärker.

»Lass uns mal hier unterstellen!«, sagt Bianca schließlich und deutet auf einen Hauseingang. Ich bemerke, wie vorsichtig Bianca ihr Gepäck von den Schultern gleiten lässt, und verkneife mir einen Kommentar. Der Regen treibt schräg an uns vorbei. Irgendwann lässt er nach. Letzte Tropfen fallen noch, ein Stück blauer Himmel ist zu erkennen.

»Wollen wir noch zum Meer?«, frage ich.

Bianca nickt. Sie schultert ihr Gepäck mit mehr Schwung, als ich ihr zugetraut hätte, und erstarrt.

»Ahhh!«

Regungslos steht sie da und schreit. Ihr linker Arm ist noch immer erhoben, das Gepäck hängt in der Luft.

»Was ist los, Bianca?«

»Ahhh! Ich weiß nicht!« Vorsichtig bewegt sie den Arm nach unten. Dabei jammert sie wie ein kleines Kind.

»Soll ich dir helfen?«, frage ich.

»Ich weiß nicht. Auaa. Das tut so weh.«

Vorsichtig helfe ich ihr, das Gepäck abzulegen. Sie lehnt sich an die Hauswand und stöhnt. Sie versucht, sich auf den Boden zu setzen, hält aber mitten in der Bewegung inne und stöhnt wieder.

»Willst du dich auf mich stützen?«, frage ich.

»Ich weiß nicht. Das tut auch weh.« Bianca windet sich, stöhnt, irgendwann schreit sie vor Wut.

»Scheiße, Mann. Das tut alles weh. Ich weiß nicht mehr, was ich tun soll.«

»Sollen wir zum Arzt oder ins Krankenhaus?«, frage ich.

»Nein, ich will nicht zum Arzt. Ich will, dass das aufhört!«

»Aber so fahre ich mit dir nirgendwo mehr hin«, sage ich streng. »Allerhöchstens noch nach Deutschland. Und da gehst du dann aber zum Arzt.«

»Aua«, jammert Bianca. »Von mir aus.«

Und dann laufe ich los und besorge in der Apotheke Schmerzmittel für Bianca, damit sie die Reise einigermaßen übersteht. Bianca schluckt sie brav, ich schultere mein Gepäck und ihres mit dem ollen Akkordeon noch dazu, und so machen wir uns auf zu einer Ausfallstraße, auf der wir Richtung Dover trampen werden.

Ich wäre gerne noch eine Weile in England geblieben, aber Bianca mit diesen Schmerzen alleine zu lassen kommt nicht infrage. Die Fahrt nach Deutschland übersteht sie gut. Ich trage ihr Gepäck und das Akkordeon und bringe sie zu den Freunden, bei denen sie Lliurona untergebracht hat. Dort trennen sich unsere Wege, nachdem ich weiß, dass sie gut aufgehoben ist und sich erst mal erholen kann. Erst später erfahre ich, dass sie gar nicht zum Arzt gegangen ist.

»Ist ganz von selbst weggegangen«, erzählt sie mir ein wenig stolz. Ich verdrehe die Augen.

ZÄHNESCHRUBBEN MIT BIRGIT

Auf den Herbst folgt ein milder Winter. Kalter Regen, Matsch und wenig Schnee. Die feuchte Kälte kriecht mir unter die Kluft, wenn ich länger draußen bin, mein ganzes Gepäck ist klamm. Als es endlich Frühling wird, ist das wie eine Erlösung. Die Menschen sind gut gelaunt, das Trampen klappt besser denn je, und Arbeit gibt es auch. Ich habe ein bisschen Geld in der Tasche und fahre zum Frühlingstreffen.

Es gibt verschiedene Kongresse oder Treffen für Wandergesellen. Das Frühlingstreffen wird von Freireisenden organisiert.[7] Wandergesellen kommen hier zum Austausch zusammen, es gibt Vorträge zu verschiedenen Themen, außerdem werden Mal-, Buchbinde- oder Töpferkurse und Workshops zur persönlichen Entwicklung oder zur beruflichen Selbstständigkeit angeboten. Um die Referenten und Referentinnen zu bezahlen, müssen die Organisatoren natürlich Eintritt nehmen, auch Unterkunft und Verpflegung kosten etwas. Dieses Jahr findet das Frühlingstreffen auf der oberfränkischen Burg Hohenberg an der Eger statt. Sie liegt auf einer kleinen Anhöhe, Mauern umgeben einen großzügigen Innenhof. Früher gab es hier wahrscheinlich echte Ritter, heute ist die Burg eine ökologische Bildungsstätte. Und dort, im Frühling nach diesem verregneten Winter, treffe ich Birgit wieder, gleich am ersten Abend. Sie sitzt im Essensraum an einem der Tische und putzt sich die Zähne, als müsste sie eine ganze Horde Bakterien aus ihrer Mundhöhle vertreiben. In ihrer roten Kluft hätte ich sie fast nicht wiedererkannt. Weil sie so lustig aussieht, wie sie da sitzt, hole ich meine Zahnbürste, setze mich zu ihr und putze mindestens ebenso energisch wie sie. Sie sieht mich aus den Augenwinkeln an und putzt noch kräftiger. Ich ziehe nach. Und so putzen wir unsere Zähne immer wilder und fester, bis

---

7 Inzwischen gibt es das Frühlingstreffen nicht mehr.

wir beide lachen müssen. Wir müssen so lachen, dass wir nicht mehr weiterputzen können, der Schaum läuft uns schon übers Kinn.

»Hallo, Birgit Schneiderin!«, sage ich, als wir im Bad stehen und uns den Mund ausgespült haben.

»Äh … Ich weiß noch, dass wir uns auf der Sommerbaustelle unterhalten haben. Wie heißt du noch mal?«

»Resi Kirchenmalerin.«

Sie schlägt ihre Hand vor den Kopf. »Weißt du, hier sind so viele Menschen in gleichen Klamotten. Das ist einfach zu krass.«

Ich nicke. »Kann ich verstehen. Wie lange bist du jetzt unterwegs?«

»Ein paar Wochen. Aber ich muss immer noch überlegen, wann ich mein Jackett zuhaben muss und wann auf und wann ich den Hut abnehmen darf und so weiter.«

»Ich weiß auch noch, wie anstrengend das war«, sage ich und komme mir total erfahren vor. »Schöne Kluft übrigens.«

Birgit blickt an sich hinunter, grinst und betrachtet dann meine. »Deine ist auch nicht schlecht. Nur für den Fall, dass du mal eine neue brauchst, kannst du dich gerne an mich wenden.«

Birgit und ich verabreden uns für den Spätsommer. Da wollen wir eine Weile zusammen reisen, einfach ein bisschen durch die Gegend ziehen. Vielleicht in die Schweiz und auf jeden Fall zur Einheimischparty von Fenja.

BAD KISSINGEN MIT HEDI

Und dann geht es erst einmal nach Wien zu einer Losgehparty. Es ist warm, und das Leben fühlt sich ganz und gar leicht an. Die Straßen sind voller Touristen, in der Altstadt gibt es Kutschen, auf dem Kopfsteinpflaster klappern die Hufe der Pferde.

In Österreich gehen die Gesellen nicht auf Wanderschaft oder auf die Walz, sondern auf die Stör. Die Junggesellin Hedi Schneiderin hat ein lustiges Gesicht, und ihr Zopf hängt hinten unter dem Deckel heraus. Ihr Dialekt klingt lässig und ein bisschen mäkelig. Ich mag sie sofort.

Eine Woche nachdem wir uns voneinander verabschiedet haben, schreibt sie eine E-Mail. Ihre Altreisende hat sie wieder nach Hause geschickt, die beiden haben sich aus irgendwelchen Gründen nicht verstanden. Hedi weiß nicht, was sie tun soll, aber nach Hause will sie nicht.

»Dann komm halt mit mir«, schreibe ich zurück, obwohl ich sie kaum kenne. Wir treffen uns in der Nähe von Passau, wo ich gerade ein Treffen mit ein paar ehemaligen Mitschülern aus meiner Kirchenmalerklasse habe.

»Und wo fahren wir jetzt hin?«, fragt Hedi.

»Lass uns nach Kassel fahren, da wird eine Tischlerin losgebracht. Ich kenne ein paar Leute, die auch da sind.«

Ich zeige ihr die Karte. »Wir müssen einen kleinen Umweg nehmen, weil da mein Bannkreis ist. Aber wenn wir schon mal da sind, könnten wir in Bad Kissingen meine Mama treffen. Die habe ich schon lange nicht mehr gesehen.«

»Hört sich nach einem guten Plan an«, sagt Hedi.

Das finde ich auch, aber meine Mama weiß noch nichts von ihrem Glück.

»Mama? Wir sind morgen in Bad Kissingen. Kannst du da hinkommen?«

»Morgen?«

»Ja.«

Sie seufzt leise, so, als wollte sie nicht, dass ich das höre.

»Gut, ich komme.«

Das ist das Großartige an meiner Mutter. Sie macht es irgendwie möglich, dass wir uns ein paar Stunden sehen können, auch wenn man von Kleinrinderfeld nach Bad Kissingen mit dem Auto eine Stunde fährt und sie sicher auch andere Dinge zu tun hat. Wir verabreden uns für morgens am Marktplatz.

»Also, auf nach Bad Kissingen«, sage ich zu Hedi, als ich aus der Telefonzelle komme. Wir sind auf einer Autobahnraststätte und machen uns gleich daran, eine Mitfahrgelegenheit zu suchen.

»Ich will mal Porsche fahren«, sagt Hedi und lässt ihren Blick über den Parkplatz schweifen.

»Das kannst du vergessen, so einer nimmt uns nie mit.«

»Da vorne ist einer, ich probier's mal.« Mit festen Schritten geht sie auf den Fahrer zu, der neben seinem Auto eine Zigarette raucht. Er ist groß und trägt einen schmal sitzenden Anzug. Als Hedi ihn anspricht, schüttelt er natürlich den Kopf.

»Das wär bestimm eh unbequem für uns gewesen. Der hat ja keinen Platz hinten«, sage ich, als Hedi zurückkommt.

»Guck mal dahinten, der mit dem Kombi, der nimmt uns bestimmt mit.« Ich deute auf einen schmalen Mann in kurzen Hosen.

Hedi mustert ihn kritisch. »Ne, der hat so dünne Beine. Damit kann der nie im Leben vernünftig bremsen.«

Der Mann schaut irritiert auf, als ich ihn anspreche. »Ne, das, ich glaube, das ... lieber nicht. Wenn da was passiert, dann ...«

»Was soll denn passieren?«, frage ich.

»Ich weiß nicht ... Wenn ich mal nicht richtig bremsen kann oder so.«

Grinsend gehe ich zurück zu Hedi. »Hattest recht, er kann nicht bremsen.«

Es ist lustiger, zu zweit zu trampen, aber schneller geht es meistens nicht. Es dämmert schon, als wir Bad Kissingen erreichen. Zu Beginn meiner Wanderschaft hätte ich mich gleich nach der Ankunft um einen Schlafplatz gekümmert, aber das scheint mir jetzt nicht mehr so wichtig. Bad Kissingen ist eine Kurstadt, Hedi und ich wollen ins Kasino.

♛

»Ihr wollt hier rein und habt kein Geld?«, fragt der Mann am Eingang des Kasinos. Seine Mundwinkel zucken.

»Genau«, sagt Hedi, so ernst sie kann.

Der Mann blickt sich um. »Eigentlich darf ich das ja nicht, aber geht halt schnell rein. Hier könnt ihr die Jacken abgeben. Pfand ist ein Euro.«

»Aber wir haben auch keinen Euro«, sage ich und klimpere mit den Wimpern.

»Ja, aber ...« Der Mann weiß offensichtlich nicht mehr weiter. »Mit Jacke darf ich euch aber leider nicht reinlassen. Da krieg ich Ärger«, sagt er. »Das sind hier so Bestimmungen. Das kann ich nicht umgehen.« Er sieht aus, als hätte er uns wirklich gerne reingelassen.

Hedi und ich ziehen also weiter. Wir wollen noch irgendwas erleben, was in Bad Kissingen gar nicht so leicht zu sein scheint.

»He, guck mal«, sagt Hedi. Auf dem Gehweg vor uns steht so ein Klappaufsteller mit Werbung für eine Disco: »Bierscheune – wer die Scheune nicht kennt, hat Bad Kissingen verpennt.«

»Super, da müssen wir hin«, sage ich.

Es ist zehn Uhr am Abend, und in der Bierscheune tobt der Bär. Wolfgang Petry singt »Verlieben, verloren, vergessen, verzeihn«, es wird getanzt, Mittfünfziger mit Dauerwelle trinken Prosecco. Wir senken den Altersdurchschnitt hier enorm. Noch keine zwei Minuten sind wir in dem Laden, da kommt schon ein Mann auf uns zu und drückt jeder eine Maß in die Hand. Hedi und ich prosten uns zu – wir haben an diesem Tag kaum was gegessen, aber das ist jetzt egal, Bier macht schließlich auch satt. Als sie »99 Luftballons« von Nena spielen, stürmen wir die Tanzfläche. Die Maß ist inzwischen halb leer, in meinem

Kopf macht sich ein angenehmes Durcheinander breit. Ich bewege mich im Rhythmus und spüre die Blicke der anderen Gäste. Zwei Mädchen in roter Kluft waren bestimmt noch nie hier. Als wir eine Tanzpause machen, steht schon eine neue Maß an unserem Platz. Zwei Männer in etwas aus der Mode geratenen Anzügen winken uns keck zu, wir winken keck zurück, trinken in großen Schlucken und gehen dann gleich wieder auf die Tanzfläche. Sie spielen doch tatsächlich die Ärzte, »Zu Spät«.

»Das ist die coolste Disco der Welt«, rufe ich Hedi zu. Sie nickt nur im Takt der Musik.

Hedi und ich tanzen und trinken, wir schäkern mit Mittfünfzigern und freuen uns über die Musik, bis auf einmal das große Licht angeht.

»Nur noch ein Lied«, bettelt Hedi den DJ an.

»Nee, Ladys, ihr habt eindeutig genug. Morgen wieder.«

Es ist gar nicht so einfach, mit Gepäck und Stenz durch so eine Tür zu kommen, wenn man auf leeren Magen zwei Liter Bier getrunken hat. Hedi und ich stützen uns gegenseitig. Die frische Luft tut gut, es ist noch mild.

»Wo schlafen wir denn jetzt?«, fragt Hedi.

»Wir können doch einfach mal hier reingehen.« Durch einen schmalen Weg zwischen zwei Häusern kommen wir auf einen kleinen Hof. Ein altes Motorrad steht da und ein Container für Sperrmüll, aus dem eine Matratze ragt.

»Guck mal, was Mathilda hier für uns bereitgestellt hat«, sage ich. Es klingt wahrscheinlich etwas unartikuliert, aber Hedi versteht schon, was ich meine. Tatsächlich birgt der Container lauter Schätze: Zwei Matratzen, die wir nebeneinander auf den Boden legen wie ein Ehebett. Davor stellen wir einen Fernseher, der natürlich nicht funktionieren kann ohne Strom, aber wir finden das im Moment schön heimelig. Und dann zieht Hedi noch einen Ficus aus dem Container, den sie kichernd an unser Kopfende stellt.

»Haben wir es jetzt nicht schön, Schatz?«, fragt sie mich.

Ich werfe ihr eine Kusshand zu.

»Guck mal den Himmel. Sieht das nicht nach Regen aus?«, fragt Hedi, da haben wir uns schon in unsere Schlafsäcke gekuschelt.

»Nee, das regnet bestimmt nicht«, behaupte ich mit geschlossenen Augen. Ich bin zu müde, um mich jetzt darum zu kümmern.

Ich weiß nicht, wie lange wir geschlafen haben, als uns die ersten Tropfen ins Gesicht fallen. Vielleicht sind es auch gar nicht die ersten Tropfen, sondern die zweiten oder dritten. Es regnet jedenfalls so, dass wir es nicht mehr ignorieren können. Mit einem Schlag sind wir wach, schälen uns aus den Schlafsäcken und packen so schnell es geht alles zusammen. Barfuß steigen wir in unsere Schuhe, den Schlafsack und das übrige Gepäck tragen wir zusammengerafft in den Armen, nicht einmal die Hosen haben wir angezogen. Der Regen wird stärker, es prasselt nur so auf uns herab.

»Wo sollen wir denn jetzt hin?«, ruft Hedi.

Ich weiß es nicht. Ziellos rennen wir nur mit Staude bekleidet durch die nächtlichen Straßen von Bad Kissingen und suchen einen Unterschlupf, dabei verlieren wir ständig Teile unseres Gepäcks, die wir dann von der nassen Straße klauben müssen.

»Guck mal, hier ist doch die Bierscheune«, sagt Hedi und verlangsamt ihr Tempo.

Mir ist vorhin gar nicht aufgefallen, dass da hinten am Gebäude noch so ein Partyzelt steht, für Raucher wahrscheinlich. Ohne das absprechen zu müssen, suchen Hedi und ich das Zelt nach einer Möglichkeit ab, hineinzuschlüpfen. An einer Ecke ist die Plane lose, sodass wir reinkriechen können. Es stinkt erbärmlich nach Zigarettenrauch, aber immerhin ist es trocken. Hedi und ich sind so müde, dass wir unsere Schlafsäcke einfach direkt auf den groben Holzboden breiten und sofort hineinschlüpfen. Erst als wir liegen, fällt uns auf, dass ein kleines

Rinnsal von schmutzigem Regenwasser zwischen uns auf dem Boden entlangfließt. Wir sind zu müde, um uns noch umzubetten. Bierbänke und Tische müssten wir dann verschieben, und das geht in unserem Zustand auf keinen Fall.

Als Hedi mich weckt, habe ich das Gefühl, keine Stunde geschlafen zu haben.

»Ich glaub, wir müssen los, Resi«, flüstert sie. »Wir sind doch um zehn verabredet. Es ist jetzt halb.«

Der Geschmack in meinem Mund ist widerlich, alles stinkt nach Bier und Rauch, und mein Kopf fühlt sich an, als würde jemand mit einem kleinen Hammer von innen dagegenklopfen. Die Schlafsäcke sind klamm, an einigen Stellen richtig nass, denn natürlich ist es uns nicht wirklich gelungen, von dem Rinnsal neben uns fernzubleiben. Und auch unsere Klamotten sind feucht und muffig. Aber es hilft alles nichts, wir müssen die Sachen zusammenrollen und einpacken und hoffen, dass sich bald eine Möglichkeit zum Trocknen und Waschen ergibt. Dann kriechen wir so unauffällig wie möglich aus dem Zelt und machen uns auf den Weg zum Marktplatz.

Es erscheint mir wie ein kleines Wunder, dass meine Mama wirklich da ist. Das T-Shirt, das sie trägt, kenne ich nicht, sonst ist alles an ihr wie immer. Wir schließen uns fest in die Arme. Duschen konnten wir natürlich nicht mehr, ich muss stinken wie ein Iltis, meine Klamotten sind feucht und schmutzig. Meine Mutter schiebt mich nach der Begrüßung ein Stück von sich weg, um mich betrachten zu können. Bestimmt kann sie mir die Eskapaden der letzten Nacht ansehen.

»Mensch, Theresa«, sagt sie nur.

Ich wäre ihr lieber ausgeschlafen und frisch gewaschen unter die Augen getreten, aber dieser Zustand ist jetzt nicht mehr herstellbar. Es ist auch ganz egal, wie ich aussehe und wie ich rieche, Hauptsache, wir sehen uns.

Die Sonne steht schon schräg, als wir meine Mutter wieder zu ihrem Auto bringen.

»Pass gut auf dich auf!«, sagt sie zum Abschied. »Und ruf mich manchmal an.« Ich kann sehen, wie schwer es ihr fällt, sich von mir zu trennen. Wir drücken uns fest. Es kann eine ganze Weile dauern, bis wir uns wiedersehen.

»Grüß mir die Oma und die Anne und die Christine und den David«, bitte ich. Etwas steckt mir im Hals, ich muss mich ein paar Mal räuspern, als Hedi und ich ihrem Auto hinterherwinken.

HANNOVER MIT FIEBER

Eine Wolke schiebt sich vor die Sonne. Fröstelnd schlinge ich die Arme um mich, dabei ist der Himmel, bis auf diese eine Wolke, vielversprechend blau. Inzwischen ist Sommer, und der zeigt sich eigentlich von seiner besten Seite. Die Menschen um mich herum tragen T-Shirts, kurze Hosen und Kleidchen, aber aus irgendeinem Grund ist mir kalt. Hedi und ich haben uns vor ein paar Tagen getrennt. Sie wollte weiter nach Berlin. Und ich habe mich wie verabredet mit Birgit getroffen. Mit ihr stehe ich jetzt an einer Autobahnraststätte der A7. Wir kommen aus Biberach, wo wir eine einheimische Schneiderin besucht haben, und wollen nun zur Heimgeherei von Fenja in die Holsteinische Schweiz.

»Frierst du?«, fragt Birgit ungläubig.

Ich nicke. Vor Kälte schüttelt es mich.

»Warte, ich frag mal die dahinten in dem BMW mit dem Wolfsburger Kennzeichen, ob die uns mitnehmen kann«, ruft Birgit mir zu.

Ich nicke, mir ist alles recht, solange wir irgendwohin können, wo es warm ist. Birgit gibt mir ein Zeichen. Wir können mit.

Die Fahrerin heißt Cornelia und hat eine unglaublich angenehme Stimme.

»Mach dir einfach Platz auf der Rückbank«, sagt sie. Ich

schiebe einen Kindersitz und ein Bilderbuch zur Seite. Es ist warm hier, die Sitze sind weich. Gleich wird alles wieder gut sein, meine kalten Glieder werden auftauen, das Zittern wird aufhören. Ich schließe die Augen.

»Resi?«

Ich brauche eine Weile, bis ich begriffen habe, dass Birgit meinen Namen ruft. Mein Kopf fühlt sich schwer an und pocht, mein Hals schmerzt, überhaupt tut alles weh. Mühsam schlage ich die Augen auf.

»Geht's dir gut? Du hast so komisch geatmet im Schlaf.« Birgit sitzt vorne bei Cornelia, zwischen den Sitzen durch legt sie ihre Hand auf mein Knie.

»Ich fühl mich scheiße.« Meine Stimme ist viel rauer und leiser, als ich erwartet hatte.

»Hast du Fieber?«

Vorsichtig lege ich meine Hand auf meine Stirn. Die glüht förmlich. »Glaube schon.«

»Mist!« Birgit überlegt. »In dem Zustand kannst du auf keinen Fall heute noch nach Plön zureisen.«

Ich bette meinen Kopf in die Mitte des Autos, der Charlie dient mir als Kissen. Ich kann mir gerade nichts anderes vorstellen, als hier zu liegen. So ein Mist, ich hatte mich so darauf gefreut, Fenja wiederzusehen und mit ihr heimzutippeln.

»Kann ich irgendwas tun?«, fragt Cornelia.

Birgit streicht über meinen glühenden Kopf. »Wohin fährst du denn genau?«, fragt sie Cornelia.

»Direkt nach Wolfsburg.«

»Kennst du jemanden in Wolfsburg?«, frage ich Birgit.

Sie schüttelt den Kopf. »Wir sind jetzt in Fulda, da müssten wir noch vorbei an Kassel, Göttingen, da ist auch noch Hannover, aber das wäre ein Umweg …«

»In Hannover kenn ich jemanden«, unterbreche ich sie. »Da wohnt mein Freund Israel. Der war in meiner Kirchenmalerinnenklasse.«

»Dann lass uns erst mal hören, ob der überhaupt da ist!«
Birgit wendet sich an Cornelia. »Können wir dein Handy benutzen?«

Cornelia reicht Birgit das Mobiltelefon. Ich diktiere die Nummer.

»Ja, schade, dass du nicht da bist«, höre ich Birgit zu Israel sagen. »Kann man nichts machen.«

»Er ist in Köln«, sagt sie, nachdem sie aufgelegt hat. »Aber seine Nachbarin hat einen Ersatzschlüssel. Den dürfen wir uns holen.«

»Also nach Hannover?« Cornelia fragt das ganz selbstverständlich, obwohl das für sie einen Umweg bedeutet. Sie lässt uns direkt vor dem Haus raus, in dem Israel wohnt. Die Kälte hier draußen kommt mir noch bösartiger vor als vorhin auf der Raststätte.

»Ich nehm dein Gepäck, Resi.« Birgit schultert meinen Affen, den ich mir nach dem Englandtrip wieder zugelegt habe, und der Stenz und ihr Arm dienen mir als Stütze beim Gehen.

Wir haben Glück, Israels Nachbarin, eine Dame jenseits der 70, ist zu Hause. Doch obwohl Israel ihr Bescheid gesagt hat, dass wir kommen, mustert sie uns misstrauisch. »Kommt ja nich alle Tage vor, dass zwei Mädchen vor der Tür stehen«, sagt sie. »Da muss man sich ja vergewissern. Letztens bei *Aktenzeichen XY ...*«

Ich kann ihr nicht mehr folgen. Birgit nimmt den Schlüssel entgegen. Sie schließt die Tür auf der anderen Seite des Flurs auf, und ich schaffe es gerade noch so zur Wohnungstür rein und ins Wohnzimmer, wo die Couch steht. Ich zittere vor Kälte, meine Zähne klappern, gleichzeitig schwitze ich. Birgit holt meinen Schlafsack und schiebt ein Kissen unter meinen Kopf. Vorsichtig zieht sie meine Cordhose aus und hilft mir in meine Jogginghose. Auch das Jackett knöpft sie vorsichtig auf und legt es zusammen mit der Weste auf die Seite.

»Resi?«, flüstert sie. Ich bin schon fast eingeschlafen. »Du solltest noch etwas trinken, bevor du schläfst. Ich hab Pfefferminztee gemacht.« Sie reicht mir die Tasse. Langsam führe ich den Becher an meinen Mund und verbrenne mir gleich die Lippen, überhaupt fühlt sich plötzlich alles viel zu heiß an. Birgit nimmt mir den Becher ab und geht aus dem Zimmer. Als Nächstes spüre ich etwas angenehm Kühles auf der Stirn.

»Ich hab im Bad einen Waschlappen gefunden. Tut das gut?«

Ich lasse es einfach geschehen. Die Hitze sitzt jetzt pochend in meinen Gliedern. Während ich in Schlafposition rutsche, hält Birgit das feuchte Tuch auf meine Stirn.

»Schlaf gut, und wenn etwas ist, sag Bescheid.« Birgit bleibt so lange sitzen, bis ich eingeschlafen bin.

In den nächsten Tagen bewege ich mich nur vom Sofa zur Toilette und zurück. Wenn ich nicht schlafe, schaue ich mich träge im Zimmer um. Mein Blick geht von der Schrankwand zum Fenster, zum Fernsehtisch und wieder zurück. Langsam kenne ich jedes Detail des Raums, jede Überraschungsei-Figur im Regal, jeden Buchrücken. Die Sonne scheint ab morgens bis gegen elf Uhr durch das große Wohnzimmerfenster, dann wandert sie um das Haus. Gegen 16 Uhr strahlt sie in das zweite kleinere Zimmer, in dem Israels Bett steht.

Den Fernseher lassen wir nur selten laufen. Mich strengt das Geflimmer und Geplapper zu sehr an.

Birgit macht mir Wadenwickel, sie kocht Tee und macht Essen, das ich allerdings nur in kleinen Mengen zu mir nehmen kann. Meistens sitzt sie einfach nur ruhig neben mir und liest in einem Buch aus Israels Sammlung. Ein Fieberthermometer finden wir nicht, und Israel können wir nicht danach fragen, weil er kein Festnetztelefon in seiner Wohnung hat und wir kein Handy. Wir wissen noch nicht einmal, wann er wiederkommt.

»Du solltest zum Arzt«, sagt Birgit, als es mir am vierten Tag immer noch nicht besser geht.

»Ich kann aber so nirgendwo hingehen und schon gar nicht in einem Wartezimmer sitzen.« Die Grippe hat meine letzten Kraftreserven aufgebraucht.

»Dann muss eine Ärztin eben hierherkommen.«

»Und was sollen wir ihr sagen? Hallo, kommen Sie her, aber wir wohnen hier nicht?«

»Zum Beispiel.«

»Nee«, beharre ich, »das geht von alleine weg.«

Nach sechs Tagen hören wir, wie die Tür vorsichtig aufgeschlossen wird, dann ein Klopfen auf Holz und ein zögerliches:

»Hallo? Resi?«

»Israel!« Meine Stimme hat schon wieder etwas Kraft. Seit gestern geht es mir etwas besser.

Mit einem Rucksack auf dem Rücken steht Israel in seiner Wohnung, als wäre er der Besuch. Zu allem Überfluss habe ich auch noch eins seiner T-Shirts an, weil meine Klamotten alle durchgeschwitzt sind. Aber das scheint ihn nicht weiter zu stören. »Oh Mann, Resi«, sagt er, »da hat's dich ja ganz schön erwischt!«

Ich nicke.

»Danke, dass wir hierherkommen durften.«

Israel winkt ab.

Am Abend sitzen wir zusammen in der Küche. Israel hat irgendwas mit Reis gekocht. Ich kann jetzt wieder größere Portionen essen. Ich erzähle von der Nacht in Bad Kissingen. Irgendwann merke ich, dass Birgit gar nichts mehr sagt. Sie sitzt zusammengesunken auf ihrem Stuhl und starrt vor sich hin.

»Alles klar?«, frage ich.

»Scheiße, mir ist total heiß. Ich glaub, jetzt krieg ich Fieber«, jammert sie.

FREMD UND ZUSAMMEN – DIE TIPPELEI UND DIE LIEBE

VOM SUCHEN UND FINDEN

Die Gesellin läuft über den Rasen und blickt dabei konzentriert auf den Boden, als gäbe es dort etwas besonders Interessantes zu sehen. Sie macht das schon eine ganze Weile und scheint alles um sich herum vergessen zu haben. Offensichtlich ist sie Köchin oder Bäckerin, denn sie trägt zu ihrer schwarzen Hose ein Pepita-Jackett (Pepita ist dieses schwarz-weiße Muster, das aussieht, als ob die Karos ineinanderfließen würden).

»Alles okay? Suchst du was?«

»Ich hab meinen Ohrring verloren«, sagt sie, ohne aufzublicken.

»Wie sieht der denn aus?«

Sie reibt sich am Ohrläppchen, als würde ihr das helfen, sich daran zu erinnern: »Silberne Kreole. Die muss hier irgendwo sein.« Dann blickt sie unvermittelt hoch. Ihre Augen sind wie blaue Scheinwerfer. Ihren Schlapphut hat sie schräg aufgesetzt, rote Strähnen gucken darunter hervor. Die meisten Gesellinnen und Gesellen hier auf der Heimgehparty von Frede

Goldschmiedin kenne ich, aber diese habe ich noch nie gesehen.

»Soll ich dir helfen?« Ich bin selbst überrascht, dass ich das anbiete. Eigentlich wollte ich nach Birgit Ausschau halten, mit der ich verabredet bin.

»Gern«, sagt sie, und es dauert ein bisschen, bis ich begreife, dass sie damit meine Hilfe angenommen hat.

»Bist du Köchin?«

»Richtig. Nicht schlecht geraten.« Und dann blickt sie mich wieder mit diesen blauen Augen an, als wollte sie noch mehr sagen, doch ihr Blick geht unvermittelt wieder auf den Boden. Sie heißt Katharina und ist noch nicht lange unterwegs. Eine Freundin hat sie mit hierher gebracht.

Stück für Stück durchkämmen wir den Rasen. Irgendwann gehen wir in die Hocke, Katharina kriecht auf allen vieren über den Boden. Ich vermeide das, Grasflecken gehen echt schlecht raus aus weißen Hosen.

»Bist du sicher, dass du ihn hier verloren hast?«, frage ich.

»Ich glaub schon.« Sie fährt mit der Hand über die Wiese und murmelt: »Ich muss den finden. Mein Freund Ove hat ihn mir extra für die Wanderschaft geschenkt. Das ist ein Glücksbringer!«

Hier liegen Bierdeckel, Zigarettenstummel und Kaugummipapierchen, aber weit und breit keine Kreole. Das Hocken wird langsam unbequem, selbst auf Katharinas schwarzen Hosen zeichnen sich Flecken auf den Knien ab. Und da kommt auch schon Birgit und streicht mir über den Rücken. »Wir trinken da drüben ein Bier, kommst du mit?«, sagt sie.

»Ich muss Katharina noch helfen. Ich komm gleich«, höre ich mich sagen. Aus irgendeinem Grund will ich die Köchin hier nicht alleine lassen. Ich bücke mich wieder über das Gras und suche weiter den Boden nach etwas Glänzendem ab.

»Wir sollten aufhören, den finden wir hier nicht, und gleich wird's auch dunkel.« Es ist eine ganze Weile vergangen. Meine

Glieder sind steif geworden. Ich schüttle meine Beine aus, um sie zu lockern.

»Ich muss den Ohrring aber finden!« Katharinas Stimme hat etwas Dringliches, ihre Augen leuchten mich an.

»Aber du musst doch auch mal was essen und trinken. Und vielleicht stößt du dann auf den Ohrring, wenn du ihn nicht mehr suchst.«

»Ich muss ihn finden«, murmelt sie weiter, »er ist mein Glücksbringer.« Zwischen ihren Scheinwerferaugen zieht sich eine Falte zur Stirn.

»Komm jetzt. Lass uns ein Bier trinken und was essen. Und dann setzen wir uns gemütlich ans Feuer.« Katharina sieht so unglücklich aus, dass es kaum auszuhalten ist. »Ich hab eine Idee«, rede ich weiter. »Ich mach dir einfach einen neuen Ohrring, der dann dein Glücksbringer werden kann.«

Zögernd richtet sie sich auf. »Ehrlich?«

»Ja klar.«

»Hand drauf.«

Ich bin nicht sicher, ob es eine gute Idee ist, das zu versprechen, aber aus der Nummer komme ich jetzt nicht mehr raus. Wir reichen uns die Hände. Ihre ist rau und trocken. Hoffentlich vergisst sie das mit dem Ohrring wieder, denke ich.

»Resi, aufwachen!«, ruft Birgit.

»Ich bin doch schon wach. Außerdem heißt das: Guten Morgen!«, murmele ich und wechsle meine Position, um direkt in Birgits Gesicht zu blicken. Seit einer Stunde liege ich schon wach neben ihr im Zelt und habe mich nicht gerührt.

»Ist was?«

»Nö«, sage ich, und es ist ja auch nichts. Nur dass ich die ganze Nacht an Katharina denken musste. Wir saßen zusammen am Feuer und haben uns den ganzen Abend unterhalten. Beim Sprechen gestikuliert sie die ganze Zeit mir ihren Händen, die superschön, schmal und trotzdem kräftig sind. Und dann diese blauen Augen.

»Resi, willst du mir was vormachen?«

»Wieso?«

»Da ist doch was. Ich sehe es an deinem Blick!«

Wie leicht Birgit mich durchschauen kann. Sie kennt mich einfach zu gut. »Gestern«, beginne ich zögernd, »da war doch dieses eine Mädchen mit der Pepita-Kluft ...«

»Katharina Köchin, meinst du? Die, die gestern auf allen vieren über die Wiese gekrochen ist?«

»Ja, genau, die!« Ich ringe nach den richtigen Worten. »Ich musste die ganze Nacht an sie denken.« Dabei rutsche ich ein paar Zentimeter in den Schlafsack, so, als wolle ich mich verstecken.

Birgit zögert einen Moment. »Du meinst, du bist verliebt?«

»Nein, ich denk nur an sie.« Mir wird warm im Gesicht, als ich das sage. Natürlich bin ich nicht verliebt, aber es gibt doch diese Aufgeregtheit, die Begegnungen mit interessanten Menschen auslösen.

»Und findest du sie toll?«

»Ich weiß nicht«, murmele ich.

»Du bist fasziniert!«, stellt Birgit fest.

Ich schiebe den Rand meines Schlafsacks ein bisschen höher vor mein Gesicht.

»Ist doch nicht schlimm, Resi. Sträub dich nicht dagegen. Genieß es einfach.«

Das sagt sich so einfach. Ich hoffe lieber, dass Katharina mir schnell aus dem Kopf geht. Ich will mich nicht verlieben, und schon gar nicht in eine Frau.

Ein paar Wochen später treffe ich Katharina wieder. Wir sind beide zur Losgehparty von Till Tischler zugereist. Ich hab gehofft, dass sie kommt, und gleichzeitig habe ich mich davor gefürchtet.

Als ich sie dann sehe, mit der Pepita-Jacke und diesen Augen, klopft mein Herz so, dass ich fürchte, man kann es durch die Kluft hindurch sehen. Das ist anstrengend, und ich würde das gerne abstellen, aber es geht nicht. Katharinas Nähe macht mich kribbelig. Deshalb will ich die Flucht nach vorn antreten. Wenn ich mich mit ihr unterhalte, geht dieses Gekribbel bestimmt ganz von selbst weg. Aber das mit dem Unterhalten klappt irgendwie nicht, denn immer wenn ich mich gerade aufgerafft habe, etwas zu ihr zu sagen, ist sie schon wieder weg oder redet mit jemand anderem. So geht es bis zum Abend, an dem wir auf einer Bretterveranda sitzen – die Familie von Till, etwa 20 Wandergesellen und einige seiner besten Freunde, die zum Abschiednehmen gekommen sind. Die ganze Zeit denke ich fieberhaft darüber nach, wie ich ein Gespräch mit Katharina anfangen kann. Ich sitze ganz in ihrer Nähe, ich spüre ihre Anwesenheit beinahe körperlich, aber mir fällt kein einziges interessantes Gesprächsthema ein. Das Geplapper der anderen geht an mir vorbei, irgendwann fängt es an zu regnen. Die Tropfen fallen prasselnd auf das Dach über uns. Franz Bootsbauer hat seine Gitarre ausgepackt und klimpert darauf herum.

»Resi?« Mit einem Mal klopft mir Isa Schneiderin auf die Schulter. Ich zucke zusammen, so tief war ich in Gedanken versunken.

»Der rote Schlafsack, auf dem ›Women's Dream‹ draufsteht, das ist doch deiner?« Ich nicke, ich freue mich bei jedem Hineinkuscheln über diese Aufschrift. »Irgendwer hat das Zelt offen gelassen. Dein Schlafsack hat den ganzen Regen abbekommen.«

»Oh nein, ist der jetzt nass?« Mit einem Schlag sind alle Gedanken an Katharina einem anderen Problem gewichen.

»Tut mir leid, ich wollt's dir bloß sagen.«

»Und jetzt?«

Es fallen nur noch ein paar Tropfen, als ich im Dunkeln zum Zelt stolpere. Und es ist wirklich gut, dass Isa mir Bescheid gesagt hat. Ich kann in dem Schlafsack, der am Kopfende völlig durchnässt ist, heute Nacht auf keinen Fall schlafen. Ich kann froh sein, wenn er bis morgen wieder trocken ist. Erst einmal nehme ich ihn mit unter das Dach der Veranda, damit er nicht noch mehr Regen abbekommt. Es ist April, nachts wird es noch richtig knackig kalt. Ich hatte mich schon auf den warmen Schlafsack gefreut, und jetzt habe ich keine Ahnung, wie ich die Nacht verbringen soll. So ein Mist.

»Hab ich richtig gehört, dein Schlafsack ist nass?« Katharina beugt sich zu mir rüber. »Dann komm doch mit ins Haus. Einige von uns schlafen dort im Wohnzimmer auf dem Boden. Da ist sicher noch ein Plätzchen für dich.«

Die Möglichkeit, in Katharinas Nähe zu übernachten, macht mich noch kribbeliger. Ich ahne, dass eine Nacht im Zelt in meinem Schlafsack erholsamer wäre.

Im Wohnzimmer von Tills Eltern riecht es nach Schweißfüßen und feuchter Kleidung. Wir müssen über ein paar Gestalten steigen, die schon auf dem Boden schlafen. Im Halbdunkel erkenne ich eine Schrankwand auf der einen Seite, auf der anderen ein riesiges Sofa, auf dem auch zwei Gesellen liegen. Ein weiterer schläft in Embryohaltung auf einem Sessel. Der Couchtisch ist an die Wand geschoben worden, und daneben auf den dunkel glänzenden Fliesen hat Katharina ihr Nachtlager aufgeschlagen.

Ich lege ein Polster, das ich draußen von einem Gartenstuhl genommen habe, dazu, knapp einen Meter ist es lang, viel zu kurz für mich. Eine Jutedecke konnte ich auch noch auftreiben. Und während Katharina raschelnd das Jackett und die Hose auszieht, lege ich mich lieber angezogen hin. Ganz klein mache ich mich auf der dünnen Unterlage, damit mein Körper möglichst wenig Kontakt zu den Fliesen hat. Der grobe Stoff der Jutedecke kratzt höllisch am Hals und an den Handgelenken. Katharina ist neben mir in ihren Daunenschlafsack gestiegen. Das ist sicher so einer, der auch noch bei minus 20 Grad kuschelig warm hält.

»Gute Nacht«, sage ich zu Katharina und versuche, den harten, kühlen Boden unter mir zu ignorieren.

»Schlaf schön.«

Im Dunkeln kann ich nur noch die Umrisse ihres Kopfs erkennen, ihre Haare und einen Teil ihres Ohrs.

Am anderen Ende des Raums höre ich eine Standuhr ticken, die Geräusche verschmelzen mit dem Schnarchen der Gesellen. Ich schließe die Augen und warte auf Schlaf, aber das ist vollkommen zwecklos. Egal, wie ich mich hinlege, entweder berühren mein Kopf oder meine Beine die Fliesen. Die Jutedecke hält natürlich auch nicht warm. Ich versuche mich zu entspannen, aber die Kälte kriecht in mich rein, bis ich von oben bis unten zittere und bibbere, es schüttelt mich regelrecht, meine Zähne fangen an zu klappern. Keine Aussicht auf Schlaf. Die Standuhr summt zur vollen Stunde eine Melodie.

»Ist was?«, flüstert Katharina in die Dunkelheit. Ich dachte, sie würde längst schlafen.

»Mir ist total kalt.«

Mit der Hand tastet sie nach meiner Decke. »Scheiße, die hält ja gar nicht warm.«

»Nee.«

Ich versuche, tief zu atmen, um nicht mit den Zähnen zu klappern.

»Ich habe eine Idee«, flüstert Katharina wieder. »Wir nehmen deine Decke als Unterlage, und mit meinem Schlafsack decken wir uns zu.«

»Aber wird dir dann nicht kalt?«

»Das wird schon nicht passieren.«

Leise stehen wir auf und breiten die Decken so aus, dass wir beide genügend Platz haben. Dann schlüpfen wir dicht nebeneinander unter den Schlafsack, damit er uns beide bedeckt. »Oh, scheiße, bist du kalt«, flüstert Katharina. »Lass uns mal näher zusammenrücken, damit dir schneller warm wird.«

Ich rutsche näher an sie heran. Ihr Körper ist weich und warm, aber es ist eine elektrische Wärme, die mich ganz unruhig macht. Ein paar Minuten liegen wir so aneinandergekuschelt. Ich ahne schon, dass ich auch so nicht in den Schlaf finden werde. Katharinas Atem geht nach einer Weile wieder ruhig. Sie wird eingeschlafen sein. Vorsichtig drehe ich mich zu ihr um, sodass unsere Gesichter einander zugewandt sind. Für einen kurzen Moment habe ich den Eindruck, sie hätte die Augen aufgeschlagen und würde mich auch ansehen.

Und dann beuge ich mich vor und küsse sie auf den Mund.

Ich kann selbst nicht sagen, was da in mich gefahren ist, es geschieht ganz von alleine. Und sie: lässt es geschehen und rührt sich nicht. Ihre Lippen sind weich und gleichzeitig fest. Ich bin so überwältigt davon, dass ich es gewagt habe, diese Frau zu küssen, dass ich mich schnell umdrehe. Ihr Arm legt sich von hinten um mich. Ich spüre mein Herz klopfen, höre das Ticken der Uhr, das Schnarchen der schlafenden Gesellen und direkt hinter mir Katharinas leisen Atem. Ich hab es getan: Ich hab sie geküsst, und sie scheint einverstanden damit.

Das alles ist gut.

Supergut.

»Wenn du mir sagst, wo du jetzt hinfährst, könnte ich dir einen Brief schreiben«, sage ich. Umständlicher kann man wohl nicht ausdrücken, dass man mit jemandem Kontakt halten will.

»Schreib ich dir gleich auf.« Katharina ist damit beschäftigt, ihren Daunenschlafsack einzurollen. Ihren Deckel hat sie noch nicht aufgesetzt, ihr schulterlanges rotes Haar ist heute Morgen zu einem Pferdeschwanz gebunden. Nach dem Kuss in der letzten Nacht kommt sie mir irgendwie abweisend vor.

»Ich bin die nächsten zwei Wochen bei einem Krauter in der Nähe von Passau«, erkläre ich und krame in meinen Taschen nach Stift und Zettel. »Nach der Ortsschildkletterei klinke ich mich aus. Muss morgen in Bayern sein.«

»Aha.« Sie nickt, dabei wippt ihr Zopf hoch und runter.

»Ich schreib dir die Adresse auf.«

Katharina stopft den Schlafsack in den dafür vorgesehenen Beutel und nickt, ohne aufzublicken.

»Du kannst mir ja auch noch deine Mail-Adresse geben«, schlage ich vor. Katharina nickt wieder, während sie immer noch mit dem Schlafsackbeutel kämpft. »Also, wenn du mit Packen fertig bist.« Sie brummt etwas vor sich hin, das ich nicht verstehe. Ich traue mich nicht nachzufragen. Den Zettel mit meiner Adresse lege ich auf ihren Charlie. Und weil sie noch immer nicht wirklich darauf reagiert, drehe ich ihr den Rücken zu und gehe nach draußen.

Ich erhalte Katharinas Brief nach einer Woche. Ich habe nicht damit gerechnet, dass sie sich noch melden wird. Sie war so schweigsam nach meinem Kuss. Und nun schreibt sie, dass sie noch ein paar Tage bei Tills Losgehtippelei dabei war, dann ist sie weiter zu einer Freundin nach Oldenburg. Und dahin schicke ich ihr meine Antwort. Ich beschreibe ihr eine zart-grüne Wiese, an der ich vorbeigekommen bin, die Frühlingssonne, die Maiglöckchen und Margeriten am Wegrand. Ich will, dass sie merkt, wie empfindsam und feinsinnig ich bin, ich will, dass sie sieht, wie gut ich mich ausdrücken kann; und vor allem will ich, dass sie mich einfach toll findet. Und dann schreibe ich noch: »Das Essen würde viel besser schmecken, wenn du es kochen würdest«, und meine damit, dass ich gerne in ihrer Nähe wäre.

Als diesmal kein Brief von ihr kommt, will ich mir Katharina lieber aus dem Kopf schlagen. Das alles ist mir jetzt schon viel zu kompliziert. Blöderweise funktioniert es nicht mit dem Aus-dem-Kopf-Schlagen. Sobald ich ihren Namen höre, bin ich elek-trisiert, und alles ist wieder da: ihre Augen, die Haare und ein einziger Kuss, von dem ich nicht weiß, ob er etwas zu bedeuten hat. Und die Frage: Mag sie mich, wie ich sie mag? Und: Wie mag ich sie überhaupt?

Birgit lacht, als ich ihr von dem Kuss erzähle. Ich verstehe nicht ganz, warum diese Ungeheuerlichkeit zum Lachen ist, aber dann lache ich mit, und das tut gut.

»Ist doch super«, sagt sie schließlich.

»Aber sie will nichts von mir wissen«, wende ich ein.

»Du hast es ja noch gar nicht richtig versucht«, sagt Birgit.

Ich finde schon, dass ich es versucht habe. Und auf der ande-ren Seite weiß ich auch gar nicht, was ich versuchen soll. Was bitte soll daraus werden, wenn wir uns wieder küssen? Bin ich wirklich so, dass ich Frauen liebe?

Das Frühjahr ist verregnet. Die Sonne zeigt sich selten und dann nur zögerlich hinter Wolken. Ende Juli bricht mit einem Mal der Sommer los, mit einer solchen Hitze, dass man es tagsüber nur in kühlen Kirchengewölben aushält. Und gerade als die Menschen sich daran gewöhnt haben, verschwindet die Hitze wieder. Anfang September hat das Wetter beschlos-sen, auf Herbst umzustellen, und das Thermometer bleibt stur unter 20 Grad. In dieser Zeit sind Birgit und ich in Böl-gental auf dem Demeterhof der Familie Sander. Die Tochter der Landwirte ist Tischlerin und selbst auf Wanderschaft gewesen, deshalb nehmen sie Gesellen hier besonders gast-freundlich auf. Wir helfen ein bisschen mit, bei den Tieren und wenn mal was am Haus zu tun ist. Vor allem dürfen wir mitessen. Gekocht wird bio und reichlich. Mit uns sind Watzel und Meike hier, die ich bei meiner Losgehtippelei kennenge-lernt habe. Ich habe mich bereit erklärt, das Wohnzimmer zu streichen. Und während ich – natürlich mit der Bürste, nicht mit der Rolle – Farbe auf die Wand aufbringe, tritt Birgit in den Raum.

»Rate mal, wer noch zureist?«

»Woher soll ich das wissen?« Ich blinzle Birgit von meiner Leiter herab an.

»Ach komm schon. Rate doch mal!« Ihre Stimme hat etwas Geheimnisvolles. »Denk an jemanden, den du richtig gerne hast.«

»Du bist doch schon da.«

»Ach, komm.« Sie gibt mir einen Klaps auf den Hintern. Dann hält sie es offenbar nicht mehr aus. »Ich hab gehört: Katharina soll heute zureisen.«

»Aha.« Ich spüre mein Herz klopfen, deutlich, ich höre es sogar. Dann wende ich mich wieder der Arbeit zu, aber ich bin hektischer als vorher. Meine Bewegungen sind fahrig, ich fühle mich gehetzt, als wäre es ungeheuer wichtig, dass ich fertig bin, wenn Katharina kommt. Birgit ist ein bisschen enttäuscht, dass ich sie gar nicht mehr beachte, aber ich weiß, dass sie mir das nicht übel nehmen wird. Ich habe jetzt zu tun. Eilig streiche ich zu Ende, eilig räume ich alles weg und wasche den Pinsel aus. Dann gehe ich in die Werkstatt, in der zum Glück niemand ist, und mache die Tür hinter mir zu. Ich brauche dringend einen sicheren Ort, einen Ort, an dem Katharina nicht einfach auftauchen kann mit ihren Scheinwerferaugen und ihren superschönen Händen. Das geht mir alles zu schnell und zu weit. Während ich an der Wand der Werkstatt lehne, fällt mein Blick auf die Arbeitsplatte. Ein Draht aus Metall liegt da. Vielleicht könnte ich ja mein Versprechen einlösen und Katharina einen Ohrring machen? Ich lege mir eine Zange auf der Werkbank zurecht, rücke den Stuhl nah heran und beginne vorsichtig, den Draht zu biegen. Ich muss aufpassen, dass er nicht bricht. Die erste Form entsteht. Ich stelle mir eine Art Käfig vor, in dessen Mitte eine Kugel aus Horn oder Knochen eingesetzt werden soll. Die Arbeit tut gut. Mein Atem wird ruhiger. In der Werkstatt fühle ich mich sicher. Bis Birgit die Tür aufreißt: »Katharina ist da!«

Birgit denkt, ich freue mich. Aber ich freue mich gar nicht. Ich will einfach nur weglaufen und mich irgendwo einbuddeln. Und ich finde es ganz schön unfair von Birgit, dass sie mich in meinem Versteck aufscheucht. Eilig packe ich den unfertigen Ohrring in meine Hosentasche. Auf keinen Fall will ich, dass Katharina sieht, woran ich gearbeitet habe. Und prompt steht sie in der Tür.

»Hallo, Resi!«

»Hallo, Katharina.«

Birgit verlässt uns ein bisschen zu demonstrativ für meinen Geschmack.

»Was baust du denn hier?«

»Ich bau eigentlich gar nichts«, lüge ich. Unwillkürlich balle ich eine Faust um den Ohrring in meiner Tasche.

Katharina hebt die Augenbrauen und blickt mich so komisch an. Ihre Augen strahlen, als wollte sie die Werkstatt damit ausleuchten. Und ich weiß selbst nicht, warum ich sage: »Bin jetzt sowieso hier fertig«, mich an ihr vorbei durch die Tür dränge und eilig Richtung Schlafplatz gehe. Scheiße, denke ich dabei, Riesenscheiße!

Es bleibt mir nichts anderes übrig, als mich daran zu gewöhnen, dass Katharina jetzt hier ist. Watzel und Meike haben zum Abend einen Feuerkorb im Garten aufgestellt, und ich habe angeboten, ein paar Äste fürs Feuer zu suchen.

»Warte, ich komm mit«, sagt Katharina.

Die Luft ist schon kühl, es riecht nach Erde. Ich kann mich kaum aufs Holzsuchen konzentrieren, als ich mit Katharina im Halbdunkel zu den Büschen im hinteren Teil des Hofs gehe. Sie läuft direkt neben mir.

»Wo willst du als Nächstes hin?«, fragt Katharina. Ich spüre ihre Anwesenheit mehr, als ich sie sehe.

»Immer diese Standardfragen«, sage ich. »Wo willst du hin? Wo kommst du her? Können wir diesen Small-Talk-Kack einfach lassen und gleich darüber sprechen, was uns wirklich interessiert?«

»Wir können auch einfach knutschen.« Das sagt sie so ganz selbstverständlich, als wäre das eine echte Alternative zum Small Talk. Und überhaupt ist Katharina plötzlich ganz nah. Und was mache ich? Ich sage: »Nächste Woche fahre ich in die Schweiz. Es gibt da so eine süße kleine Kirche, die restauriert werden muss. Warst du schon mal da? Das ist echt nett ...« Ich plappere, als hätte es den Wortwechsel davor nicht gegeben.

»Willst du jetzt doch lieber smalltalken?«, fragt Katharina. Ich kann nicht erkennen, ob ihre Stimme belustigt oder beleidigt klingt.

»Ich bin einfach müde«, sage ich. Dabei bin ich kein bisschen müde. Ich bin einfach überfordert. Nie und nimmer habe ich damit gerechnet, dass Katharina so direkt sein könnte.

»Wo schläfst du denn?«, fragt sie.

»Bei Birgit und Meike.«

»Kannst auch bei mir schlafen, da ist noch ein Plätzchen aufm Sofa frei«, sagt Katharina. Ich müsste nur den Finger ausstrecken, um sie zu berühren.

»Mal sehen«, sage ich. Und dann marschiere ich einfach wieder zurück zu den anderen und werfe die paar Stöckchen, die ich aufgesammelt habe, in den Feuerkorb. Birgits vielsagenden Blick ignoriere ich.

Den ganzen Abend kann ich mich auf nichts anders konzentrieren als auf Katharinas Knutschvorschlag. Beim Gedanken an ihre weichen Lippen spüre ich mein Herz deutlich schlagen. Katharina sitzt noch eine Weile mit uns am Feuer und blickt in die Flammen. Am Gespräch beteiligt sie sich nicht, genau wie ich. Irgendwann steht sie auf, um schlafen zu gehen. Sie guckt mich nicht mal an, als sie Gute Nacht sagt.

♛

»Sie wollte mit dir knutschen, und du hast sie mit so 'nem Quatsch vollgelabert?«, fragt Birgit. Wir sind zusammen im Schlafraum, ich habe ihr von dem Small-Talk-Gespräch mit Katharina erzählt.

Aus Birgits Mund klingt meine Reaktion darauf wirklich ziemlich blöd.

»Ich weiß doch gar nicht, ob ich wirklich auf Frauen stehe«, verteidige ich mich.

»Stehst du denn auf Katharina?«

Ich schlucke. Wenn Katharina in der Nähe ist, kann ich nicht klar denken. Stehe ich dann auf sie?

»Mensch, Resi, probier's doch einfach aus. Lass es zu, wenn du sie magst.« Sie blickt mich mit einem Mal direkt an. »Mir ist egal, ob du auf Frauen oder Männer oder sonst wen stehst. Du bist und bleibst meine Freundin.«

Aus irgendeinem Grund wird mir ganz warm im Bauch. So wie Birgit es sagt, klingt es ganz einfach.

»Darf ich?«, frage ich, als ich mit meinem Schlafsack in der Tür zu Katharinas Schlafraum stehe.

»Klar, komm rein.«

Und dann, bevor ich etwas sagen oder erklären oder meinen Schlafsack auseinanderfummeln kann, küssen wir uns schon.

MAMA WILL ES WISSEN

»Theresa, deine Freunde sind bei uns.« Meine Mutter klingt ganz aufgeregt am Telefon.

Katharina, Hedi, Thomas Zimmerer, Henri Zimmerer, Nadim Tischler und Franz Bootsbauer bereiten einen Wandergesellenkongress vor, und meine Mutter hat erlaubt, dass sie dafür einige Tage bei ihr in Kleinrinderfeld übernachten.

»Behandle sie gut, da ist mein Schatz dabei!«

»Dein Schatz? Bist du verliebt?«

»Es ist jemand, den ich sehr, sehr gerne habe.«

»Oha!« Für einen Moment ist es ruhig am anderen Ende der Leitung. »Der mit den langen Haaren?«

»Vielleicht kriegst du's ja selbst raus. Ich ruf dich in ein paar Tagen wieder an.« Und bevor meine Mutter noch etwas sagen kann, lege ich auf. Muss ich meiner Mutter erklären, dass ich eine Frau liebe?

»Das ist bestimmt der Thomas«, sagt sie, als ich mich wieder melde. Thomas Zimmerer ist stämmig, trägt einen Dreitagebart und hat langes, dunkles Haar, das er zu einem Zopf gebunden hat. Und weil er auch Bilder gezeigt hat, auf denen wir beide zusammen drauf sind, glaubt meine Mutter jetzt, dass wir verliebt sind.

»Die Christine sagt das auch«, erklärt sie, als würde das die Sache sicherer machen. Henri Zimmerer kommt für die beiden nicht infrage, er ist zu groß, zu drahtig und zu durchtrainiert, dazu noch das Bübchengesicht. Und auch Franz Bootsbauer schließen die beiden kategorisch aus. Zu klein, zu breit und mit seinen 35 Lenzen auch zu alt für mich. Nur Anne, meine kleine Schwester, hat Zweifel daran, dass Thomas mein Liebster sein könnte.

»Theresa, da ist doch keiner dabei für dich. Wenn ich nicht wüsste, dass du auf Männer stehst, dann würde ich sagen, dein Schatz ist eine Frau«, sagt sie am Telefon.

»Echt? Warum?«

»Schwer zu sagen, aber diese Katharina, die reagiert immer so komisch, wenn von dir die Rede ist.«

Erst als die Truppe Kleinrinderfeld wieder verlassen hat,

gebe ich zu, dass Anne recht hat. Meine Mutter tut natürlich so, als sei das schon lange klar. »Ich hab's an Katharinas Augen gesehen, wenn wir von dir gesprochen haben. Eine Mutter spürt so was«, sagt sie. Kein Wort darüber, dass Katharina eine Frau ist. Kein Wort über Homosexualität und darüber, was die Leute im Dorf sagen, wenn das rauskommt. Dabei weiß ich, wie ihr das Gerede zu schaffen machen kann. Offenbar hat sie sich entschieden, kein Problem daraus zu machen. Und das ist großartig.

Und dann fragt sie doch noch etwas, was mich etwas aus der Ruhe bringt: »Seid ihr denn ein richtiges Paar?«

Partnerschaft und Tippelei passen nicht gut zusammen, das entspricht jedenfalls der allgemeinen Erfahrung. Ich habe Gesellen und Gesellinnen auf der Wanderschaft getroffen, deren Partner nicht wandern. Die treffen sich dann außerhalb der Bannmeile und verbringen ein paar Tage miteinander, bis es wieder weitergeht. So wie Jan Tischler und Anne, die ich in Nürnberg getroffen habe. Ich weiß nicht, ob die beiden noch ein Paar sind. Die meisten Beziehungen überstehen die Wanderschaft nicht. Meistens läuft es so wie bei Lea Handstickerin, die ich auf einer Sommerbaustelle getroffen habe. Bevor sie losging, hatte sie einen Freund, mit dem es richtig ernst war. Ein Jahr lang waren die beiden noch zusammen, während sie auf Tippelei war, aber irgendwann war die Distanz einfach zu groß geworden. Lea hat sich für die Tippelei entschieden – und gegen ihn. »Das sind meine drei Jahre und ein Tag. Er hat einfach nicht akzeptiert, dass ich mich nicht jeden Tag gemeldet habe«, erzählte sie. Dass wir nicht ständig erreichbar sind, selbst für unsere Liebsten nicht, ist für Außenstehende oft schwer zu begreifen. Die meisten Beziehungen zwischen Wandergesellen und »richtigen Menschen« halten das nicht aus.

Und auch Beziehungen auf Wanderschaft sind kompliziert. Die wenigen, die als Paar auf Tippelei sind, machen ihr Ding, oft reisen sie in andere Länder und haben wenig mit anderen Wandergesellen zu tun.

Partnerschaft und Wanderschaft kann auch ein anderes Problem mit sich bringen: Immer wieder mal werden Gesellinnen unterwegs schwanger. Ich weiß von mindestens einer Schneiderin, die nach anderthalb Jahren nach Hause gehen musste, weil sie im sechsten Monat war. Ihr Freund gehörte einem dieser Schächte an, in denen Frauen nicht erwandert werden. Er ist noch ein Jahr gereist, bis seine Zeit zu Ende war. Sein Schacht hat nicht zugelassen, dass er früher aufhört, und er war nicht in der Lage, sich von seinem Schacht zu trennen. Bei uns Freireisenden ist das ein bisschen anders: Gesellen, die Vater werden und nicht nach Hause zu ihrer Partnerin gehen, um sie zu unterstützen, werden von uns gemieden. Das soll ihnen deutlich machen, dass sie jetzt woanders gebraucht werden.

Katharina und ich wollen alles anders und richtig machen, wir wollen uns Freiheit lassen, zusammen, aber auch ohne einander reisen. Auf keinen Fall wollen wir aufeinander fixiert sein. Wir sind fest entschlossen, zu den wenigen zu gehören, deren Liebe die Wanderschaft übersteht.

Aber Katharina und ich sind ja nicht nur verliebt, sondern auch noch homosexuell, was das Ganze ein bisschen ungewöhnlicher macht. Einen bekennenden schwulen Wandergesellen habe ich noch nicht getroffen. Entweder leugnen die Schwulen es hartnäckig, oder Schwule gehen einfach nicht auf Wanderschaft. Lesbische Wandergesellinnen kenne ich aber sehr wohl. Und ich habe noch nicht erlebt, dass das für großes Gerede gesorgt hat. Trotzdem bin ich gespannt, wie meine Freunde meine Beziehung zu einer Frau aufnehmen werden. Irgendwie verbreitet sich die Nachricht von unserer Liebe ohne unser Zutun. Hedi schreibt mir irgendwann eine Mail: »Hab gehört, Du bist mit Katharina zusammen. Gute Wahl!«

Bianca erzähle ich irgendwann von Katharina. »Hört sich gut an«, sagt sie. »Wann kocht die mal für uns?«

FERNWEH

Der Herbst ist bunt und mild. Vielleicht kommt er mir auch nur so vor, weil ich verliebt bin. Das alles ist neu und unerwartet schön. Katharina und ich reisen und arbeiten. Wenn wir uns nicht sehen, schreiben wir uns Briefe. Erst im Dezember sinken die Temperaturen mit einem Mal drastisch, pünktlich zur Adventszeit fallen Massen an Schnee. Mir graust davor, einen strengen Winter überstehen zu müssen. Die Frostbeulen an meinen Füßen machen sich wieder bemerkbar. Eine neue an der Hand kommt dazu und geht gar nicht mehr weg. Das Arbeiten in ungeheizten Kirchen zermürbt mich.

»Lass uns wegfahren, irgendwohin, wo es jetzt warm ist«, schlage ich Katharina vor.

»Wohin denn?«

»Vielleicht Griechenland! Da können wir bestimmt schön schaniegeln. « Ich male mir aus, wie ich in einer dieser weißen Kirchen mit blauer Kuppel stehe, ohne Griechischkenntnisse mit den Meistern debattiere und Wandbilder ausbessere. Katharina findet Arbeit in einer griechischen Taverne und serviert mir abends das beste Gyros mit Tzatziki der Stadt. Aber bevor es losgehen kann, müssen wir erst mal einen günstigen Flug bekommen. Wir fahren also zum Münchner Flughafen und fragen dort am Schalter. Eine bebrillte Frau lächelt uns an.

»Wir wollen in die Sonne, nach Griechenland! Haben Sie da was Günstiges für uns?«, frage ich.

Sie mustert uns und hebt eine Augenbraue.

»Griechenland? Mmh, wenn ihr Sonne bei zwölf Grad haben wollt, dann könnt ihr Griechenland gerne buchen.«

Katharina und ich gucken uns an.

»Wärmer ist das da nicht?«

»Wenn ihr es warm haben und in Europa bleiben wollt, würde ich euch die Kanaren empfehlen. Da hat's jetzt so um die 21 Grad. Soll ich mal gucken?«

Katharina und ich nicken.

»Wie wäre zum Beispiel Fuerteventura? Die Insel gehört zu Spanien und hat den Euro«, erklärt sie uns, ohne den Blick vom Bildschirm zu nehmen. Mit irre langen, rosaroten Fingernägeln tippt sie auf der Tastatur herum. »Der günstigste Flug kostet aktuell hin und zurück 69 Euro pro Person, wenn ihr flexibel seid.« Sie blickt uns über den Rand ihrer Brille hinweg an.

»Wunderbar. Dann buchen wir das«, sagt Katharina.

Eine Woche vor Weihnachten geht es los.

Als wir das Flugzeug verlassen, fühle ich mich ein bisschen, als wäre ich auf dem Mond gelandet, keine Bäume, kein Gras, nur Steine und beigegraue Erde. Selbst jenseits des kleinen Flugplatzes ist kein Grün zu sehen. Ein warmer Wind reißt an unseren Hüten, gleichzeitig ist es so hell, dass wir die Augen zusammenkneifen müssen. Über das asphaltierte Rollfeld laufen wir rüber zum Flughafengebäude. Unsere Charlies gingen zwar als Handgepäck durch, aber die Stenze wurden nach irgendeiner Verordnung wie Sportgeräte behandelt. Sie mussten im Frachtraum befördert werden.

Neben uns am Gepäckband steht ein Typ in unserem Alter, seine Dreadlocks gehen ihm bis zur Hüfte. Er zieht einen Akkordeonkoffer vom Band. Im Flieger ist er mir schon aufgefallen. Sieht aus, als sei er hier, um auf der Straße Musik zu machen.

»Ihr seid deutsch?«, fragt er, als er meinen Blick bemerkt.

»Du offenbar auch. Kennst du dich hier aus?«

Der Typ wiegt den Kopf, als müsste er über diese Frage erst mal nachdenken.

»Kannst du uns einen Tipp geben?«

»Joa. Ist schon schön hier, aber hier wächst halt nichts. Außer Oliven. Und dann gibt's noch Schafskäse. Wenn ihr was essen wollt, was von der Insel kommt: Oliven und Schafskäse. Mehr gibt es hier nicht. Ich wünsch euch viel Glück.« Er winkt noch, bevor er mit seinem Köfferchen Richtung Ausgang geht.

Wir sehen ihm kopfschüttelnd nach. Was er da gesagt hat,

klingt ziemlich absurd. Unmöglich, dass man auf dieser Insel keine anderen Lebensmittel produzieren kann als Oliven und Schafskäse.

Vor dem Flughafen sind wir wieder dem warmen Wind ausgesetzt, es fühlt sich an, als würde er direkt aus der Wüste kommen. Ein paar Palmen wedeln mit den Blättern, dahinter graubeige Felsen und Sand. Wir setzen uns in den Schatten einer Palme und starren auf das karge Gelände. Katharina kramt Schokolade aus ihrem Gepäck. Wir brauchen etwas Leckeres, Süßes, um diese Landschaft zu verdauen.

»Ob das hier überall so ist?«, fragt Katharina fassungslos.

»Du meinst, ohne Gras und Büsche und so was?«

Katharina nickt langsam und schiebt sich ein Stück Schokolade in den Mund.

Eine einzige Straße führt am Flughafen vorbei. Als wir genug Kraft getankt haben, um weiterzureisen, halten wir die Daumen raus. Der Wind wirbelt den Staub vom Boden auf. Ich will gar nicht wissen, wie heiß es ohne den ständigen Luftzug wäre. Ein, zwei Autos fahren vorbei, das dritte Auto hält. Ein Mann mit schlohweißem Haar hat das Autofenster seines roten Golfs heruntergefahren.

»Ihr kommt doch sicher aus Deutschland, oder? Ich fahr runter nach Morro Jable. Wollt ihr mit?«

»Ja, danke.« Wir steigen mit unseren Stenzen und unserem Gepäck hinten ein.

»Ihr seid auf Wanderschaft, gell?«

»Genau.«

»Na, dann herzlich willkommen hier auf Fuerteventura!«

Der Mann hat das Fenster offen gelassen, der Fahrtwind bläst uns ins Gesicht. Er ist kaum kühler als der Wüstenwind, der uns hier empfangen hat. Felsen ziehen an uns vorbei, ein Kaktus steht einsam an einem Hang.

»Gibt's hier denn gar keine Pflanzen? Ich meine Büsche oder Gras?«, rufe ich dem Fahrer gegen den Fahrtwind zu.

»Nee«, lacht der Mann. »Dafür ist es immer warm. Ich lebe hier seit 15 Jahren.« Er hebt den Daumen in die Luft. Offenbar vermisst er die Pflanzen nicht.

Er hält in einem kleinen Ort an einer Straße, an der sich Souvenirläden und Imbissstände aneinanderreihen. Menschen flanieren in kurzen Hosen und Kleidchen herum und sehen nach Urlaub aus.

»Viel Spaß euch! Ade«, ruft unser Fahrer noch aus dem Fenster hinaus, dann gibt er Gas und verschwindet hinter einer Kurve. Wir stehen mit unserer Kluft mitten im Urlaubsparadies und kommen uns ein bisschen fehl am Platz vor, abgesehen davon ist uns ziemlich warm damit. Erst mal laufen wir die Straße runter, in die Richtung, in der wir das Meer vermuten. Eine riesige Hotelanlage taucht vor uns auf, wir scheinen auf dem richtigen Weg zu sein.

»Lass uns hier mal nach einer Übernachtungsmöglichkeit fragen«, sage ich zu Katharina. Die Sonne steht schon schräg, und ich möchte zu gerne einen Platz haben, an dem ich meine Sachen ablegen kann.

Die Lobby ist voll von Shorts tragenden Urlaubern. Hinter der Rezeption steht eine Frau mit dunklen Locken und lächelt uns an, als würde sie uns schon erwarten. Den Schnack tragen wir natürlich auf Deutsch vor. Das Lächeln der Frau wird etwas angestrengter. »Wait, please«, sagt sie und kommt mit einer anderen Frau zurück, die uns ernst mustert.

»It's traditional«, sage ich.

»Oficio viajando, tradicionalmente«, sagt Katharina, die immerhin ein paar Worte Spanisch kann. Reisendes Handwerk, traditionell.

Die Frauen holen einen Mann im Anzug. Katharina und ich sehen den dreien zu, wie sie schnell und lebhaft aufeinander einreden. Auf Katharinas Stirn ist eine Falte entstanden, die zwischen den Augen beginnt und sich fast bis zum Haaransatz hochzieht. Das kriegt sie immer, wenn sie sich konzentriert.

Ich rechne schon damit, dass wir weggeschickt werden, da legt der Mann einen Schlüssel auf den Tresen und lächelt. Wir dürfen offenbar bleiben. Die beiden Frauen schauen ein bisschen skeptisch, aber sie müssen sich wohl damit abfinden.

Wir müssen durch ein Labyrinth aus Treppen und Fluren, dann stehen wir in einem hellen Zimmer, vor uns ein riesiges Doppelbett. Katharina reißt die Balkontür auf. »Ich kann das Meer sehen«, ruft sie. Dem Bett gegenüber hängt ein gewaltiger Flachbildschirm. Ich hatte erwartet, dass sie uns ein billiges, enges Zimmerchen geben, stattdessen ist es eine richtige Luxusbehausung. Ich lege mich auf das Bett mit der ultraweichen Matratze und den überdimensionierten Kissen. Die Wäsche duftet frisch gewaschen – und sie ist gemangelt. Katharina lässt sich neben mich fallen. Wanderschaft kann so schön sein!

Abends klopft es an unsere Zimmertür. Wir haben ein kleines bisschen Angst, dass wir doch noch rausgeschmissen werden, als wir öffnen. Aber dann steht ein braun gebrannter junger Mann, etwa in unserem Alter, vor uns, die Sonnenbrille hat er ins Haar geschoben, er lächelt und zeigt dabei Zähne, die jeden Zahnarzt begeistern würden.

»Hey, ich bin Kev. Ich bin Animateur hier und hab gehört, hier sind Deutsche angekommen, die etwas alternativer sind. Ich wollt mit zwei Freundinnen an den Strand, chillen und Gitarre spielen. Habt ihr Bock, mitzukommen?«

Wir schauen in das Lächeln, dann werfen wir uns einen Blick zu. Klar kommen wir mit.

Es ist noch angenehm warm am Wasser. Wir sitzen an einer Stelle, an der es windstill ist. Die Jacketts brauchen wir nicht. Die Wellen klatschen leise gegen den Strand. Kev stellt uns Linda und Jennifer vor. Linda erinnert mich mit ihren vollen Lippen an Julia Roberts, Jennifer hat geschwungene dunkle

Wimpern, lange, braune Beine ragen aus ihren kurzen Hosen. Die beiden arbeiten auch als Animateurinnen und sind in einem Nachbarhotel angestellt. Kev greift zur Gitarre und klimpert darauf herum. Jennifer blickt verträumt aufs Meer, Linda summt zur Musik. Die drei sehen aus wie aus dem Urlaubskatalog. Ein bisschen komisch ist es schon, hier in leicht muffiger Kluft zwischen diesen perfekten Schönheiten zu sitzen. Die drei scheint das aber nicht zu stören, und deshalb beschließe ich, dass es mir auch nichts ausmacht. Mittlerweile ist die Sonne untergegangen, wir sitzen immer noch ohne Jackett da und können kaum glauben, dass wir heute Morgen noch im deutschen Winter waren. Jennifer entkorkt eine Flasche Rotwein und reicht sie weiter.

»Erzählt mal, was ihr so treibt. Warum tragt ihr diese Klamotten?«, fragt Kev.

Es ist inzwischen ein bisschen so, als würde ich ein Tonband abspielen, wenn ich von der Wanderschaft erzähle. Katharinas Worten höre ich an, dass es ihr schon genauso geht, obwohl sie noch nicht lange unterwegs ist. Wenn wir auf »richtige Menschen« treffen, wird immer dasselbe gefragt, also antworten wir auch immer mehr oder weniger dasselbe. Vielleicht geht das allen Menschen so, die mehrmals täglich erklären müssen, wer sie sind, was sie tun und warum sie tun, was sie tun.

»Und ihr dürft während der ganzen Wanderschaft nicht ein einziges Mal nach Hause?« Ungläubig schüttelt Linda den Kopf, die Rehaugen vor Entsetzen geweitet. »Das könnte ich mir nie, nie im Leben vorstellen.«

Katharina und ich lächeln uns an. Wir wussten beide, dass jemand aus der Runde diesen Satz sagen würde.

»Wann krieg ich eigentlich meinen Ohrring?«, fragt Katharina, als wir im Bett liegen.

»Der ist so gut wie fertig«, behaupte ich und versuche, das Thema zu wechseln. »Wer ist eigentlich dieser Freund, der dir die Kreole gemacht hat, die du verloren hast?«

»Ove? Ach der. Der ist einfach ein guter Freund.«

»Ich dachte, du wärst mit dem zusammen«, gestehe ich. »Auch weil du so komisch warst, nachdem ich dich geküsst habe.«

Katharina lacht. »Du hast mich geküsst? Ich hab dich geküsst! Und du hast dich umgedreht und bist eingeschlafen.«

Ein bisschen empört bin ich schon, aber dann lasse ich sie in dem Glauben. Hauptsache ist, dass ich jetzt mit Katharina zusammen hier bin.

Am nächsten Tag verlassen wir das Hotelzimmer so früh wie möglich, um in die Hauptstadt Puerto del Rosario zu fahren. Katharina hat in einem Forum für Köche im Internet gelesen, dass es dort ein deutsches Restaurant geben soll, wo wir nach Arbeit fragen wollen. Wir müssen ein Stück durch die Morgensonne laufen, bis wir zu der Straße kommen, die nach Süden führt. Rechts und links der Fahrbahn liegt steiniges Gelände. Die einzige Pflanze hier ist ein vertrockneter Busch, der mir irgendwie leidtut. Zum Glück müssen wir nicht lange an diesem ungastlichen Ort ausharren. Schon nach kurzer Zeit hält ein Lieferwagen.

»Hola!« Ein junger Mann kurbelt das Fenster runter und fragt, wohin wir wollen.

»Restaurante alemán«, sagt Katharina.

»Si, si, restaurante alemán.« Er nickt und bittet uns mit einer Handbewegung, im Wagen Platz zu nehmen. Wir rutschen auf die beiden Beifahrersitze neben ihm, unser Gepäck und die Stenze legen wir zwischen unsere Beine.

»Soy Paco.« Paco hat dichtes dunkles Haar und rabenschwarze Augen, von Beruf ist er Getränkelieferant. »Cerveza, agua …«

Wir nicken. Er guckt uns fragend an. Puh, jetzt müssen wir ihm erklären, was wir machen. Katharina kratzt sich am Kopf, eine Geste, die sie immer beim Überlegen macht.

»La cocinera!«, strahlt sie ihn schließlich an und zeigt auf sich.

»Ah«, macht Paco und schaut mich fragend an.

Wieder überlegt Katharina: »Iglesia pintura!« Ich greife, um das Kirchliche zu verdeutlichen, an den Rosenkranz, der am Rückspiegel baumelt. Katharina zeigt auf uns beide: »Viajar tradición.« Reisen Tradition – ob er das wohl irgendwie versteht?

»Ah, si, si!«, ruft Paco.

Als Getränkelieferant weiß er, wo das deutsche Restaurant ist. Er fährt uns bis vor die Eingangstür. Mit lautem Hupen verabschiedet er sich.

Im Restaurant ist schon Betrieb, einige Gäste sitzen bereits auf der Terrasse und frühstücken. Der geräumige Gastraum ist in den Farben der bayerischen Flagge – weiß und blau – gehalten. Es riecht nach Braten mit Soße. Eine rundliche Frau im Dirndl trägt Teller mit Weißwürsten an uns vorbei. »Servus!«, ruft sie. »Setzts euch. Ich komm gleich.«

Während wir an einem der Tische warten, stöbern wir in der Speisekarte. Schweinsbraten, Knödel und Sauerkraut werden angeboten, richtige Hausmannskost für alle, die im Ausland nicht auf deutsche Gerichte verzichten wollen. Das Konzept scheint aufzugehen, auch hier drinnen sind viele Tische besetzt.

Die Frau im Dirndl kommt an unseren Tisch. Sie scheint ungefähr im Alter meiner Mutter zu sein. »Was kann ich für euch tun, wollt's ihr a Weißwurscht?«

Wir erheben uns und sprechen unseren Schnack vor.

»Arbeiten wollt's ihr hier? Ihr seid auf der Walz? Wartet mol an Moment.« Und schon ist sie wieder verschwunden. Wir setzen uns wieder hin und beobachten die anderen Gäste beim Essen. Langsam beginnt mein Magen zu knurren. Die letzten Schokoladenreste hatten wir gestern verputzt, heute Morgen gab es nur ein Mentholbonbon zum Frühstück. Das Buffet im

Hotel war noch nicht aufgebaut, als wir los sind. Die Dirndlfrau fegt mit einem Teller voller Würstchen an uns vorbei, bringt sie nach draußen und rauscht wieder in die Küche. Sie ist die einzige Bedienung an diesem Morgen. Schon wieder kommt sie mit neuen Tellern raus, doch dieses Mal stellt sie sie uns auf den Tisch.

»Geht aufs Haus«, sagt sie, und bevor wir uns bedanken können, hat sie sich schon wieder umgedreht.

Weißwürste! Wie lange habe ich die nicht mehr gegessen. Hungrig machen wir uns darüber her. Als wir fertig sind und der Laden leerer wird, kommt die Wirtin mit zwei Weizen an unseren Tisch. »Entschuldigung, wollt ich euch vorhin schon bringen, aber da war's so voll, da konnt ich nicht so schnell zapfen.« Die Wirtin heißt Frau Wagner und betreibt das Restaurant seit zehn Jahren. Sie setzt sich neben uns und schaut, wie wir einen großen Schluck aus unseren Gläsern nehmen. »Also, ich hab mit meinem Mann gesprochen, wir könnten Verstärkung gebrauchen. Kann eine von euch kochen?«

»Ich bin Köchin«, sagt Katharina.

»Super«, sie lächelt Katharina aus einem braun gebrannten Gesicht an, »könntest du meinem Mann in der Küche zur Hand gehen? Kennst dich a bisserl aus mit der bayrischen Küche?«

Katharina nickt.

Sie wendet sich zu mir.

»Ich bin Kirchenmalerin, ich kann alles, auch Bier zapfen«, behaupte ich. »Aber ein Dirndl hab ich leider nicht.«

Frau Wagner lacht. »Des braucht's net«, sagt sie.

Es stellt sich heraus, dass die Wagners einen Wasserschaden hatten. Deshalb sind sie froh, eine Handwerkerin im Haus zu haben. Katharina und ich schlafen in einem kleinen Zimmer zur Straße hin. Während ich die feucht gewordenen Wände neu verputze und übermale, hilft Katharina Herrn Wagner. Er hat einen kleinen Bauch und eigentlich immer gute Laune. Die Wagners kommen aus der Oberpfalz und haben ihre Rezepte von dort mitgebracht: Ihre Spezialität sind Braten und Semmelknödel. Zwei Mal die Woche wird morgens das Weißwurstfrühstück angeboten, dann ist das Restaurant voll mit deutschen Touristen, die ihren Weihnachtsurlaub in der Sonne verbringen, und den hier lebenden deutschen Rentnern.

Wenn Zeit ist, gehen Katharina und ich durch den Ort zum Hafen. Manchmal gehen wir ganz nah beieinander, aber wir halten uns nicht an den Händen. Das mögen wir beide nicht, weil es so etwas Besitzergreifendes hat. Ich mag es, sie wie zufällig zu berühren und ihr zuzusehen, wie sie mit ihren paar Brocken Spanisch etwas erklärt. Sie gestikuliert dabei mit ihren schönen Händen. Den Wagners haben wir nichts von unserer Liebe erzählt. Sie haben nicht danach gefragt, und wir demonstrieren es auch nicht. Für sie sind wir Freundinnen. Sie behandeln uns, als würden wir zur Familie gehören. Wir nennen sie inzwischen Mama und Papa Wagner. Weihnachten dürfen wir mit ihnen feiern. Eigentlich feiern die Spanier die Bescherung erst am 6. Januar, dem »Día de los Reyes«, aber weil die Wagners die deutschen Traditionen aufrechterhalten wollen, feiern sie mit ihrer Familie bereits an Heiligabend, den »Nochebuena«.

»Wir machen die Bescherung allerdings schon mittags, weil wir abends das Restaurant geöffnet haben«, sagt Papa Wagner. »Wir sind ausgebucht«, fügt er mit einem Augenzwinkern hinzu. In den letzten Tagen standen Katharina und er bis spätnachts in der Küche. Ich helfe ab und zu hinterm Tresen, auch wenn die Blume der von mir gezapften Biere nicht ganz so schön ist wie die von Mama Wagner.

An einem Abend, an dem Katharina noch in der Küche steht, krame ich den angefangenen Ohrring vor. Er sollte längst fertig sein. Ich habe lange nach einem passenden Stein für das Drahtgestell gesucht, nichts erschien mir gut genug für Katharina. Hier am Strand habe ich endlich ein hübsches schwarzes Lavasteinchen gefunden. Der wird sie an unsere Zeit auf dieser

Wüsteninsel erinnern. Ich biege und presse, feile und drehe, bis ich Katharinas Schritte vor der Türe höre.

Am 23. Dezember nachmittags gehen Katharina und ich in den Ort. Es gibt dort einen kleinen asiatischen Laden, in dem wir Weihnachtsgeschenke für die Wagners besorgen wollen. »Regalos« steht über dem Eingang.

»Guck mal, Resi!« Katharina hält einen Wackeldackel hoch, der seinen Kopf auf und ab hebt. Seine Bewegung macht sie mit ihrem Kopf nach. Ich kann mich kaum halten vor Lachen. Aber Katharina stöbert schon weiter. »Wie cool!«, ruft sie wie ein kleines Kind in einem Spielzeugladen. »Eine Mini-Geige! Ach, wie schön ist die denn!«

Katharina hält sich die Geige an den Hals und beginnt, ein paar Takte zu spielen. Es klingt schräg, aber die Musik erkenne ich sofort: »Heute hier, morgen dort ...« Ich schnappe mir eine rote Mandoline aus dem gleichen Regal und stimme in ihre Melodie mit ein. Die Leute im Laden haben uns ohnehin schon so komisch angesehen, wegen der Kluft. Jetzt kommen sie um die Ecke und starren uns an. Als wir das Lied ausklingen lassen, ist es für einen Moment ganz still im Laden.

»Bravo!«, ruft eine kleine Frau mit einem Mal und klatscht in die Hände. Und plötzlich klatschen auch die anderen.

»Gracias, gracias!«, rufen wir und verbeugen uns, wie es sich für Musikanten gehört. Wir schwören uns, dass wir uns die beiden Instrumente kaufen, sobald wir genug Geld haben.

Dann besorgen wir die Geschenke für die Wagners. Wir entscheiden uns für einen kleinen Piratenhaken, den man auf den Finger stecken kann, eine Mini-Mundharmonika, eine Mini-Flöte, auf der ein Disney-Bildchen drauf ist, und Knackfrösche.

Am 24. Dezember morgens duftet es im Haus der Wagners nach selbst gemachten Lebkuchen und Festtagsbraten, den Katharina und Papa Wagner zubereiten. Dabei diskutieren sie über die richtige Ofentemperatur. Gegen Mittag kommt die Tochter der Wagners mit ihrem Mann und dem Sohn Miguel. Miguel ist sechs Jahre alt und spricht ausschließlich Spanisch.

»Sag mal Christkindl!«, fordere ich ihn auf. »Christ-kin-dl.«

»Krrisskindl«, sagt Miguel.

Ich lache und streiche ihm mit der Hand über sein dunkles Haar. Für einen Moment erinnert er mich an David. Der kann bestimmt längst fehlerfrei Christkindl sagen. Es ist schon komisch, Weihnachten in dieser warmen Steinwüste zu feiern, statt mit Glühwein vor dem Kachelofen zu sitzen, während draußen Schnee liegt und Minusgrade herrschen. Was meine Familie jetzt wohl macht: Anne, David, Christine, Mama und alle anderen, die jetzt in Kleinrinderfeld sind? Ob noch mehr Schnee gefallen ist? Ob es Heinerle gibt, diese Schichtplätzchen aus Schokomasse und Oblaten? Ich habe eine Karte nach Kleinrinderfeld geschickt. Telefonieren ist teuer, deswegen mag ich die Wagners auch nicht darum bitten. Aber schön wäre es schon, wenigstens kurz ihre Stimmen zu hören.

Am frühen Nachmittag gibt es das spanisch-deutsche Festessen. Die Wagners haben eine Krippe mit Maria und Josef und dem Jesuskind und sogar einen Tannenbaum aus Plastik aufgestellt. Geschmückt ist der Baum mit bunten Glaskugeln und silbernem Lametta – Überresten aus der deutschen Heimat. Neben Miguels Eltern sind auch noch die spanische Großmutter Eva und die jüngere Tochter der Wagners, Daniela, mit ihrem spanischen Freund Alejandro zum Essen gekommen.

Miguels Bäckchen sind rot, seine Augen leuchten, und er kann kaum still sitzen beim Anblick der vielen Geschenke.

»Tranquilo!«, ruft Mama Wagner, während er schon das Papier zerreißt.

Papa Wagner bekommt von uns die Mundharmonika, Mama

Wagner die Disney-Flöte. Die anderen bekommen jeder einen Knackfrosch. Miguel kann gar nicht mehr mit dem Knacken aufhören.

Und dann hat Mama Wagner plötzlich zwei Päckchen in der Hand, die sie uns hinhält.

»Für uns?«, frage ich. Katharina und ich blicken uns an, wir wissen gar nicht, was wir sagen sollen.

»Miguel, möchtest du die für uns öffnen?«, frage ich den Jungen, er versteht mich auch ohne Übersetzung und reißt schon am Geschenkpapier meines Pakets, bis der Inhalt zu sehen ist: die Mandoline aus dem Asialaden. In Katharinas Paket ist die Mini-Violine.

Ich halte das kleine rote Instrument in der Hand und weiß nicht, auf welche Weise ich diesen lieben Menschen sagen kann, wie sehr ich mich freue.

»Na ja, du hast mir doch erzählt, dass ihr die so schön findet«, sagt Papa Wagner zu Katharina. Er klingt ein bisschen verlegen.

Katharina legt die Violine an und spielt die ersten Töne von »Oh Tannenbaum«. Ich stimme mit der Mandoline ein. Papa Wagner versucht ein paar Töne auf der Mundharmonika, Miguel knackt wild mit seinem Knackfrosch, die anderen singen. Es ist ein merkwürdiges Durcheinander von Stimmen und Instrumenten, und draußen scheint die Sonne, und der Wind weht roten Staub aus irgendeiner Wüste herüber.

Irgendwann gehen wir runter ins Restaurant und bereiten alles für den Abend vor. Der Laden ist bis auf den letzten Platz ausgebucht. Aus den Boxen klingen deutsche Weihnachtslieder. Bis nach Mitternacht servieren wir Gänsebraten, Rotkraut, Knödel und Lebkuchen. Als die letzten Gäste gegangen sind, gehen Katharina und ich noch einmal Richtung Hafen. Wir wollen uns noch ein bisschen die Beine vertreten, bevor wir ins Bett gehen. Außerdem will ich noch meinen ganz persönlichen Weihnachtsmoment mit Katharina haben.

Wir stehen am Kai und hören zu, wie die Wellen gegen die Mauer klatschen. Das Wasser glänzt dunkel unter uns. Ich greife tief in meine Hosentasche.

»Ich hab noch was für dich, Katharina«, sage ich. Im Licht der Laternen kann ich ihre Augen schlecht erkennen.

»Oh nein, das ist unfair. Ich hab doch gar nichts für dich«, sagt sie.

»Jetzt wart erst mal ab.« Ich ziehe ein Samtsäckchen hervor, das ich im Regalo-Laden gekauft habe, und reiche es ihr.

Behutsam macht sie die Schleife auf und schüttelt den Inhalt vorsichtig in ihre Handfläche. »Resi, das ist doch nicht etwa …«

»Doch, das ist der Glücksbringer, den ich dir versprochen habe!«

Mit ihren schmalen Fingern hält sie den Ohrring hoch in Richtung einer Straßenlaterne, damit sie ihn ansehen kann. »Ist der schön! Danke!«

»Der Stein ist von hier«, sage ich stolz und deute auf das Innere des Konstrukts.

»Halt mal.« Katharina drückt mir kurz alles in die Hand. Sie fummelt an ihrem linken Ohr, nimmt einen Ohrstecker heraus und steckt den neuen Ohrring, der eigentlich mehr ein Hänger ist, hinein.

»Das sieht super aus!«, sage ich und bin ganz stolz auf mich.

»Ich hab gedacht, du hättest das vergessen«, gesteht Katharina. Sie streicht mit ihrer wunderschönen Hand über meine Wange. In meinem Bauch wird es warm. Katharina und ich sind beide vorsichtig mit dem Wort »Liebe«. Wir versprechen uns nichts, was wir auf Wanderschaft ohnehin nicht halten können. Aber in diesem Moment würde ich ihr doch gerne was richtig Nettes sagen, damit sie weiß, wie sauglücklich ich bin.

HEIMKOMMEN – AM SCHÖNSTEN IST DIE SEHNSUCHT

KLEINRINDERFELD ODER
DIE MÖGLICHKEIT ANZUKOMMEN

Telefonzellen kommen aus der Mode. Ich habe eine gefühlte Stunde gebraucht, um in Lüneburg eine zu finden. Drinnen riecht es nach kaltem Zigarettenrauch und Plastik. Der Hörer ist speckig, die Tasten klemmen ein bisschen, und meine Mutter druckst am anderen Ende der Leitung herum.

»Die Christine heiratet im Mai«, sagt sie schließlich. »Du musst jetzt heimkommen, Theresa.«

Ich lehne meinen Kopf an das schmutzige Glas der Zelle und atme tief durch. Meine Mutter weiß, dass ich während der Wanderschaft nicht einfach nach Kleinrinderfeld kommen kann. Solange ich fremdgeschrieben bin, darf ich die Bannmeile eigentlich gar nicht betreten. Das ist eine Regel, über die ich mich hinwegsetzen könnte, denn als Freireisende muss ich das in erster Linie mit mir selbst abmachen. Aber ich habe mir geschworen, erst dann zurückzukehren, wenn ich einheimisch werde. Und daran werde ich mich halten.

»Resi? Bist du noch dran?«

»Ja«, sage ich knapp.

»Du bist doch jetzt schon drei Jahre und einen Tag unterwegs gewesen. Du kannst doch nach Hause kommen.«

Nach Hause kommen: Damit meint sie, die Wanderschaft beenden. Ich mag den Tonfall nicht, in dem meine Mutter das sagt. Es klingt für mich, als hätte ich die Pflicht zu kommen. Ich mag auch den Gedanken nicht, etwas anderes als Wandergesellin zu sein. Ich hab noch längst nicht alles erlebt, was ich erleben wollte. Ich bin noch nicht bereit fürs Heimkehren.

»Die Christine freut sich so«, höre ich meine Mutter sagen.

Birgit steht vor der Telefonzelle und streckt mir die Zunge raus, doch als ich nicht reagiere, hört sie damit auf und sieht mich besorgt an.

»Theresa? Bist du noch dran? Kommst du zur Hochzeit?«

»Ich weiß nicht«, sage ich und lege auf.

Wütend schlage ich die Telefonzellentür hinter mir zu, ich versuche es jedenfalls, aber das blöde Ding verliert sofort an Schwung und bewegt sich wie in Zeitlupe auf den Rahmen zu. Da ist bestimmt so ein Mechanismus drin, der das Zuknallen verhindert. Ich unterdrücke den Wunsch, dagegen zu treten.

»Was ist denn los?«, fragt Birgit.

»Meine Mutter will, dass ich nach Hause komme«, sage ich.

»Na und? Das wollen Mütter doch immer.«

»Ja, aber meine Schwester heiratet. Sie will, dass ich zur Hochzeit komme. Aber dann muss ich auch einheimisch werden.« Ich schlucke.

»Fahr doch einfach nicht hin«, sagt Birgit.

Aber für mich ist das nicht so einfach. Denn natürlich will ich bei der Hochzeit meiner Schwester dabei sein. Und meine Mutter hat auch recht damit, dass meine Reisezeit, »drei Jahre und ein Tag«, seit November letzten Jahres um ist. Wir haben Februar. Ich könnte ohne Weiteres heimgehen, aber ich will nicht dazu verpflichtet werden. Das Problem ist auch, dass ich mir ein einheimisches Leben einfach nicht vorstellen kann.

Was soll ich in Kleinrinderfeld? Was soll ich im Haus meiner Eltern oder in sonst irgendeiner Wohnung?

Werde ich als Einheimische noch jederzeit meine Sachen packen und irgendwohin fahren können? Und was wird dann aus mir und Katharina? Werden wir das überstehen, wenn ich einheimisch bin?

Ich blicke Birgit an, und Birgit blickt mich an. Und es kommt mir vor, als würde sie mit einem Mal verstehen, was mich umtreibt. »O je«, sagt sie und nimmt mich in den Arm.

Der Februar ist kalt. Weißer Frost legt sich nachts auf die Straßen und verschwindet erst irgendwann gegen Mittag, wenn die Sonne darauf scheint. Ich arbeite auf einer Baustelle in Westfalen. Ein Ehepaar will, dass ich Holzbalken auf ihr Haus male, damit es wie Fachwerk aussieht. Mit einem feinen Pinsel zeichne ich die dunkle Maserung von Eichenholz auf die Hauswand. Und wieder melden sich meine Frostbeulen, eine Stelle an der rechten Hand will gar nicht mehr abheilen. Nachts liege ich wach, spüre das Kribbeln in der Hand und in den Zehen und denke an Kleinrinderfeld, ich denke an Katharina, an Birgit, an Hedi und Bianca und alle anderen, die ich auf der Wanderschaft lieb gewonnen habe. Ich habe mich nach dem Telefonat in Lüneburg nicht mehr bei meiner Mutter gemeldet. Es fühlt sich an, als würde sie mich mit dieser Hochzeit unter Druck setzen, als wollte sie festlegen, wann ich einheimisch werde – aber ich will selbst darüber entscheiden.

Es ist März, als ich Katharina wiedersehe. Wir haben uns an einer Autobahnraststätte getroffen und sind zusammen zur Einheimischparty von Isa Schneiderin getrampt.

»Du bist komisch«, sagt sie. »Ist was?«

Wir stehen am Ortsschild und warten darauf, dass Isa mit

ihrer Heimgehkombo endlich ankommt. Mag sein, dass ich ruhiger bin als sonst. In den letzten Monaten sind immer mehr Wandergesellinnen und -gesellen, die ich kenne, einheimisch geworden. Isa ist ungefähr zur gleichen Zeit losgegangen wie ich. Es gehen aber auch Gesellen heim, die etwas kürzer unterwegs waren. Und es gibt welche, die fünf, sechs oder noch mehr Jahre unterwegs waren. Bisher war ich der Ansicht, dass ich zu denen gehören würde.

»Was ist denn mit dir?«, fragt Katharina noch mal.

»Nichts.«

Katharina hebt die Augenbrauen, als würde sie mir nicht glauben.

»Meine Schwester heiratet. Meine Mutter will, dass ich deswegen nach Hause komme.«

Sie schaut mich mit ihren hellen Augen an, als wollte sie meine Gedanken lesen. »Willst du das denn?«

In dem Moment taucht eine Gruppe Wandergesellen am Ende der Straße auf. Ich erkenne Isas rote Kluft, bestimmt ist auch Frede dabei und noch ein paar andere, die ich kenne. Als sie näher kommen, sehe ich, dass Isa strahlt. Es ist kein freudiges Lächeln, eher unsicher, und gleichzeitig irgendwie hoffnungsvoll.

»Was wäre, wenn ich einheimisch würde?«, knüpfe ich später am Abend an das Gespräch am Ortsschild an. Katharina und ich liegen nebeneinander auf einer Matratze, nicht weit von uns schnarcht ein Geselle leise.

»Das kann ich nicht für dich entscheiden«, sagt Katharina ernst. »Willst du denn heimgehen?«

»Eigentlich nicht, aber ...« Ich atme tief ein. »Weißt du, die ganze Zeit der Wanderschaft hab ich ja gewusst, dass ich irgendwann wieder heimmuss. Aber ich hab nicht daran geglaubt, dass es wirklich passiert. Das ist ein bisschen wie mit dem Tod. Wir wissen ja, dass wir eines Tages sterben müssen, aber wir sind trotzdem überrascht, wenn es dem Ende zugeht.«

»Stimmt. Ich kann mir das auch gar nicht vorstellen, irgendwann wieder einheimisch zu sein«, sagt Katharina leise. Dann wendet sie mir den Kopf zu. Es ist dunkel im Raum, ich kann ihre Augen nur als dunkle Schatten erkennen.

»Wirst du heimgehen?«, fragt sie noch einmal.

»Ich weiß nicht.«

Und dann halte ich doch den Hörer in der Hand und wähle die Nummer meiner Mutter.

»Theresa! Ein Glück, ich dachte schon, dir wäre was passiert. Warum hast du dich so lange nicht gemeldet?«

»Ich hatte keine Gelegenheit«, sage ich. Das stimmt so halb. Wenn ich wirklich gewollt hätte, hätte ich schon eine Möglichkeit gefunden.

»Kommst du zur Hochzeit?«

Ich atme tief durch.

»Weißt du, es ist auch okay, wenn du nicht kommst«, sagt meine Mutter. »Schade, aber okay.«

Ich fühle mich zu schwach, um gleich zu antworten. Klar will ich bei der Hochzeit meiner Schwester dabei sein. Ich will auch wieder nach Kleinrinderfeld, ich weiß nur nicht, ob ich dieses freie Wanderleben aufgeben kann. Ich muss an Isas Lächeln denken, als sie heimging. Als sie die Kluft ausgezogen hatte und in Jeans und Pullover herumlief, sah sie plötzlich viel kleiner aus als vorher. Ich will meine Kluft nicht ablegen, und gleichzeitig weiß ich, dass ich das eines Tages tun muss.

»Gut«, sage ich schließlich. »Ich komme.«

Ich höre meine Mutter am Telefon jubeln. »Sie kommt!«, ruft sie. »Sie kommt zur Hochzeit!« Sie sagt das gar nicht zu mir, sondern zu anderen, die bei ihr sind. Und gleich bereue ich wieder, dass ich zugesagt habe. Ein Zurück gibt es nicht mehr. Schnack ist Schnack. Als ich das Gespräch beende, fühlt es sich an, als hätte mir jemand einen tonnenschweren Stein auf die Schultern gelegt. So habe ich mir die Entscheidung, die Wanderschaft zu beenden, nicht vorgestellt. Ich habe geglaubt, dass ich vielleicht irgendwann genug habe von diesem unsteten Leben und von selbst nach Hause will. Aber das hier fühlt sich an, als hätte jemand anderes für mich entschieden.

Ich kann nicht erkennen, ob Katharina traurig ist oder enttäuscht, als ich ihr von dem Gespräch erzähle.

»Hab ich mir schon gedacht«, sagt sie und lächelt, aber sie lächelt anders als sonst.

»Du kannst mich ja besuchen. So oft und so lang du willst.« Katharina nickt.

»Und wir können ja trotzdem noch zusammen reisen.«

»Klar.«

Ich stelle mir vor, wie wir zusammen an einer Autobahnraststätte stehen. Sie in Kluft, ich ohne. Das wird komisch. Ich werde anders sein als sie, wenn ich die Kluft ablege – aber nur in den Augen der anderen. Ich bin dann immer noch Resi Kirchenmalerin, nur ohne Kluft und Stenz.

Birgit nimmt mich spontan in den Arm, als sie hört, dass die Wanderschaft für mich in absehbarer Zeit endet. »Das geht jetzt schnell«, sagt sie.

Es ist März. Im Mai heiratet meine Schwester, das heißt, ich muss spätestens Ende April in Kleinrinderfeld eintreffen.

Am schwersten fällt mir die Mail, die ich an all meine Lieben schreibe. Ich sitze in einem Internetcafé und tippe: »Ich gehe heim«, um den Satz dann gleich wieder zu löschen. Dann schreibe ich ihn wieder hin. »Ich gehe heim! Wer Lust hat, das letzte Stück mitzutippeln, kann am 17. April nach Bölgental kommen. Am 23. April sind wir beim Ortsschild.«

Ich drücke auf Senden. Jetzt gibt es wirklich kein Zurück mehr. Mein Heimgehdatum steht fest.

»Krass! Natürlich komme ich«, schreibt Hedi.

»Klar bin ich dabei«, schreibt Bianca.

»Warte am Ortsschild auf dich«, schreibt Israel.

DIE HEIMGEHEREI

Der April zeigt sich von seiner besten Seite, als ich mit Birgit in Bölgental eintreffe. Es ist so warm, dass man das Jackett ablegen kann. Familie Sander empfängt uns herzlich, ich habe natürlich mit ihnen besprochen, dass wir mit meiner Heimgeherei hier starten. Bölgental liegt etwa 120 Kilometer von Kleinrinderfeld entfernt, die Sprache ist bereits fränkisch gefärbt. Hier beginnen also die letzten Tage meiner Wanderschaft. Ich fühle mich, als wäre ein großes Fest für mich angesetzt, und gleichzeitig bin ich nicht sicher, ob ich dieses Fest eigentlich will. Alles, was ich tue und wahrnehme, hat jetzt so was Endgültiges. Der Hof der Sanders kommt mir unglaublich gemütlich vor. Noch nie ist mir aufgefallen, wie heimelig die Stube ist, in der wir essen, und die Mahlzeiten erscheinen mir nahrhafter und köstlicher, als ich sie in Erinnerung hatte.

»Jetzt geht's heim«, sagt Frau Sander beim Abendbrot.

Aus ihrem Mund klingt es viel schöner, als es sich für mich anfühlt.

Am nächsten Tag kommt endlich Katharina. Sie hatte die einmalige Chance, von einem Sternekoch zu lernen, deshalb reist sie erst jetzt zu. Lange halten wir uns im Arm, ihre Nähe fühlt sich gut an. Der Hof ist für uns beide etwas Besonderes, weil wir hier so richtig zueinandergefunden haben. Von unserer Liebe habe ich nur wenigen Menschen erzählt: meiner Familie, meinen Freunden auf Wanderschaft und einigen wenigen anderen, die mir nahstehen, wie beispielsweise Israel oder Sina. Wir verstecken unsere Beziehung nicht, aber wir demonstrieren sie auch nicht vor allen.

Ich habe kaum Zeit, mich über Katharinas Anwesenheit gebührend zu freuen, denn kurz nach ihr taucht Hedi auf, später dann Bianca mit Lliurona. Die Hündin ist inzwischen ausgewachsen und erkundet schnüffelnd die Gegend. Thomas Zimmerer, den meine Mutter für meinen Freund gehalten hat, kommt mit Franz Bootsbauer, den Tischlern Nadim und Grahl. Und dann reist noch Lea Handstickerin zu, die ich bei der letzten Sommerbaustelle kennengelernt habe. Und als ich schon glaube, dass jetzt all meine Lieben versammelt sind, kommen noch Frede und Isa. Die beiden sind ja längst einheimisch, aber für mich haben sie sich noch einmal auf den Weg gemacht. Sie werden ohne Kluft mittippeln. Das Ganze ist wie ein Familientreffen. In einem der Schlafräume mit Ausziehsofa schlafe ich mit Katharina. Das heißt, eigentlich schlafe ich gar nicht, ich liege wach und betrachte die dunkle Zimmerdecke über unseren Köpfen. Durch das gekippte Fenster höre ich draußen etwas rascheln.

»Bist du noch wach?«, flüstere ich.

»Ja. Was ist denn?«

»Ich denk die ganze Zeit daran, wie das ist, wenn ich nach Hause komme.«

»Hast du Angst davor?«

»Nein. Ich will aber nicht einheimisch werden. Das hier ist genau das Leben, das ich führen will. Ich will frei sein und gehen können, wohin und wann ich will, auch wenn ich Frostbeulen kriege und keinen Schlafplatz finde.«

»Aber Frostbeulen kannst du doch auch zu Hause kriegen«, kichert Katharina, dann wird sie ernst. »Und du kannst doch immer noch frei sein und dein Ding machen, wenn du nicht mehr auf Wanderschaft bist. Keiner kann dich zwingen, irgendwo zu bleiben.«

»Vielleicht muss ich einfach irgendwie versuchen, dieses Lebensgefühl zu behalten.«

»Ich helf dir dabei«, sagt Katharina leise.

Ich lege meinen Kopf an ihre Schulter und schließe die Augen. Erst als draußen die ersten Vögel zwitschern, schlafe ich ein.

♕

Die Unterwäsche, die Ersatzstaude, ein bisschen Werkzeug, das alles lege ich auf den Charlie, verteile es gleichmäßig und rolle es zu einem Bündel zusammen. Noch nie hab ich so bewusst meine Sachen zusammengepackt und auf meiner Kraxe festgezurrt. Diese Handgriffe habe ich schon so oft gemacht, dass ich sie im Schlaf ausführen könnte. Aber heute mache ich das langsam und bedächtig, als könnte ich so die Zeit anhalten. Die anderen sind schon startbereit. In den letzten Tagen vor dem Heimgehen sind Wandergesellen besonders sensibel, das wissen alle. Ich höre Hedis Lachen auf dem Hof. Bianca erzählt etwas. Eine dunklere Stimme unterbricht sie, wahrscheinlich ist das Thomas oder Nadim.

Plötzlich steht Birgit neben mir: »Alles in Ordnung?«, fragt sie. »Bist du so weit?«

Ich knote das letzte Tuch am Gestell fest und schwinge die Kraxe auf meinen Rücken. Ein letztes Mal streift mein Blick das Zimmer. Mit dem Wissen, dass ich hier so schnell nicht mehr herkommen werde, atme ich tief durch. Das Gepäck auf meinem Rücken kommt mir schwerer als sonst vor. Dann straffe ich meine Schultern.

»Ja, ich bin so weit.«

Eine Weile ist nur das helle Klopfen unserer Stenze auf Asphalt zu hören, als wir die Sanders und Bölgental verlassen.

LETZTE METER

Hedi, Birgit, Bianca, Grahl, Nadim, Lea, Frede, Isa, Katharina und ich sitzen auf einem Feld am Straßenrand und lassen uns die Sonne ins Gesicht scheinen. Ich habe meinen Kopf auf Katharinas Knie gelegt. Das Gras unter uns ist zartgrün, weich und noch ein bisschen feucht. Unser Gepäck haben wir zu einem Haufen von Stoffbündeln und Stenzen zusammengestellt. In den letzten Tagen sind wir über Insingen nach Rothenburg ob der Tauber getippelt und nun hier angekommen. Das letzte Stück sind wir getrampt und haben uns in der Nähe der Autobahnausfahrt Richtung Würzburg verabredet. Wir warten noch auf Thomas und Franz, die erst nach uns losgekommen sind. Acht Kilometer Richtung Würzburg steht auf dem Schild. Mit dem Auto wäre es von hier aus nicht einmal eine halbe Stunde nach Kleinrinderfeld. Aber wir laufen. Ich will jetzt jede Minute meiner Wanderschaft auskosten.

Hier, wo meine Heimat so nah ist, kommt mir alles schon vertraut vor. Ich kenne die Namen der Orte, die hügelige Landschaft, die Patchworkfelder. Meine Bannmeile haben wir ohne großes Aufsehen überschritten. In diesem Teil Deutschlands war ich seit dreieinhalb Jahren nicht mehr. Es ist unglaublich viel passiert in dieser Zeit.

Ich schließe die Augen. Bianca schimpft leise mit Lliurona, weil sie einem anderen Hund hinterherkläfft. Lea lacht über etwas, was Hedi erzählt hat. Ich spüre die Sonne im Gesicht, Katharinas Hand in meinem Haar, und plötzlich fühlt es sich an, als hätte jemand einen schweren Stein auf meinen Brustkorb gelegt. In ein paar Tagen ist dieses Leben vorbei. Die anderen werden weiterziehen und mich in Kleinrinderfeld zurücklassen. Helles Klopfen von Holz auf Asphalt, das müssen Thomas und Franz sein. Es geht weiter.

Wir wählen eine Route abseits der Bundesstraße, laufen über schmale, wenig befahrene Straßen und Waldwege. Mir ist das lieber, weil mich die Bundesstraße daran erinnert, wie nah Kleinrinderfeld schon ist, und weil es viel romantischer ist. Die Sonne knallt, als hätte sie vergessen, dass erst April ist. Auf den Feldern, an denen wir vorbeikommen, ist alles voller hellgrüner Gräser, die Bäume sehen aus, als hätte ihnen jemand mintfarbene Farbtupfer verpasst. Es riecht nach feuchter Erde. Löwenzahn und Narzissen stehen am Wegrand.

Das Industriegebiet, durch das wir nach Würzburg kommen, ist mir so fremd, dass ich mich frage, ob es früher schon da war. Aber wahrscheinlich bin ich früher einfach nur von einer anderen Seite nach Würzburg gekommen. Je näher wir der Altstadt kommen, desto deutlicher erinnere ich mich an Orte, die ich kenne. Erst die Straße, in der eine aus meiner Kirchenmalerklasse wohnte, dann die Ausfallstraße, über die wir von Kleinrinderfeld immer in die Stadt gefahren sind, dann die Residenz. Von hier aus ist es nicht weit zum Talavera-Parkplatz, auf dem jedes Jahr das Kiliani-Fest stattfindet. Als ich klein war, waren wir jeden Sommer auf dem Kiliani. Das ist hier *das* Volksfest mit Zuckerwatte, Geisterbahn, Steckerlfisch und Autoscooter. Mit der ganzen Familie standen wir beim Würzburger Hofbräu auf dem Berg und blickten von oben auf den bunten Jahrmarkttrubel runter – es roch nach gebrannten Mandeln und Liebesäpfeln. Später, als ich den Führerschein hatte, fuhr ich mit dem Moped hin. Ich traf mich mit meinen Freunden, und wer am häufigsten »Breakdance« fahren konnte, ohne zu kotzen, oder sich in der Geisterbahn nicht erschreckte, war an diesem Abend der Held. Dieses Jahr könnte ich wieder hingehen, vielleicht mit Christine, Anne und Beate.

Unser Ziel ist das Kolpinghaus. Es gibt hier ein ziemlich großes, da wollte ich schon immer mal schlafen. Jetzt ist meine letzte Gelegenheit, dies als Wandergesellin zu tun.

Die Gassen der Altstadt haben sich kaum verändert. Holpriges Kopfsteinpflaster, überall Studenten und die »Straba«. Es ist alles noch da. Ich bin jetzt darauf gefasst, bekannte Gesichter zu sehen, alte Freunde, die jetzt hier wohnen, oder Leute aus Kleinrinderfeld, die in der Stadt einkaufen. Und alle Menschen hier sprechen Fränkisch. Ich kann gar nicht anders, als das bisschen Hochdeutsch, das ich mir auf Wanderschaft angewöhnt habe, wieder abzulegen und in den gewohnten Dialekt zu verfallen. Und dann kommen wir an diesem Laden vorbei, in dem wir früher schon immer gestöbert haben, meistens ohne etwas zu kaufen. Bunte Tücher hängen draußen auf einem Ständer, von drinnen riecht es nach Räucherstäbchen.

»Ich muss hier unbedingt rein«, sage ich. Die anderen kommen natürlich mit. Es wird eng in dem kleinen Geschäft, in dem noch alles wie früher ist. Es gibt knallbunte Haarfarben in durchsichtigen Plastikdöschen, handgeknüpfte Armbänder, Batik-T-Shirts, Shishas und Henna-Pasten, mit denen man sich die Haut bemalen kann. Ich wiege eine Tube in der Hand. Das ist auch so eine Erinnerung an meine Jugend. Henna-Tattoos auf dem Oberarm, um die Eltern zu schockieren. Ich kann mich zwar nicht daran erinnern, irgendjemanden ernsthaft damit schockiert zu haben, aber ich erinnere mich daran, dass es Spaß gemacht hat, sich gegenseitig zu tätowieren.

»Wollen wir uns gegenseitig bemalen, als Erinnerung an meine schöne Heimgehtippelei?«, schlage ich vor. Und weil ich die Hauptperson der Reise bin, widerspricht niemand. Wir kaufen das Zeug tubenweise.

Der Mann hinterm Tresen des Kolpinghauses runzelt die Stirn, als wir zu zwölft vor ihm stehen. Aber dann lächelt er: »Na, ihr habt aber Glück! Gerade hat eine Gruppe abgesagt. Drei Viererzimmer sind jetzt frei.«

»Was wollt ihr denn essen, wenn ihr kommt?«, fragt meine Mutter am Telefon. Sie klingt so, wie sie immer klingt, wenn viel zu tun ist. Sie bereitet unsere Ankunft vor, und ich habe ein bisschen Angst, dass sie viel mehr macht, als eigentlich nötig wäre.

»Am besten wäre Bohneneintopf, aber ohne Fleisch, wegen der Vegetarier.«

»Wir könnten auch Braten machen«, sagt meine Mutter.

»Nee, Bohneneintopf ist besser, wegen der Vegetarier.«

»Nicht lieber Braten?«

»Nein, Mama.«

Den Eintopf soll es nach meiner Ankunft geben, dann am nächsten Tag soll eine Party stattfinden mit allen Freunden,

Gesellen und den Leuten aus dem Dorf, das Essen dafür wollen Katharina, Birgit und ich kochen. Meine Mutter hat organisiert, dass wir in der Turnhalle meiner alten Schule feiern und schlafen können. Immer wieder fragt sie ganz genau, wann wir ankommen, als wollte sie auf keinen Fall zur falschen Zeit am Ortsschild sein.

Es ist wieder sommerlich warm, als wir Würzburg am nächsten Morgen verlassen. Der Main fließt träge glitzernd an uns vorbei. Unsere nächste Station ist Höchberg.

»Und kennst du das hier schon?«, fragt mich Katharina, als wir die Heidelberger Straße Richtung Kist einschlagen. Klar kenne ich das hier. Das ist die Straße, auf der man von Kleinrinderfeld nach Würzburg gelangt. Wir sind die ständig gefahren. Da drüben haben sie ein neues Haus gebaut, ansonsten ist alles gleich geblieben. Und je mehr ich wiedererkenne und erinnere, desto unruhiger werde ich. Jetzt könnte ich jeden Moment eine meiner Schwestern treffen oder eine Freundin oder irgendeinen alten Bekannten.

Wir erreichen Kist gegen Abend. Hier steht der Supermarkt, in dem meine Mutter ihre Großeinkäufe macht. Hier muss man lang, wenn man von Kleinrinderfeld irgendwohin will. Für unsere Heimgehkombo ist der Ort die letzte Station vor Kleinrinderfeld. Heute Nacht werden wir hier schlafen, auch wenn ich die Nähe zu Kleinrinderfeld kaum aushalte. Sobald ich daran denke, dass ich morgen dort sein werde, kribbelt es im Bauch und unter der Haut.

Den Pfarrer von Kist kenne ich noch flüchtig von früher. Er lässt uns im Pfarrheim übernachten. Es gibt dort dünne Matten, auf denen wir schlafen können, und fließendes Wasser.

Als wir auf unseren Matten sitzen und unsere schweren Beine von den Schuhen befreien, hole ich die Henna-Paste aus meinem Charlie. »So, jetzt müssen wir uns fein machen für morgen. Wer will ein Tattoo?«

Als Erstes wird die Hauptperson »tätowiert«. Hedi drückt mir die grüne Paste so auf den Unterarm, dass ein Anker zu erkennen ist, auf dem eine Krone sitzt. Auf die Finger schreibt sie mir die Buchstaben meines Namens: R E S I. Man kann es am besten lesen, wenn ich eine Faust mache.

Franz kriegt die Hello-Kitty-Katzenfratze auf seinen Oberarm. Hedi hat sich von Katharina eine Blume auf den Handrücken malen lassen. Nadim bekommt einen Kussmund auf seine Backe, Thomas will ein Herz auf den Po.

»Auf der Packung steht: ›Eine Stunde trocknen lassen‹«, liest Katharina vor.

Thomas wird schon nach zehn Minuten unruhig. »Juckt das bei euch auch so tierisch?«

»Das muss bestimmt so sein«, meint Franz.

Bei mir juckt es auch. Ich blicke auf meinen Arm und auf die Finger. Um die Paste herum ist die Haut rot und wirkt ein bisschen geschwollen. »Ich kann mich nicht erinnern, dass das jemals so wehgetan hat«, sage ich und kneife in meinen Oberarm.

»Ich mach das jetzt ab«, sagt Hedi und hält ihre Hand unter den Wasserhahn. Wir anderen halten es auch nicht mehr aus und tun es ihr nach. Es wird eng am Waschbecken. Vorsichtig reibe ich die bröckelnde Masse von den Fingern und vom Arm. Aber das ist gar nicht so einfach, das Zeug scheint an der Haut festzukleben. Und als ich endlich etwas abgepult habe, fühlt es sich an, als wäre ein Stück Arm mit abgegangen.

»Scheiße«, ruft Hedi. »Da geht ja Haut mit ab.«

Nadim reibt sich die Backe. »Das hat sich ins Fleisch reingefressen!«

Hedi kichert und jammert gleichzeitig, während sie ihre Hände von der Paste befreit: »Da bleiben bestimmt Narben zurück. Wir sind jetzt fürs Leben gezeichnet.«

»Tja, da werden wir noch lange an deine Heimgeherei denken«, meint Thomas. Ich betrachte meinen knallroten Unterarm mit dem noch röteren Königinnenanker. So bleibt immerhin das von meiner Wanderschaft: ein stümperhaftes Henna-Tattoo.

ALLES HAT EIN ENDE

Ich schlage meine Augen auf und bin gleich hellwach. Vögel zwitschern, die Sonne scheint durch das Pfarrheimfenster. Das Wetter gibt sich am letzten Tag meiner Wanderschaft noch einmal richtig Mühe. Heute gehe ich nach Hause. Es ist kein Traum mehr: Heute werde ich meine Familie und Kleinrinderfeld wiedersehen. Und plötzlich will ich schnell los. Vielleicht will ich es einfach hinter mich bringen. Es ist nicht mehr weit bis nach Kleinrinderfeld, zu Fuß noch eine Stunde, am liebsten würde ich mich sofort auf den Weg machen. Aber es dauert, bis alle gepackt und aufgeräumt haben. Wir brechen erst gegen Mittag auf. Am Nachmittag wollen wir am Ortsschild sein, wir liegen gut in der Zeit.

Katharina setzt mir eine rosa Plüschkrone auf den Zylinder. »Du bist heute die Königin.« Sie tritt einen Schritt zurück und verneigt sich wie eine Dienerin.

Der Asphalt flimmert, wir laufen ohne Jackett.

Von Kist aus kenne ich den Weg nach Kleinrinderfeld wie meine Westentasche. Der Supermarkt hat einen Anbau bekommen, sonst scheint alles unverändert. Tausende Male bin ich hier mit dem Auto, mit dem Moped, mit dem Rad und auch zu Fuß vorbeigekommen. Ich kenne den Abzweig, an dem man links auf die Landstraße 2296 Richtung Kleinrinderfeld abbiegen muss. Und genau da, an dieser Stelle, hängt jetzt ein Pappschild, auf dem steht »Achtung Autofahrer: Wandergesellen auf der Straße«.

»Das ist ja cool! Hat deine Mama das gemacht?«, fragt Birgit.

»Wahrscheinlich. Die macht manchmal solche Sachen.«

Ich sehe mich um, das letzte Mal bin ich hier vor dreieinhalb Jahren mit Pepe, Fenja und den anderen langgegangen. Das scheint mir eine halbe Ewigkeit her zu sein. Pepe und ich haben uns, nachdem wir uns getrennt haben, aus den Augen verloren. Das Letzte, was ich von ihm gehört habe, war, dass er im Ausland sei, in Mexiko. Ich weiß nicht mal, ob er inzwischen einheimisch geworden ist.

Und jetzt bin ich wieder hier, ohne ihn, mit lauter anderen Gesellen. Wieder geht es in einen neuen Lebensabschnitt. Dieses Mal kenne ich den Ort, zu dem es geht. Aber das beruhigt mich nicht. Im Gegenteil, es kommt mir viel einfacher vor, loszugehen und alles hinter sich zu lassen, als zurückzukommen. Ich versuche mir vorzustellen, wie es sein wird, meine Mutter und alle anderen gleich wirklich vor mir zu sehen. Es gelingt mir nicht.

Vor uns auf dem Hügel taucht Limbachshof auf, ein winzig kleiner Ort oder eher eine Ansammlung von Häusern, etwa zwei Kilometer von Kleinrinderfeld entfernt. Wieder ein Pappschild, das Autofahrer darauf hinweist, dass hier Wandergesellen auf der Straße sind. Und ein Schild mit einem dicken Pfeil, der in Richtung eines Hofs weist. Der Bauer steht da und winkt.

»Grüß Gott«, ruft er. »Geht her, da geht's lang!«

So ganz verstehe ich nicht, was das soll, denn eigentlich will ich weiter und endlich ankommen, aber dann folge ich dem Bauern mit den anderen, wenn auch etwas widerwillig. Er führt uns in seine Scheune. Bierbänke sind dort aufgestellt und Tische mit belegten Brötchen, Würstchen, Bier, Wasser und Limo.

»Wie cool ist das denn!«, ruft Thomas.

»Das ist ja geil«, freut sich Hedi.

»Des hat deine Mutter organisiert«, sagt der Bauer. Die

kleine Stärkung kommt wie gerufen. Wer weiß, was uns am Ortsschild erwartet und wie lange es dann noch dauern wird, bis es den Bohneneintopf gibt.

Die Vorstellung, dass wir hier sitzen, während nur ein paar Kilometer entfernt meine Familie wartet, macht mich allerdings so unruhig, dass ich nicht mal ein ganzes Brötchen runterkriege. Die anderen langen aber kräftig zu. Die Pause tut gut. Es geht auf 15 Uhr zu, als wir Limbachshof verlassen. Zwei Hügel und eine Kurve trennen uns noch von Kleinrinderfeld. Die Sonne brennt, Birgit stimmt ein Lied an: »Drei Wanderer sind gegangen ...« Wir anderen stimmen ein. Wir gehen im Gänsemarsch, auch Spinnermarsch genannt, ich voran, direkt hinter mir Katharina, die anderen folgen, eine hinter der anderen. Ab und zu laufe ich in Schlangenlinien über die Straße, alle anderen Gesellen laufen mir nach. Die Autos haben keine andere Wahl, als abzubremsen, ein Wagen muss sogar ganz anhalten. Wir umrunden den Fiat zweimal mit unserem Zug. Die Frau am Steuer wartet geduldig, sie winkt uns sogar, als wir sie weiterfahren lassen.

Und dann haben wir die Hügel hinter uns gebracht, es bleibt die letzte Kurve. Und ich muss lächeln, meine Mundwinkel gehen ganz von alleine hoch. Ich kann nichts dagegen tun. Ich grinse wie ein Honigkuchenpferd, und mit diesem Grinsen im Gesicht sehe ich die Kamera, die eine Frau auf uns richtet, als wir singend um die Kurve kommen. »Das ist bestimmt der Lokalsender«, flüstere ich Katharina zu. »Hier ist ja sonst nichts los.«

Und dann sehe ich die Mama und die Oma, die Anne und die Christine. Israel ist auch da und Sina und sogar eine Lehrerin, die ich in der Wirtschaftsschule hatte. Einen nach dem anderen erkenne ich in der Menge, die sich am Ortsschild versammelt hat. Sie alle stehen da und warten – auf mich. Ich führe unseren kleinen Zug noch immer an, Katharina geht jetzt neben mir, als wollte sie mich beschützen.

Und dann sind wir an der Böschung, an der man hochmuss zum Ortspfeiler. Vor mir steht meine Familie, die Kleinrinderfelder, alte Freunde – aber wir fallen uns nicht in die Arme. Es ist ein bisschen so, als wäre eine unsichtbare Mauer zwischen uns. Hinter mir die Gesellen, neben mir Katharina, ich gehöre noch zu denen. Sie müssen mich jetzt gehen lassen, meine Familie muss mich wieder aufnehmen. Anne sieht mich an, als könnte sie es nicht fassen, dass ich jetzt da bin. Ich sehe an ihren Augen, dass sie mindestens so durch den Wind ist wie ich. Ihre Wangen sind rot von der Sonne. Offenbar hat sie hier schon länger auf mich gewartet.

»Du musst jetzt erst mal eine Aufgabe erfüllen«, sagt sie und deutet auf den Asphalt zwischen uns. Dort sind Kästchen mit Kreide aufgezeichnet, ein Hüpfspiel, wie wir es als Kinder gespielt haben. Die erste Aufgabe besteht darin, dass ich einmal auf einem Bein durchhüpfen und dabei in jedem Kästchen gewesen sein muss. Ich lege mein Gepäck an den Straßenrand und fange an; ich hätte selbst nicht gedacht, dass ich das noch kann. Aber es geht, trotz Sonne und den ganzen lieben Menschen um mich herum, die ich am liebsten sofort alle genau ansehen würde.

»Und jetzt wollen wir testen, ob du auch nichts verlernt hast in all den Jahren«, sagt Christine. »Kannst du noch die Strophen des Kleinrinderfelder Gedichts aufsagen?«

Ich spüre die Blicke der anderen. Jedes Kind hat dieses von Rudolf Gehrig verfasste Gedicht in der Grundschule gelernt, jeder Kleinrinderfelder kennt es, muss es kennen. Es ist warm unter meinem Zylinder, auf dem auch noch die rosa Plüschkrone sitzt, ich kann kaum denken. Aber irgendwo in meinem Gedächtnis muss das Gedicht noch sein, ich konnte das mal im Schlaf:

»MEI KLEERINNAFALD«

Im Frankenland, links ab vom Mee,
Hart an der badisch Grenz,
Doa leit a Dörfla, gar nit klee,
Weitum a jeder kennts.

Es it ümgaba rings von Waold,
Und Wild geit's dort racht viel ...
Die Bocha sen Jahrhunnert aolt.
Garn it's dr Waondrer Ziel.

Im Bouda hat's an reicha Schatz,
Dan kennt mer weit und brät.
In allra Walt, an jedem Platz
Där Muschelkalk erfrät.

Ar wächst bei uns in Rinnafald
Seit hunnerttausen Johr
Und wörd verkäfft für guetes Gald
Als Fels und als Marmor.

Und hart it a der Mensch wia Stee,
Dar in dan Dörfla wohent,
Dar fleißi schafft, ob groeß – ob klee,
Und dar sich gar nix schoent.

A Waoppa hoet das Dörfla fei,
A Rind als Waoppatier,
Säigt von dan Dorf den Nama glei,
Oft hört mer, 's wär a Stier.

Sou moicht i für mein Heimatort,
Dan liebsta auf dr Walt,
Keen annern Nam, kee annersch Wort
Als nur »Klee-Rinnafald«!

Es wird geklatscht. Diese Aufgaben habe ich offenbar bestanden. Jetzt muss ich noch über den Ortspfeiler, wie beim Losgehen, nur in die andere Richtung – so will es die Tradition. Das fast drei Meter hohe Ungetüm aus Muschelkalk sieht noch immer unüberwindbar aus. Auch dieses Mal habe ich professionelle Hilfe im Rücken. Mit ihren Stenzen bauen die Gesellen eine Art Räuberleiter für mich, auf der ich relativ bequem nach oben steigen kann. Und dann sitze ich rittlings oben auf dem Pfeiler. Vor dreieinhalb Jahren saß ich hier zitternd vor Aufregung, jetzt bin ich ganz ruhig. Wie eine Königin ihren Untertanen zuwinkt, winke ich den Gesellen zu. Hedi, Bianca und Birgit winken zurück. Katharina wirft mir eine Kusshand zu. Thomas, Grahl und Nadim heben ihre Hüte. Diese Szene kommt mir vollkommen unwirklich vor. Es ist wie ein Traum, aus dem ich jederzeit erwachen könnte. Aber der kühle Steinpfeiler unter mir, die Sonne und der leichte Luftzug hier oben fühlen sich verdammt echt an.

»Komm, Resi«, ruft Anne. Sie steht auf der anderen Seite. Ihre Hände umgreifen ihr eigenes und das Handgelenk ihres Freundes. Daneben steht meine Mutter in gleicher Position mit Sina. Christine, mein Onkel und meine Cousins stehen bereit, sogar Nick ist gekommen, dem ich den Kontakt zu Pepe verdanke. Sie sehen hoch zu mir, und ich muss da runter.

»Das ist zu hoch«, rufe ich runter und winke Nadim und Thomas her, die mir auf der anderen Seite bereits mit ihren Stenzen geholfen haben. Sie stellen die Stenze so gegen den Pfeiler, dass ich meine Füße darauf aufsetzen kann. Ich habe mich umgedreht und halte nun mit meinen Händen den rauen Stein fest. Ein letztes Mal wende ich mich um, nur um sicher zu sein, dass meine Familie auch wirklich noch dasteht und mich auffangen wird. Dann werfe ich meinen Königinnen-Zylinder vom Kopf und lasse los.

Der Sturz ist kurz.

Arme fangen mich auf, vorsichtig werde ich abgesetzt. Als

Erstes kriege ich die Oma zu fassen. Sie küsst mich ab, wie sie es getan hat, als ich noch klein war. Für einen Moment halte ich ihren schmalen Körper im Arm. Dann ist da meine Mutter, sie strahlt und drückt mich fest an sich und will mich gar nicht mehr loslassen. »Ach Reserl!«, sagt sie immer wieder, bis Christine mich von ihr wegzerrt und mich lange umarmt.

»Heesa! Heesa!«

Es gibt nur eine Person, die mich so ruft: David. Der Kleine ist groß geworden. Aus dem Kleinkind, das mit Windelpopo durch die Gegend stöpselte, ist ein Junge geworden, mit schmalem Gesicht und wachen Augen. Längst könnte er meinen Namen richtig sagen, aber das macht er nicht. Ich gehe in die Hocke und nehme ihn in die Arme. Es dauert, bis ich merke, dass Anne direkt danebensteht und sich die Augen reibt.

Und dann setzt die Blaskapelle ein.

Wirklich! Kein Scherz. Ich nehme sie in dem Gewusel erst wahr, als sie die ersten Töne spielen. Es ist das Frankenlied, und ich mag es nicht gerne zugeben, aber ich kriege Gänsehaut, als die Umstehenden in das Lied mit einstimmen. Es kribbelt an den Unterarmen und an den Schienbeinen. Ich schlucke, um den Kloß im Hals zu vertreiben.

»Theresa, schön, dass du wieder da bist.«

»Frau Amrehn, herzlich willkommen zurück in Kleinrinderfeld.«

»Willkommen daheim.«

»Gut schaust du aus.«

»Hast dich ja gar nicht verändert!«

»Endlich bist du wieder da, Thereserl.«

Familie, Verwandte und wildfremde Leute drücken mich an ihre Brust und schütteln mir die Hände. Die Kleinrinderfelder Blaskapelle liefert den Soundtrack dazu. Die verlorene Tochter ist heimgekehrt.

»Du musst noch die Flasche ausgraben«, sagt Birgit irgendwann.

Ja, das muss ich. »Aber wo war das noch mal?«

Irgendwo hier in der Nähe des Ortspfeilers habe ich sie vergraben. Beim Losgehen habe ich auf alles Mögliche geachtet, aber nicht darauf, mir den Ort zu merken, an dem ich die olle Flasche vergraben habe. Aus meiner Reisegruppe kann mir keiner helfen, weil von denen keiner dabei war.

»War das nicht hier?«, schlägt meine Mutter vor und zeigt auf eine Stelle, die mir vollkommen abwegig vorkommt.

»Nee, das war mehr hier«, sagt Christine und zeigt auf eine andere Stelle.

»Was meinst du denn?«, frage ich Nick.

»Echt keine Ahnung.«

Wir scharren mit den Füßen in der Erde um den Pfeiler herum, aber nach dreieinhalb Jahren können wir nicht mehr erkennen, wo ich damals das Loch ausgehoben habe.

»Okay«, sagt Frede. »Stell dir mal vor, du würdest jetzt eine Jungreisende losbringen. Wo würdest du sie das Loch graben lassen?«

Die Frage ist gut. Wahrscheinlich sieben Schritte vom Ortsschild entfernt, weil sieben eine magische Zahl ist. Vielleicht Richtung Süden. Tatsächlich sieht das Gras an einer Stelle etwas anders aus als drumherum, aber das kann auch täuschen. Glücklicherweise hat meine Mutter in weiser Vorausahnung eine Spitzhacke und einen Spaten organisiert. Ich muss dieses Mal nicht mit meinen Spachteln graben. Trotzdem ist es anstrengend, weil ich die ganze Zeit unsicher bin, ob das die richtige Stelle ist. Es wird ein großes Loch. Birgit, Katharina, Grahl und Nadim helfen mit. Die Sonne scheint unerbittlich, der Schweiß rinnt in Strömen. Und dann endlich klimpert etwas. Nadim ist mit dem Spaten auf die Kronkorken und das Kleingeld gestoßen. Berni und Paule hatten die bei meiner Losgeherei ins Loch geworfen, bevor ich es ganz zugeschaufelt habe. Darunter muss die Flasche sein. Mit meinem Kitteisen und bloßen Händen wühle ich in der Erde und bekomme sie zu fassen, die Flasche mit den Zetteln und den guten Wünschen für meine Reise. Dabei kommt es mir ganz und gar unglaublich vor, dass es tatsächlich dieselbe Flasche ist, die Fenja vor dreieinhalb Jahren an dieser Stelle geöffnet und mit den anderen geleert hat. Die Zettel darin sind etwas verknittert. Noch einmal fasse ich in das Loch und wühle nach der Kornflasche, die Pepe hineingelegt hat. Als ich sie gefunden habe, wische ich mit den Händen die Erde vom Glas, Katharina nimmt sie mir ab und öffnet sie. Etwas Schnaps schüttet sie auf den Boden – für Mathilda, die Landstraße –, dann nimmt sie selbst einen Schluck und gibt die Flasche weiter.

Die Blaskapelle begleitet uns, als wir in Richtung Turnhalle aufbrechen. Wir ziehen durch die Straßen wie ein Festzug. Ich kann kaum fassen, dass ich wirklich hier bin, in Kleinrinderfeld. Die Häuser aus Muschelkalk und Fachwerk und die in Pastellfarben sind noch immer da. Viele Fenster sind geöffnet, in einem ist eine ganze Familie versammelt, Eltern und Kinder winken uns zu. Es ist ein bisschen, als hätte der ganze Ort mich erwartet. Und dann biegen wir in die Straße ein, in der mein Elternhaus steht, wir müssen auf dem Weg zur Schule daran vorbei. Am Eingang stehen Narzissen, das Auto parkt vor der Garage. Hinten im Garten sehe ich das Gartenhäuschen. Das Holz ist grau geworden, und die Tür hängt schief. Das werde ich mir in den nächsten Tagen mal ansehen müssen.

Meine Mutter legt mir die Hand auf die Schulter.

»Willst du kurz rein?«

Ich schüttle energisch den Kopf. Dafür ist später noch Zeit, jetzt will ich weiter.

Der Korn ist leer, als wir die Turnhalle erreichen. Die Sonne steht schon schräg.

Ich weiß nicht, wann ich zum letzten Mal in dieser Turnhalle war. Es riecht genau wie früher, nach Gummi und Schweiß, doch jetzt duftet es außerdem noch nach Gebratenem. Tische und Stühle sind aufgebaut. Meine Mutter hat Schweinebraten gemacht, der in großen gusseisernen Behältern warm gehalten wird. Mit Kartoffeln und Bratensoße. Keinen Eintopf, wie wir verabredet hatten. Keine Ahnung, warum mich das mit einem Mal so maßlos enttäuscht. Vielleicht, weil jetzt die Vegetarier nur Kartoffeln kriegen.

Eine Zapfanlage wird angeschlossen, ein DJ-Pult wird aufgebaut. Und es kommen immer mehr Leute vorbei: Tanten und Onkel, die Nachbarn meiner Eltern und Leute, mit denen ich zur Schule gegangen bin.

»Du weißt schon, dass die Party erst morgen stattfindet?«, frage ich meine Mutter vorsichtshalber.

Sie blickt mich an, als hätte sie mich nicht richtig verstanden. »Ich dachte, heute.«

»Nein, morgen. Da kommen auch noch ein paar Freunde vorbei.«

»Aber die Leute im Dorf, die denken jetzt, dass heute ...«

Und wieder bin ich enttäuscht, weil das hier gar nicht so ist, wie ich mir das gewünscht habe. Ich fühle mich fremdbestimmt, so, als würde es nichts zählen, was ich sage. Dabei hat meine Mutter es bestimmt nur gut gemeint.

»Ist doch egal. Dann feiern wir heute mit deiner Familie und den Leuten aus dem Dorf und morgen eben mit den anderen«, sagt Birgit. Ich muss ein paar Mal durchatmen, bis ich das auch so sehen kann.

Und dann bringt der Bruder meines zukünftigen Schwagers fränkische Krapfen vorbei. Das Besondere an denen ist die Füllung: Hiffenmark, das ist Marmelade aus Hagebutten. Diese Köstlichkeit habe ich tatsächlich seit über drei Jahren nicht mehr gegessen. Lecker! Außerdem hat er Donuts mit rosa Überzug dabei. Beides in rauen Mengen, extra für mich. Damit bin ich versöhnt.

♛

»Wie fühlt es sich an, wieder zu Hause zu sein?«, flüstert Katharina in mein Ohr. Ihr Atem kitzelt mich. Wir liegen zusammen auf einem Mattenlager mitten in der Turnhalle. Im Haus meiner Mutter mag ich noch nicht schlafen. Die letzten Tage verbringen wir Gesellen noch gemeinsam. »Mmh«, mache ich und überlege eine Weile, »im Moment seid ihr noch mein Zuhause. Ich glaube, es wird sich erst komisch anfühlen, wenn ihr alle weg seid und ich allein mit meiner Familie bin.«

»Ich bleibe noch ein bisschen bei dir, wenn ich darf.«

Natürlich darf sie.

EINHEIMISCH

»Kirchenmalerin«, ruft Thomas Zimmerer feierlich. Er hat ein paar von diesen Sportkästen zusammengeschoben und sich daraufgestellt. »Wir haben hier für dich eine Tüte voll mit Unterhosen.« Er hebt einen Beutel in die Luft. »Frische Unterhosen«, ergänzt er.

Die Party hat begonnen. Weitere Wandergesellen sind zugereist, noch ein paar, mit denen ich in der Berufsschulklasse war, sind gekommen, Sina hat ein paar ehemalige Kollegen aus meinem Lehrbetrieb mitgebracht. Ich trage noch immer die Kluft, aber im Laufe des Abends wird sich das ändern.

»Resi Kirchenmalerin, um einheimisch zu werden, musst du diese Unterhosen ihren Besitzern zuordnen.« Thomas hält mir die Tüte hin.

Ich höre Katharinas Lachen aus dem allgemeinen Gelächter heraus. Sie sitzt nicht weit von mir, ihre Augen glänzen.

»Deine erkenne ich auf jeden Fall«, erkläre ich. Bei unserer Henna-Aktion habe ich Thomas das Herz auf den Hintern gemalt und seine karierten Boxershorts gesehen.

Mit spitzen Fingern fasse ich in die Tüte und ziehe schwarze Boxershorts heraus. Ich halte sie mir unter die Nase und ver-

ziehe demonstrativ das Gesicht. »Ich glaube, sie duftet nach ...
Franz.«

Franz lacht so, dass sein Gesicht ganz rot wird, er schüttelt
den Kopf, auch die anderen Gäste können kaum an sich halten.
»Leider falsch. Es geht weiter ...«

Diesmal erwische ich eine Damenunterhose. So schwer ist
das nicht, denn von den 30 anwesenden Wandergesellen sind
nur acht Frauen, und es gibt nur eine, die diese Art Damen-
wäsche trägt. »Birgit!«, rufe ich. Birgit grinst: »Richtig!«
Es gibt Applaus.

»Jetzt kannst du dein erstes Kleidungsstück ausziehen.«

Es fällt mir nicht leicht, mein rotes Jackett abzulegen. Der
Stoff ist ein bisschen heller geworden in den dreieinhalb Jahren – vor allem an den Schultern und an den Armen. Zärtlich
streiche ich noch einmal darüber, nachdem ich es über einen
Stuhl gehängt habe.

Als Nächstes greife ich zu einer schwarzen Unterhose mit
glitzernden Goldfäden an der Seite.

»Lea?«, rate ich.

»Nee, meine«, sagt Franz und grinst.

Die Zuordnung der 20 Unterhosen zieht sich. Ich rate und
werde berichtigt. Aber langsam geht es voran. Ich lege die
Weste ab. Birgit hat sie für mich geschneidert, sie ist rot und
passt perfekt. Ich schlüpfe aus meiner weißen Schlaghose, dann
lege ich meinen Deckel ab, zuletzt meine Staude. Wieder stehe
ich in Unterwäsche vor Publikum. Meine Mutter kommt mit
einem Stapel Kleider. Ich erkenne meine frühere Lieblings-
jeans wieder, ein Top, das ich von einer Freundin geschenkt bekommen habe, und einen Kapuzenpulli, den ich eine Zeit lang
fast täglich getragen habe. Ich mag diese Sachen. Und es fühlt
sich gar nicht so schlecht an, sie wieder zu tragen. Die Hose
ist leichter und passt sich meinen Bewegungen an. Ich werde
mir jetzt wieder jeden Tag aussuchen können, was ich anziehe.
Vielleicht kann ich mich daran gewöhnen, so, wie ich mich an

die Kluft gewöhnt habe. Ich blicke an mir herunter: Die Leute werden mich nicht mehr anstarren, wenn ich irgendwo langgehe. Sie werden mich nicht mehr fragen, warum ich als Frau auf Wanderschaft gehe. Durch meine Kleidung hebe ich mich nicht mehr vom großen Rest der Menschen ab. Jetzt bin ich nur noch Resi, aber nicht die Resi, die ich vor der Wanderschaft war, ich bin jetzt einheimisch freigereiste Kirchenmalerin. Ich trage sie weiter in mir, die Wanderschaft.

Es ist später Nachmittag, als die Turnhalle wieder vollkommen aufgeräumt ist: Matten und Geräte sind wieder an ihren Plätzen, es riecht nach Putzmittel. Die meisten haben sich verabschiedet und sind weitergereist. Aber es ist ja kein Abschied für lange, ich werde alle wiedersehen auf die eine oder andere Art. Birgit und Katharina werden noch eine Weile bei mir bleiben. Dieses unwirkliche Gefühl ist jetzt weg. Das hier ist ernüchternd real.

Meine Mutter holt uns an der Turnhalle ab. Es ist komisch, durch den Ort zu laufen und jetzt wieder hierherzugehören. Früher war das mal mein Schulweg, aber das ist schon eine Ewigkeit her.

»Da«, meine Mutter zeigt auf ein kleines weißes Haus, im Vorgarten blüht ein Kirschbaum. »Da, die Marie, die ist nach München gezogen, zum Studieren.« Ich erinnere mich vage an ein Mädchen mit langen, dunklen Locken.

»Kennst noch deren Oma? Die ist letztes Jahr gestorben.« Früher hätte ich genau gewusst, von wem die Rede ist, aber jetzt bin ich unsicher.

Ein älterer Mann mit einem kleinen Kind an der Hand kommt uns entgegen. »Na, da ist ja unsere Weitgereiste«, sagt er mit einem Lächeln auf den Lippen.

Eine Frau ruft und winkt uns von der anderen Straßenseite.

»Du bist voll berühmt hier«, kichert Birgit.

»Quatsch«, sage ich. »Hier kennt nur jeder jeden.«

Vor unserem Haus bleibe ich erst mal stehen, begutachte die Terrasse, die Fassade, die Fenster. Unterm Dach hat sich Moos angesetzt, das war früher nicht da, ansonsten ist alles wie vor meiner Reise. Mama schließt die Haustür auf. »Willkommen zu Hause«, sagt sie.

Es ist wie nach einem Urlaub heimzukommen, nur dass dieser Urlaub unglaublich lange gedauert hat. Der Geruch im Flur haut mich um: Es riecht so, wie es schon immer hier gerochen hat, seit ich ein Kind war. Neue Bilder von David hängen an der Wand. Im Wohnzimmer stehen Orchideen auf dem Fensterbrett, die waren früher nicht da. Der Fernseher sieht auch neu aus, aber da bin ich unsicher. In der Küche steht ein neuer Wasserkocher. Alles andere scheint auf den ersten Blick vertraut. Ich wende mich wieder in Richtung Flur zur Treppe und will hochlaufen in mein Zimmer. Einen Fuß habe ich schon auf den Stufen, da hält mich meine Mutter zurück.

»Theresa, ich muss dir noch was beichten, wir ... wir haben umgeräumt. Dein Zimmer ist jetzt auf dem Dachboden.«

Ich kann irgendwie nicht glauben, was sie da gesagt hat.

»Warum?«

»Wir ... Ich dachte, du fühlst dich wohler, wenn du deinen eigenen Bereich hast.« Meine Mutter sieht aus, als hätte sie gerade begriffen, dass sie einen Fehler gemacht hat. »Ich hätte dich vorher fragen sollen.«

Langsam gehe ich hoch, meine Mutter folgt mir. Katharina und Birgit bleiben unten. Sie haben offenbar das Gefühl, dass wir das allein klären müssen.

In meinem ehemaligen Zimmer stehen ein Bett, ein Schrank, ein Tisch und ein Stuhl. Das ist jetzt wohl ein Gästezimmer.

»Guck doch mal nach oben. Vielleicht gefällt's dir ja.«

♛

Das Zimmer ist groß, meine Sachen sind wahllos darin verteilt. Das Bett steht in der Mitte. Die Bretter sind zwar schon so angeordnet, wie sie zusammengehören, aber sie sind noch nicht zusammengebaut. Mein Skateboard-Regal steht an eine Wand gelehnt. Man kann es hier auch gar nicht aufhängen, wegen der Dachschrägen.

»Ich hab's dann nicht mehr geschafft, das alles aufzubauen«, sagt meine Mutter leise. »Ich wollte so gerne, dass du hier deinen eigenen Bereich hast.«

Ich blicke mich um. Was hatte ich erwartet? Dass ich einfach jahrelang weg sein kann und alles hier bleibt, wie es ist?

»Ist okay, Mama. Ich brauch nur ein bisschen Zeit, um das alles zu verkraften.«

»Ich auch«, sagt meine Mutter. Und weil ich ein bisschen Angst habe, dass sie gleich weinen könnte, nehme ich sie schnell in den Arm.

Nachts kann ich nicht schlafen und lausche auf Katharinas Atemzüge. Wir haben das Bett zusammen aufgebaut. Birgit übernachtet in meinem früheren Zimmer. Sie wird auch schon längst schlafen. Nur ich liege wach und weiß nicht, wie es weitergehen soll ohne die Tippelei. Wenn ich ganz leise bin, höre ich von unten das Klopfen der Heizung. Es ist gut, hier zu sein, und gleichzeitig kann ich auf keinen Fall hierbleiben.

»Katharina?«

»Mhm?«

»Bist du wach?«

»Jetzt schon. Was ist denn?«

»Wir reisen doch weiter zusammen, oder?«

»Klar.«

»Wo fahren wir als Nächstes hin?«

»Ins Elsass zum Beispiel? Da soll es tolle Restaurants geben.«

»Wann?«

»In ein paar Wochen.«

»Gut. Hand drauf.«

Wir reichen uns die Hände.

»Kann ich jetzt schlafen?«, fragt Katharina.

»Klar.« Ich schmiege mich an sie und schließe die Augen. Die Aussicht auf eine Reise entspannt mich sofort. Unten klopft immer noch leise die Heizung. Eine Klospülung geht. Eine Zimmertür wird geöffnet. Ich bin daheim, aber längst nicht angekommen.

NACHWORT –
RESI
EINHEIMISCH
FREIGEREIST

Zu Beginn der Wanderschaft dachte ich, dass ich lernen kann, wie man richtig reist. Es gab so viele Regeln zu beachten. Und ich dachte, nur wenn ich alle befolge, mache ich es richtig. Irgendwann habe ich begriffen, dass es das »richtige Reisen« nicht gibt. Jeder macht seine eigene Tippelei. Daran ändern auch Regeln nichts. Der eine Geselle bereist die verschiedenen Kontinente, die andere bleibt im deutschsprachigen Raum. Manche reisen von Herberge zu Herberge, andere kommen eher bei Leuten unter, die sie unterwegs treffen. Die einen finden unterwegs eine Liebe, die anderen verlieren sie. Die Erfahrungen, die jede und jeder macht, sind einzigartig. Und alles ist in Ordnung. Falsches Reisen gibt es nicht.

Es gab Begegnungen auf meiner Wanderschaft, die mich bis heute nicht loslassen: die vielen Menschen, die einfach ein Gedeck mehr für mich auf den Tisch gestellt haben, als wäre es selbstverständlich, eine Fremde bei sich zu beherbergen; die vielen Gespräche und Einblicke in andere Leben ... Zum Beispiel Nils und Katja, die keine Kinder kriegen konnten. »Wir sind jetzt zu dritt!«, mailen die beiden mir, als ich schon wieder einheimisch bin. Katja hat ein Baby bekommen. Auf dem angehängten Bild hält Nils ein zerknautschtes rotgesichtiges Bündel im Arm. Andere Bekanntschaften habe ich aus den Augen verloren. Ich wüsste gerne, was aus Mary geworden ist, der Frau aus Brighton, die Bianca und mich zu ihren einzigen Freunden erklärte. Auf einen Brief, den ich ihr aus Deutschland schickte, hat sie nie reagiert.

Die weniger guten Erinnerungen – die unschönen Erlebnisse mit aufdringlichen Männern beim Trampen, die seltenen Nächte, in denen ich keinen Schlafplatz gefunden habe und Platte in Bankvorräumen reißen musste, die Engstirnigkeit mancher Schächte – habe ich in den Hintergrund gedrängt, denn diese Momente waren eher die Ausnahme als die Regel.

In diesem Buch sind ein paar Menschen erwähnt, die mir auf Wanderschaft ans Herz gewachsen sind. Mir ist wichtig zu sagen: Es sind längst nicht alle. Ich musste eine Auswahl treffen, mehr passten einfach nicht ins Buch. Lieb und teuer sind mir aber auch die Unerwähnten!

Noch eine Bemerkung zur Kirche: Ich habe zwei Situationen beschrieben, in denen mir ein Pfarrer oder ein anderer kirchlicher Mitarbeiter keine Übernachtung gewährt hat. Das waren aber die absoluten Ausnahmen. In allen anderen Fällen haben mich Amtsträger oder Mitarbeiter unterstützt, ich durfte in Gemeindehäusern und Pfarrhäusern übernachten, habe Essen oder sonstige Hilfe bekommen. Kirchliche Institutionen waren immer eine zuverlässige Anlaufstelle.

Fünf Jahre sind seit meiner Tippelei vergangen. In Kleinrinderfeld bin ich nur kurz geblieben. Vom ersten Tag an war ich unruhig. Manchmal ist die Sehnsucht nach einem Ort schöner als das Dortsein. Es war großartig, meine Mutter, meine Geschwister, David, die Oma und alle anderen wiederzusehen, aber richtig wohl fühlte ich mich erst, als ich wieder an der Straße stand, mit einem Rucksack auf dem Rücken. Diesmal ohne Kluft. Ich reiste mit Katharina, besuchte Einheimische, arbeitete hier und dort. Irgendwann zog ich in einen Bauwagen. Erst seit Kurzem lebe ich in einer richtigen Wohnung, zusammen mit einer großartigen Frau. Aber ich bin selten zu Hause. Als selbstständige Kirchenmalerin arbeite ich da, wo ich Arbeit bekomme, in kleinen bayrischen Dörfern, in Großstädten wie Wien, Düsseldorf oder Berlin. Dabei bleibe ich meist nicht länger als ein paar Monate am selben Ort. Ich bin immer noch getrieben und, wenn man so will, immer noch auf einer Art Wanderschaft. Fast alle, die mit mir auf Reisen waren, sind inzwischen einheimisch geworden. Vereinzelt finden noch Heimgehereien statt, bei denen ich zureise. Dann freue ich mich, wieder ein paar Tage in die Welt der Wanderschaft eintauchen zu können. Die Tippelei ist etwas Persönliches, eine Herzensangelegenheit. Man kann nicht einfach von einem Tag auf den anderen damit aufhören. Meine Heimat bleibt Mathilda, Kleinrinderfeld und meine Liebste.

Heute stehe ich nicht mehr mit meiner Kluft im Mittelpunkt, sondern bin wieder die Tochter, die Schwester, die Theresa, die Resi, die Kirchenmalerin, Resi einheimisch freigereist.

In diesem Sinne: Bis gleich!

QUELLEN UND RECHERCHE

Mit Gunst und Verlaub! Wandernde Handwerker: Tradition und Alternative. Dargestellt und herausgegeben von Anne Bohnenkamp und Frank Möbus. Göttingen 1989

Grit Lemke: *Wir waren hier, wir waren dort: zur Kulturgeschichte des modernen Gesellenwanderns.* Köln 2002

Film:
Auf der Walz. Ein Film von Julia Daschner. Hamburg 2009

KLEINES GLOSSAR DER HÄUFIG VERWENDETEN WÖRTER AUF DER WALZ

AFFE Mit Fell bespannter Tornister.

ALTREISENDER Wandergeselle mit Erfahrung.
Nur ein Altreisender kann einen Gesellen losbringen (*siehe* Losbringen).

ALTGESELLE Einheimischer Wandergeselle, der einem Schacht vorsteht (auch regional).

BEIZ Kneipe.

CHARLIE Auch Charlottenburger oder Berliner genannt.
In der Regel ein 80 × 80 cm großes Tuch, in das alle Habseligkeiten des Reisenden eingepackt sind.

DECKEL Bezeichnung für die Kopfbedeckung von Gesellen.

EHRBARKEIT Farbiger Schlips der Schachtgesellen.

EINHEIMISCHE/EINHEIMISCHER Geselle nach Beendigung der Wanderschaft.

ERFT Unter anderem von Freireisenden verwendeter Begriff für den farbigen Schlips (*siehe* Ehrbarkeit). Mit der Bezeichnung Erft soll deutlich gemacht werden, dass die »Ehrbarkeit« eines Menschen kein Stück Stoff ist.

ERWANDERN   Aufnahme eines Gesellen in eine Gesellenvereinigung.

FLEPPE   Generelles Wort für das »Dokument«, auch Wanderbuch, das den GeselleN/die Gesellin während der Walz begleitet und ausweist. In der Fleppe werden unter anderem Stempel der einzelnen Stationen der Reise, Zeugnisse usw. gesammelt.

FREMDSCHREIBUNG   Die Fremdschreibung ist der Text im Wanderbuch (Fleppe) und damit der festgelegte Eid, der auf der Wanderschaft einzuhalten ist.

KAMEROT   Bezeichnung der Wandergesellen untereinander.

KRAUTER   Begriff für die Arbeitgeber, Handwerksmeister der Gesellen.

KRAXE   Tragegestell, an dem die Charlies festgemacht werden können.

KUHKOPP   Menschen, die nicht auf Walz gegangen sind.

LOSBRINGEN   Eine Gesellin/einen Gesellen auf Wanderschaft bringen.

MATHILDA   Bezeichnung der Reisenden für Straße.

NAGELN   Der Wandergesellin/dem Wandergesellen wird mithilfe eines Nagels ein Ohrringloch ins Ohrläppchen gestochen. In früheren Zeiten sollte der Ohrring so wertvoll sein, dass damit notfalls eine Beerdigung bezahlt werden konnte.

PLATTE MACHEN/REISSEN   Eine Unterkunft für die Nacht suchen.

PLATTE   Übernachtungsmöglichkeit.

SCHACHT   Vereinigung von Wandergesellen (beispielsweise die Gesellschaft der rechtschaffenen fremden Maurer und Steinhauer, rechtschaffene fremde Zimmerer und Schieferdecker, Rolandschacht, Fremder Freiheitsschacht).

SCHALLERN   Das Singen von zünftigen Gesellenliedern.

244

SCHANIEGELN Arbeiten.

SCHMAL MACHEN Für eine Reiseunterstützung (Wegzehrung, Geld, Unterkunft) vorsprechen.

SCHMOREN Trinken.

STAUDE Kragenloses Hemd, das zur Kluft gehört.

STENZ Der Wanderstab. Einzigartig: Jede Wandergesellin, jeder Wandergeselle hat einen anderen.

STÖR Vor allem in Österreich verwendeter Begriff für die Wanderschaft/Walz.

TAPPEN Stempel.

TÜBINGER Stofftaschentuch.

TIPPELEI Anderes Wort für die Wanderschaft/Walz.

WALZ Bezeichnung der Wanderjahre eines reisenden Gesellen/einer reisenden Gesellin.

Für alle, die wissen wollen, woher ihr Essen wirklich kommt

Willi Kremer-Schillings
Sauerei!
Bauer Willi über billiges Essen und
unsere Macht als Verbraucher

Piper Paperback, 336 Seiten
€ 14,99 [D], € 15,50 [A]*
ISBN 978-3-492-06038-7

Lebensmittelskandale, EU-Subventionen, Massentierhaltung: Die Landwirtschaft steht in der Kritik. Bauern werden als engstirnige Hinterwäldler abgestempelt oder geraten als rücksichtslose Naturräuber in Verruf. Doch was steckt wirklich dahinter? Wer melkt unsere Kühe, erntet unser Getreide und pflückt unsere Äpfel? Wie kann es sein, dass 500 Gramm Katzenfutter mehr kosten als ein ganzes Huhn? Wutbauer Willi schreibt über faire Preise, gesundes Essen und erklärt, wo der Bauer Urlaub macht, wenn wir Urlaub auf dem Bauernhof machen.

PIPER

Leseproben, E-Books und mehr unter www.piper.de

Das Ende der Allergien?

Rudolf Valenta

Das Anti-Allergie-Buch

Auslöser, Heilungschancen und
die neuesten Therapieformen

Piper, 304 Seiten
Mit 6 Abbildungen
€ 20,00 [D], € 20,60 [A]*
ISBN 978-3-492-05704-2

Heuschnupfen, Asthma, tränende Augen, Hautausschläge: Allergien zählen zu den größten Plagen der modernen Zivilisation, und bisher konnte die Medizin nur die Symptome lindern. Doch die Allergieforschung hat viele neue Erkenntnisse gewonnen, die bald erfolgreiche Behandlungen ermöglichen. Dieses Buch erklärt anschaulich, was eine Allergie auslöst, warum Allergien heute so verbreitet sind, was wir selbst dagegen unternehmen können – und wie neue Diagnose- und Therapiemöglichkeiten die Medizin revolutionieren.

PIPER

Leseproben, E-Books und mehr unter www.piper.de

»Dieses Buch wird die Welt verändern.
Oder Sie einfach nur zum Lachen bringen.«

Jan Böhmermann

Hier reinlesen!

Christian Pokerbeats Huber

Fruchtfliegendompteur

Geschichten aus dem Leben
und andere Irritationen

Piper Taschenbuch, 288 Seiten
€ 9,99 [D], € 10,30 [A]*
ISBN 978-3-492-30791-8

Christians Welt dreht sich ein ganzes Stück zu schnell. Ihm ist schwindelig. Wenn er bei Google »andauerndes Schwindelgefühl« eingibt, ist »Hirntumor, nur noch drei Wochen zu leben« noch eine der optimistischsten Diagnosen. Sein Arzt beschränkt sich allerdings auf den Rat, weniger zu arbeiten, seltener vorm Bildschirm zu sitzen und nicht dauernd auf das Smartphone zu starren. Als Teil der Generation »Ich darf jetzt nicht krank werden« und »Ich melde mich später noch mal« kommt das aber für ihn nicht infrage …

PIPER

Leseproben, E-Books und mehr unter www.piper.de

Ein Plädoyer für die Katz ohne Kompromisse

Oliver Uschmann /
Sylvia Witt

Krallen rein!
Über das wahre Leben mit Katzen

Piper Paperback, 304 Seiten
€ 14,99 [D], € 15,50 [A]*
ISBN 978-3-492-06009-7

In diesem Buch erfahren Katzenfreunde, wie es sich als Eigentum einer Katermeute so lebt, was die frisch eingeritzten Hieroglyphen in den Möbeln bedeuten und wie die Katzen schon auf der Kairoer Konferenz vor 30.000 Jahren ihre Herrschaft über die Menschheit planten. Krallenscharf und schnurrbartschlau schreiben Oliver Uschmann und Sylvia Witt über das Leben mit Katzen – das perfekte Buch, um beim Lesen mit einer schnurrenden Katze auf dem Schoß laut loszulachen!

Leseproben, E-Books und mehr unter www.piper.de

Die Doktorin und das fiese Vieh

Astrid Brandl

Eine Kuh macht muh – viele Kühe machen Mühe

Geschichten einer
furchtlosen Landtierärztin

Piper Taschenbuch, 272 Seiten
€ 9,99 [D], € 10,30 [A]*
ISBN 978-3-492-30221-0

Ihre Patienten sind ohne Ausnahme unbekleidet, treten nach ihr und bringen Astrid Brandl regelmäßig in »beschissene« Situationen. Doch es muss schon mehr passieren, damit die Tierärztin aus den Gummistiefeln kippt. Zwischen Milchkuh, Mistgabel und Miezekatze erlebt sie tierische Geschichten – da kann es schon mal passieren, dass man bei einer Grippe aus Verzweiflung die Schweinemedizin schluckt …

»Astrid Brandl, Power Frau!« Bild der Frau

PIPER

Leseproben, E-Books und mehr unter www.piper.de